Die neue Reitlehre

HG. EMMA CALLERY

Die neue Reitlehre

DEUTSCH VON
CORNELIA PANZACCHI UND
PETER GILLHOFER

HALLWAG VERLAG
BERN UND STUTTGART

Die englische Originalausgabe ist bei Quintet Publishing Limited, London, unter dem Titel «The New Rider's Companion» erschienen.

Textbeiträge: Roland Fernyhough, Sally Gordon, Elwyn Hartley Edwards, Jane Holderness-Roddam, Tanya Larrigan-Robinson, Jennie Loriston-Clarke, Pamela MacGregor-Morris, Peter Roberts, Sheila Roughton und Jane Starkey.
Fotos: Bob Langrish
Umschlaggestaltung: Robert Buchmüller

Satz: Hallwag AG, Bern
Printed and bound in Singapore

ISBN 3-444-10449-9

Hallwag

INHALT

EINLEITUNG

In einem fortgeschrittenen Stadium Ihrer Reiterfahrung werden Sie sicher auch den Wunsch verspüren, ein eigenes Pferd zu besitzen. Denken Sie erst in aller Ruhe über diese Anschaffung nach. Am besten erstellen Sie eine Liste, auf der Sie alle Argumente für und gegen den Pferdekauf gegenüberstellen. Überlegen Sie sich genau, welches Pferd Ihren Bedürfnissen entspricht und wie Sie seine Haltung organisieren wollen.

Ein angehender Pferdebesitzer sollte sich über den Grad seines reiterlichen Könnens und den Umfang seines Wissens über Pferdehaltung im klaren sein. Einmal die Woche in einer Reitschule zu reiten, ist etwas ganz anderes, als allein im Gelände mit einem nervösen Pferd in einer schwierigen Situation fertig zu werden.

Das gleiche gilt für die Haltung und Versorgung des Pferdes, die im Beisein von erfahrenen Leuten vielleicht kein Problem darstellt. Anders sieht die Sache aus, wenn man ganz auf sich allein gestellt ist.

Ein Pferd kostet viel Zeit. Es benötigt einen festen Tagesablauf, der die Woche über genau eingehalten werden

Oben: Ein Genuß für Pferdebesitzer: Der gemeinsame Ausritt mit Freunden.

Unten: Ein Pferd muß jeden Tag bewegt werden — unabhängig vom Wetter.

Links: Neben den bekannteren Wettbewerben, den Spring-, Dressur- und auch Military-Turnieren, zieht mittlerweile auch das Distanzreiten immer mehr Reiter an.

muß. Pferde müssen zu festen Zeiten gefüttert und getränkt werden, man muß sie regelmäßig putzen und den Stall ausmisten. Ein einzeln gehaltenes Pferd ist besonders darauf angewiesen, daß ein Mensch sich mit ihm beschäftigt, und ein im Stall gehaltenes Pferd erfordert sicher mehr Zeit und Aufmerksamkeit als eines, das sich die meiste Zeit im Herdenverband auf der Koppel aufhält.

Auch die Kosten sind zu bedenken, an erster Stelle die Unterbringung des Pferdes. Im Idealfall hat man die Wahl zwischen einem Reitstall mit vollständiger Versorgung des Pferdes, einem Bauernhof in der Umgebung, wo der Pferdebesitzer meist einen Teil der Stallarbeit übernimmt, und der Haltung in Eigenregie, sofern man über ein geeignetes Grundstück verfügt.

Die Ausrüstung muß angeschafft werden. Wer zum ersten Mal ein Pferd kauft, braucht nicht nur Sattel und Zaumzeug, sondern auch einiges an Zubehör. Dazu gehören unter anderem ein Halfter, Putzzeug, eine Stallapotheke und Pferdedecken. Wer sein Pferd im eigenen Stall hält, muß auch die Kosten für die Anschaffung von Mistgabeln, Futterbehältern, Heunetzen und all den andern Dingen, die man zur Pferdehaltung benötigt, in seine Kostenaufstellung mit einbeziehen.

Auch an die laufend anfallenden Kosten für Futter muß gedacht werden, sofern das Pferd nicht gerade in einem Stall «mit Vollpension» untergebracht ist.

Alle sechs bis acht Wochen müssen die Hufe des Pferdes beschlagen oder ausgeschnitten werden, ungefähr alle zwei Monate wird eine Wurmkur fällig, zweimal im Jahr muß der Tierarzt die Zähne raspeln. Ferner müssen Sie noch eine Haftpflichtversicherung für Ihr Pferd abschließen. Bedenken Sie auch, daß durch Krankheiten oder Verletzungen Tierarztbesuche notwendig werden können.

Nicht nur das Pferd, auch der Reiter muß zumindest mit dem Notwendigsten ausgestattet sein. Dazu gehören auf jeden Fall eine gutsitzende, schlagfeste Reitkappe, Reithosen und Stiefel. Wenn Sie vorhaben, mit Ihrem Pferd an Reiterwettbewerben teilzunehmen, brauchen Sie je nach dem Turnierkleidung und spezielles Zubehör für sich und Ihr Pferd.

Die Teilnahme an Turnieren macht weitere Auslagen erforderlich: es fallen nicht nur Startgebühren an, sondern auch Transportkosten für Pferd und Reiter und dazu wiederum die Ausgaben für eine entsprechende Ausrüstung.

Sie sollten auch gleich die Kosten für Reitstunden, die Sie zusammen mit Ihrem Pferd nehmen, einkalkulieren. Ein Reitlehrer wird Ihnen helfen, auftretende Probleme zu lösen und sich auf Wettbewerbe vorzubereiten.

Es gibt viele Möglichkeiten, sich nach einem geeigneten Pferd umzusehen — etwa im Anzeigenteil von Reitermagazinen. Der Neuling beim Pferdekauf sollte sich aber lieber an

Links: Es macht Spaß, über einen Pferdemarkt zu bummeln, man sollte jedoch sein erstes Pferd nicht gerade hier kaufen.

einen vertrauenswürdigen Pferdehändler wenden und sich auf dessen Urteil verlassen. Auf keinen Fall aber sollte man sein erstes Pferd auf einem Pferdemarkt kaufen, denn auf diesen Märkten werden oft Pferde angeboten, die anderweitig gar nicht loszubekommen sind: chronisch kranke Tiere etwa, die ständig Medikamente brauchen, oder Pferde mit schweren Charakterfehlern. Laut Gesetz kann ein krankes Pferd, das als gesund verkauft wird, zurückgegeben werden, und der Verkäufer muß den Kaufpreis erstatten. Doch sollte man besser gar nicht in eine solche Situation geraten.

Nur sehr wenige Pferdehändler werden ihren Ruf aufs Spiel setzen und einem Anfänger ein ungeeignetes Pferd aufschwatzen. Man sollte sich also nicht scheuen, die eigene Unerfahrenheit zuzugeben. Trotzdem ist es immer von Vorteil, sich beim Kauf von einem pferdeerfahrenen Freund beraten zu lassen.

Beachtenswerte Merkmale

Eine Redensart besagt, daß Pferde «in eine Kiste passen» sollten. Damit ist gemeint, daß der Körper eines gutgebauten Pferdes (ohne Kopf und Hals) ein Rechteck bilden sollte, dessen gedachte obere Ecken die jeweils höchsten Punkte von Widerrist und Kruppe bilden. Bei dieser Körperform ist die Belastung der Sehnen und Gelenke ausgewogen. Daher kann man bei einem «Rechteckpferd» im Normalfall davon ausgehen, daß es gesund ist und bei guter Behandlung auch frei von Krankheiten und Beschwerden bleiben wird.

Am wichtigsten ist bei einem Pferd natürlich, daß die Beine in Ordnung sind. Die Vorderbeine sollten muskulös und gerade sein. Sehen Sie sich die Hinterhand des Pferdes genau an, denn dieser Körperteil wird am stärksten belastet. Auch hier gilt, daß ein gutgebautes Pferd am wenigsten Gefahr läuft, von der Arbeit unter dem Reiter Schäden davonzutragen.

Um den Charakter eines Pferdes zu erkennen, sehen Sie ihm tief in die Augen. Mit ein wenig Erfahrung können Sie an ihnen sein Temperament und seine Stimmung ablesen. Ein stolzer, aber freundlicher Blick aus großen Augen zeugt von zuverlässigem und freundlichem Wesen, während klein geschnittene Schweinsäuglein, besonders in Kombination mit einer konvexen Stirn und einer Ramsnase, Merkmale eines unzuverlässigen Tieres sind.

Die Rolle des Tierarztes

Bevor die endgültige Kaufentscheidung fällt, sollte immer der Tierarzt zu Rate gezogen werden. Er muß darüber informiert sein, was man mit dem betreffenden Pferd vorhat, denn an ein Freizeitpferd werden andere Anforderungen gestellt als an ein Turnierpferd. Die Untersuchung beginnt meistens damit, daß das Pferd vorgetrabt wird. Hierbei zeigt sich gleich, ob der Bewegungsablauf und die Beine in Ordnung sind. Eine «normale» Bewegung kann man übrigens nicht nur sehen, sondern auch hören: der Hufschlag eines Pferdes mit vier gesunden Beinen ist gleichmäßig und taktklar. Stimmt mit den Beinen etwas nicht, so wird das Pferd das lädierte Bein schonen, indem es damit den Boden nur so kurz wie möglich berührt und es kaum belastet. Bei großen Schmerzen wird es zudem jedesmal mit dem Kopf nicken, sobald es sein Gewicht auf das gesunde Bein verlagert.

Nach dem Vortraben untersucht der Tierarzt die Hufe und Beine; dabei sucht er nach warmen oder geschwollenen Stellen sowie nach Exostosen, also Knochenneubildungen wie zum Beispiel Spat, Überbeinen oder Schale, nach Muskelerkrankungen und nach gezerrten oder entzündeten Sehnen.

Dann sieht er sich die Augen des Pferdes genau an; die Hornhaut könnte Verletzungen, Narben oder Trübungen aufweisen.

Danach wird das Pferd im starken Galopp geritten, um anschließend seine Lungenkapazität zu prüfen. Schwächen oder Schäden der Lungen würden sich nach der Belastung durch Keuchen oder Pfeifgeräusche offenbaren. Pferde mit kranken Atmungsorganen können auch Herzprobleme haben. Daher wird das Herz nach dem Galopp mit dem Stethoskop abgehört.

Der Tierarzt begutachtet auch die allgemeine Verfassung des Pferdes und wird möglicherweise nach Würmern und anderen Parasiten fahnden. Die Ergebnisse der Ankaufsuntersuchung werden vom Tierarzt abschließend schriftlich zusammengefaßt.

Kauf auf Probe

Manchmal kann man ein Pferd auch auf Probe kaufen, das heißt der Verkäufer überläßt es dem Käufer für einen vereinbarten Zeitraum, so daß dieser die Eignung des Tieres in aller Ruhe testen kann. Doch das setzt ein gewisses Vertrauensverhältnis zwischen den Kaufpartnern voraus.

Ein Kauf auf Probe ist vor allem dann ideal, wenn es darum geht, ein Pony für ein Kind zu finden. Wichtigstes Kriterium bei der Auswahl muß dabei die Sicherheit des Kindes sein. Kinder können schwer verunglücken, wenn das Pony scheut, steigt oder durchgeht, und benötigen noch dringender als Erwachsene gut erzogene und verkehrssichere Pferde. Am besten geeignet ist natürlich ein Pony, dessen bisherige Reiter zu groß geworden sind und sich nun von ihm trennen müssen; sichere «Familienponys» sind aber heißbegehrt und nur schwer zu bekommen. Ein junges, unverdorbenes Pony kann man auch von einem Züchter kaufen. Die Adressen von spezialisierten Gestüten erhält man von den Züchtervereinigungen.

Machen Sie beim ersten Pferdekauf Ihres Lebens nicht den Fehler, ein allzu junges Tier zu kaufen. Ein gut eingerittenes Pferd, das weiß, was es zu tun hat, und das willig mit seinem Reiter zusammenarbeitet, ist für einen Anfänger weitaus leichter zu handhaben.

Ein vier-, fünf- oder sechsjähriges Tier ist für einen Anfänger kaum geeignet. Mit acht Jahren hat ein Pferd eine gewisse Reife erreicht, es ist besonnener und nicht mehr so ungestüm. Ist es dazu noch gesund, wird es gut gepflegt und regelmäßig bewegt, kann es zwanzig Jahre und älter werden. Als Faustregel gilt: Je unsicherer der Reiter, um so gehorsamer sollte das Pferd sein.

Möglicherweise wird einem Fortgeschrittenen sein «Anfängerpferd» mit der Zeit zu brav. Dann sollte er sich nach einem Pferd umsehen, das seinem Können besser entspricht. Dabei darf er sich aber keinesfalls zum Kauf eines Pferdes verleiten lassen, das zuviel «Feuer im Hintern» hat. Denken Sie beim Kauf auch daran, daß die Haltung hochgezüchteter Warm- und Vollbluttypen meist kostspieliger ist als die von Robustpferden. Gutgepolsterte Kleinpferde können auch im Freien überwintern. Ein schlankes, dünnfelliges Warmblutpferd hingegen sollte den Winter unbedingt im Stall verbringen.

Unten: Lassen Sie das Pferd Ihrer Wahl erst von einem Tierarzt gründlich untersuchen, bevor Sie sich zum Kauf entscheiden.

1. KAPITEL

PFLEGE UND HALTUNG

WEIDEHALTUNG

Die Pflege und die Versorgung eines Pferdes oder Ponys fordern vom Besitzer ein großes Maß an Verantwortungsgefühl. Sobald sie ein gewisses reiterliches Können erworben haben, fangen viele Reiter von einem eigenen Pferd zu träumen an. Man sollte sich aber im klaren darüber sein, daß die Versorgung eines Pferdes — besonders dann, wenn es den ganzen Tag in einem Stall verbringt — eine einzelne Person voll beschäftigen kann. Wer sich nicht zu den verschiedenen Zeiten des Tages immer wieder um sein Pferd kümmern kann, sollte sich vielleicht nach einem Platz in einem Reitstall umsehen oder aber jemanden suchen, der einen Teil der Pferdepflege übernimmt. Der Faktor Zeit sollte in der Pferdehaltung nicht unterschätzt werden.

Pferde können entweder aufgestallt oder auf der Weide gehalten werden; diese beiden Haltungsformen lassen sich auch kombinieren. So kann man das Pferd zum Beispiel tagsüber auf die Weide lassen und es nachts im sicheren Stall unterbringen. In der heißen Jahreszeit empfiehlt es sich, das System umzukehren, denn dann ist das Pferd tagsüber im relativ kühlen Stall am besten aufgehoben. Ponys sind meist robust und vertragen auch extreme Wetterlagen besser als Großpferde. Vollblüter dagegen können den Winter nicht ohne weiteres im Freien verbringen. Auch wird ein Pferd, das auf Turniere vorbereitet wird und schwer arbeiten muß, meist nur bei Stallhaltung eine optimale Kondition erreichen.

Wenn ein Reiter oder eine Reiterin das Pferd oft bewegt, aber nicht die Zeit hat, sich den ganzen Tag über um das Tier zu kümmern, ist vielleicht eine Kombination aus Stall- und Weidehaltung die beste Lösung. Wird mit dem Pferd zum Beispiel im Frühjahr und Sommer regelmäßig gearbeitet, dann empfiehlt es sich, es am frühen Morgen von der Weide in den Stall zu holen und ihm seine erste Kraftfutterration zu geben. Bei mehrmaligem täglichem Ausritt sollte man es tagsüber im Stall stehen lassen, führt es nachmittags nach der Arbeit auf die Weide, wo es die Nacht verbringen darf. Hat man gar keine Zeit, mit dem Pferd zu arbeiten, läßt man es nach der morgendlichen Fütterung gleich wieder hinaus.

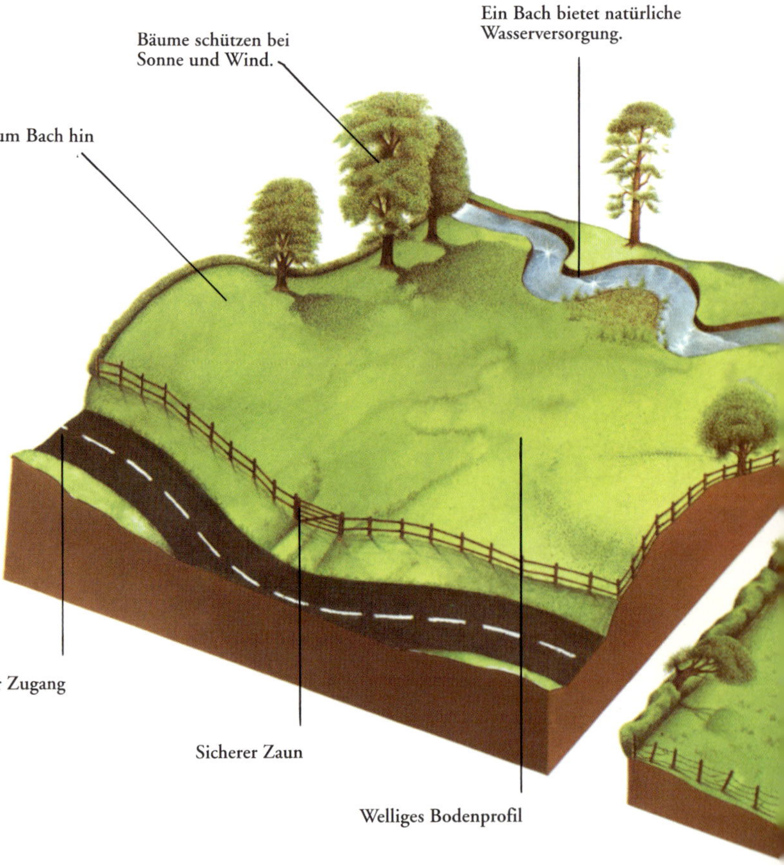

Links: Pferde wälzen sich nach der Arbeit, um sich zu entspannen oder weil sie der Rükken juckt. Das Wälzen kann auch ein Symptom für eine Kolik sein; meist aber ist dies ein Zeichen reiner Lebensfreude.

Die richtige Weide

Die Versorgung eines Pferdes auf der Weide ist weniger zeitaufwendig als die Stallhaltung. Zu den wichtigsten Vorteilen zählen die Versorgung mit den natürlichen Nährstoffen, die im Gras enthalten sind, und die Bewegung, die sich das Pferd, den eigenen Bedürfnissen entsprechend, verschaffen kann. Andererseits trägt bei dieser Haltungsform der Besitzer auch mehr Verantwortung. Rein statistisch gesehen passieren mehr Unfälle mit Weide- als mit Stallpferden. Unbeaufsichtigte Pferde können sich bei Raufereien auf der Koppel gegenseitig verletzen oder auch in Zäunen und Toren hängenbleiben; durch Witterungseinflüsse oder Krankheit verlieren sie rasch an Kondition. Deshalb sollte man die Pferde auf der Weide jeden Tag kontrollieren, auch wenn sie nicht geritten werden. Pferde sind Herdentiere und sollten nach Möglichkeit immer mit Artgenossen zusammen gehalten werden. Ein Pferd, das alleine auf der Weide steht, braucht besonders viel Zuwendung von seinem Halter.

Die optimale Pferdeweide ist etwa zwei bis drei Hektar groß und von einer hohen Hecke umgeben; zur zusätzlichen Absicherung empfiehlt sich ein Zaun aus Pfosten und Latten. Ideal für Pferde sind ein gut drainierter Untergrund, ein gewelltes Bodenprofil, schattenspendende Bäume und ein fließendes, klares Gewässer als natürliche Tränke. Aber solch ein Grundstück ist oft schwer zu finden. Ein Pony kommt im allgemeinen mit 0,4 bis 0,6 Hektar aus, vorausgesetzt, die Weide wird regelmäßig gepflegt. Pferde fressen selektiv — das heißt, sie suchen sich ihre Lieblingsgräser heraus. Die Folge davon ist, daß sich auf einer ungepflegten Weide schnell kahle Flecken und sogenannte Geilstellen bilden, auf denen Kräuter und Pflanzen wuchern, die die Pferde verschmähen. Die Pferde finden hier bald keine Nahrung mehr. In dem Kot, den die Pferde auf der Weide ablegen, befinden sich Eier von Parasiten, die über das Gras wieder in das Verdauungssystem der Tiere gelangen können. Unternimmt man nichts dagegen, leiden die Pferde bald an starkem Wurmbefall. Bei diesen Würmern sind zwei Arten zu unterscheiden, von denen die Rundwürmer *(Nematoden)* am schädlichsten sind. Von diesen wiederum sind die Blutwürmer *(Strongylen)* die gefährlichsten. Wird das von ihnen befallene Pferd nicht behandelt, so können schwere Gesundheitsstörungen (Anämie, Verdauungsstörungen, Koliken) die Folge sein.

Leidet ein Pferd unter Wurmbefall, so kann man mit Wurmkuren Abhilfe schaffen. Besser ist es jedoch, das Problem an der Wurzel zu packen, indem man die Weide in einem guten Zustand erhält. Ein großes Grundstück sollte man in mehrere kleine Koppeln aufteilen. Eine abgeweidete Fläche kann dann zur Regeneration stillgelegt werden, während die Pferde auf einer «frischen» Weide grasen. Wichtig ist auch, die Weide regelmäßig zu eggen. Dadurch wird der Boden belüftet, und das Gras wächst besser.

Man kann die abgeweidete Koppel auch nachmähen und mit einem geeigneten Mittel düngen, muß dann aber drei Wochen verstreichen lassen, bevor die Pferde wieder auf diese Weide geführt werden.

Pferdebremsen stellen ein weiteres Gesundheitsrisiko für Weidepferde dar und machen eine tierärztliche Behandlung notwendig.

Eine Weidefläche sollte so geeignet wie möglich sein (oben links). Schlechte Bedingungen (Mitte) lassen sich meistens verbessern (unten rechts). Eine gute Weide muß dem Pferd genügend Fläche zum Grasen bieten – etwa 0,5 ha pro Pferd. Das Gras sollte von guter Qualität sein; es dürfen keine giftigen Pflanzen auf der Weide wachsen. Wichtig ist auch, daß frisches Wasser – möglichst ein fließendes Gewässer – und ein natürlicher Schutz vor Sonne, Wind und Wetter da sind. Das mittlere Grundstück ist so, wie es ist, als Weide denkbar ungeeignet. Doch auch aus einem zunächst ungeeignetem Grundstück kann man eine schöne Weide machen, wie die untere Abbildung zeigt.

Futter, Wasser und Schutz

Oben: Ein Unterstand bildet, auch wenn Bäume und Hecken vorhanden sind, eine sinnvolle Ergänzung für jede Weide, weil die Pferde hier im Winter Schutz vor Wind und Kälte finden. Aber auch im Sommer suchen ihn die Pferde auf der Suche nach Schatten und Kühle gerne auf. Außerdem haben sie hier einigermaßen Ruhe vor Bremsen, Fliegen und anderen Plagegeistern.
Unten: Weiden sind je nach Region und Bodenbeschaffenheit verschieden, aber zumindest einige der unten abgebildeten Gräser und Kräuter sollten auf keiner Weide fehlen. Esparsette, Löwenzahn und Spitzwegerich enthalten wertvolle Mineralien. Da Pferde selektiv grasen und Wiesen schnell überweiden, sollte die Weide in mehrere Koppeln aufgeteilt werden. Die Pferde können dann auf einer Fläche grasen, während sich die anderen Weideteile regenerieren. Beweidung im Wechsel mit Rindern oder Schafen hilft, den Grasbewuchs gleichmäßig zu halten, und vermindert den Wurmbefall.

Auf einer Wiese finden wir immer verschiedene Gräser und andere Pflanzen. Die drei wichtigsten und nahrhaftesten sind Englisches Raigras *(Lolium perennae)*, Bandgras *(Dactylis glomerata)* und Timotheusgras *(Phleum pratense)*. Eine Weide sollte nicht zu dicht mit Weißklee *(Trifolium repens)* bewachsen sein, da die Pflanze sehr reich an Nährstoffen ist. Pferde, die nach Herzenslust Klee gefressen haben, reagieren dafür oft mit Verdauungsstörungen!

Aber auch zuviel Gras ist problematisch, besonders im Frühjahr, wenn die jungen Halme noch sehr viel Nähr- und wenig Ballaststoffe enthalten. Die Folgen einer Freßorgie sind oft eine starke Gewichtszunahme, in schweren Fällen kann es auch zu einer Hufrehe kommen. Während der Sommermonate kann ein Pferd oder ein Pony nur von Gras leben. Etwa ab Mitte Herbst wird dann Zufüttern notwendig. Zuerst wird man Heu geben, dann später, im Bedarfsfall, auch Hafer und Futterbohnen. Je hochblütiger das Tier, desto mehr Zusatzfutter braucht es.

Pferde, die auf der Weide stehen, sollten immer genug frisches Wasser zur Verfügung haben. Denken sie daran, daß ein Pferd am Tag etwa 35 Liter trinkt. Stehende, trübe Gewässer eignen sich aber nicht als Trinkstelle.

Eine Pferdetränke sollte an eine Wasserleitung angeschlossen sein; der Wasserzulauf wird über einen Hahn oder ein automatisches Ventil reguliert. Auf dem Markt gibt es spezielle Pferdetränken; eine alte Badewanne oder ein anderer großer Wasserbehälter erfüllt aber den gleichen Zweck.

Eimer reichen als alleinige Wasserspender für Pferde auf der Weide nicht aus. Ein Pferd kann einen Eimer Wasser ohne weiteres «in einem Zug» austrinken; es kann ihn aber ebenso leicht umkippen und das Wasser verschütten. Alle Tränken müssen täglich kontrolliert werden; besonders wichtig ist dies im Winter, wenn man die Eisschicht auf der Wasseroberfläche aufbrechen muß, um die Pferde zu tränken. Wenn der Frost nicht sehr streng ist, kann man einen Kinderball auf der Wasseroberfläche schwimmen lassen; er bewegt sich, wenn die Pferde trinken oder mit ihm spielen, und so kann sich keine geschlossene Eisdecke bilden.

Sowohl im Sommer als auch im Winter benötigen Pferde, die den ganzen Tag auf der Weide verbringen, einen Unterstand. Auch wenn die Weide einen natürlichen Windschutz besitzt — eine hohe Hecke etwa oder eine Baumgruppe —, stellt ein Unterstand eine sinnvolle Ergänzung dar. Der Aufbau ist denkbar einfach: eine Rückwand, zwei Seitenwände und ein Dach. Am geeignetsten ist ein rechteckiger Grundriß. Wichtig ist es, den Unterstand so auszurichten, daß die Rückwand zur «Wetterseite» hin steht und die Sonne nicht in die offene Seite hineinscheint.

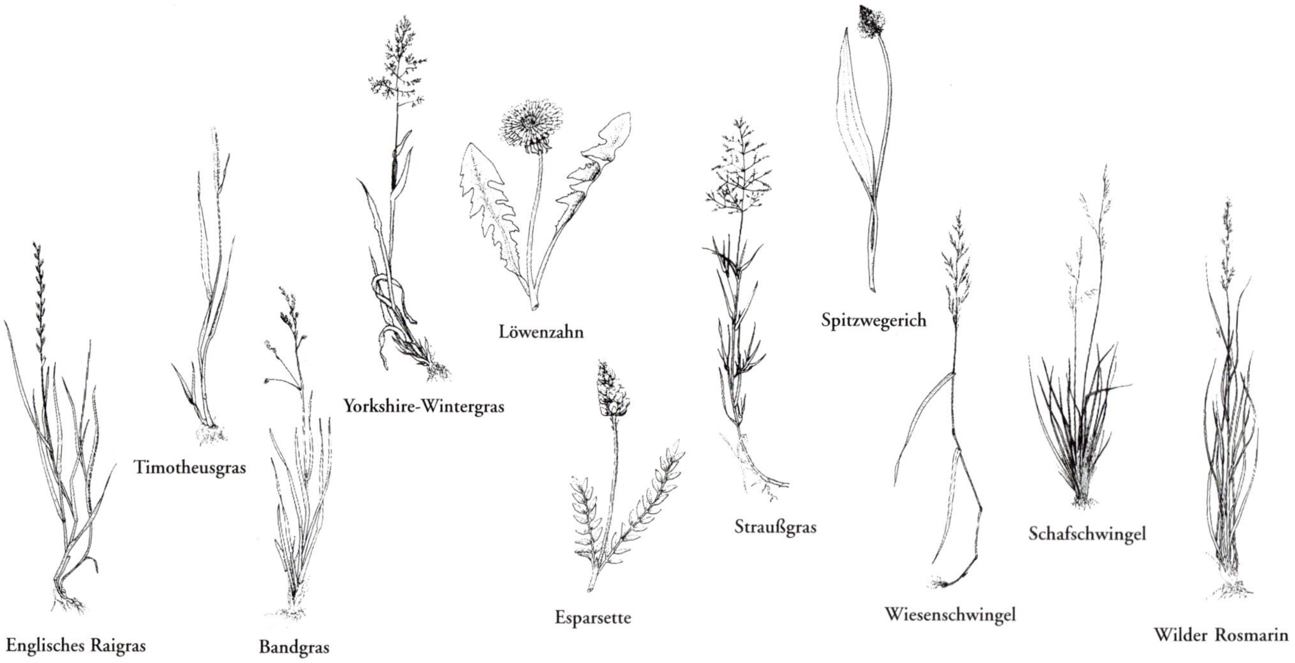

Unten: Zäune für die Pferdeweide. Von links nach rechts: Pfosten und Latten, Pfosten und Draht, kombinierter Draht-Latten-Zaun, Steinmauer. Drahtzäune müssen regelmäßig nachgespannt werden, bei Steinmauern ist auf Frostschäden zu achten.

Zäune und Tore

Stabile Zäune sind von grundlegender Bedeutung für die Sicherheit Ihrer Pferde. Der Zaun muß so hoch sein, daß die Pferde nicht darüberspringen können, also mindestens 1,30 m. Die Höhe und die Abstände der Zaunlatten zueinander müssen auf die Größe der Pferde abgestimmt sein: meistens genügen zwei Latten, von denen die untere in etwa 45 cm Höhe über dem Boden angebracht sein sollte. Kleine Ponys haben oft ein unglaubliches Geschick, sich unter oder zwischen den Latten durchzumogeln. Deshalb sollten drei oder vier Latten angebracht werden, wenn auf einer Weide Shetties oder andere Kleinponys grasen.

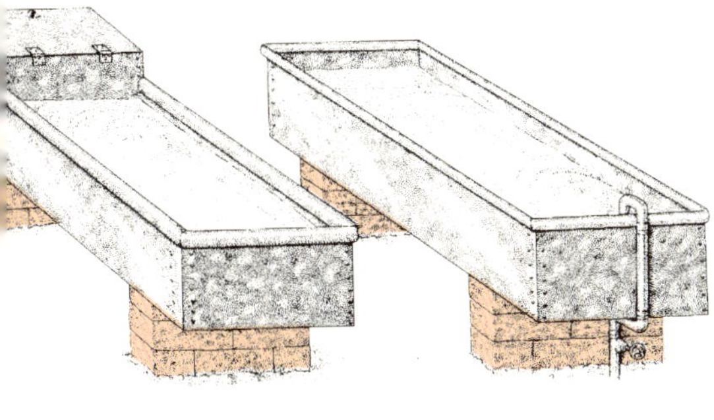

Oben: Selbstfüllender Trog mit verkleidetem automatischem Ventil (links) und mit anliegender Leitung und einem unten angebrachten Wasserhahn (rechts). Beide Tröge sind so gebaut, daß keine Teile oder Kanten vorstehen, an denen sich die Tiere verletzen könnten. Ein Trog muß auf einem Untergrund stehen, der nicht leicht verschlammt, wenn Wasser überfließt; auch sollten keine Blätter hineinfallen. Die Tröge müssen regelmäßig geleert und gereinigt werden.

Wer einen Zaun für eine Pferdekoppel bauen will, kann zwischen verschiedenen Materialien wählen. Ein Holzzaun ist die sicherste Eingrenzung, leider aber auch die teuerste. Als zweitbeste Lösung gelten Hecken. Sie müssen allerdings häufig kontrolliert werden. Lücken in der Hecke können mit Brettern oder Ästen geschlossen werden. Auf keinen Fall darf man hierzu Draht nehmen: das Pferd wird ihn im Sommer hinter den Blättern nicht erkennen und sich daran verletzen. Steinmauern sind ebenfalls zweckdienlich, müssen aber auch regelmäßig kontrolliert werden, besonders nach strengen Wintern, weil der Frost den Mörtel angreifen kann.

Draht kann ohne weiteres zum Einsatz gebracht werden, solange man eine für die Pferdehaltung geeignete Sorte auswählt. Unbrauchbar sind Stacheldraht sowie Hühner- oder Schafsdraht.

Oben: Ein stabiler Pfosten- und Lattenzaun aus gutem Holz ist die sicherste Lösung. Bäume und Hecken bilden einen natürlichen Schutz vor Wind, Regen und praller Sonne.

Verwenden Sie einen glatten, dicken, galvanisierten Draht. Er muß überall straff gespannt und an den Innenseiten der Pfosten mit Krampen fest verankert werden.

In regelmäßigen Abständen sollten besonders starke Pfosten aufgestellt werden, die durch Seitenstreben abgesichert sind und die Spannung des Drahts aufrechterhalten.

Auch Tore sind ein bedeutender Sicherheitsfaktor. Sie müssen jedoch leicht zu öffnen und zu schließen sein — allerdings nicht von den Pferden. Ideal ist ein Hoftor mit fünf Querstreben, das so eingehängt wird, daß es beim Öffnen frei über dem Boden schwingt. Es sollte einen Schnappriegel haben oder eine einfache Kette aufweisen, die zusätzlich mit einem Schnappschloß am Torpfosten zu befestigen ist. Verschiebbare Stangen und Schwingtore sind Alternativen dazu, die vor allem im Hinblick auf die Kosten interessant sein dürften.

STALLHALTUNG

Es gibt gute Gründe, Pferde in einem Stall unterzubringen, vor allem, wenn es sich um Warmblüter handelt oder um Pferde, die viel leisten müssen. Hochgezüchtete Pferde verlieren leicht an Kondition, wenn sie bei jedem Wetter draußen stehen müssen, und ein Pferd, mit dem viel gearbeitet wird, muß hohen Anforderungen standhalten können, ohne übermäßig zu schwitzen oder kurzatmig zu werden. Es braucht Zeit, bis man einem Pferd eine gute Kondition antrainiert hat, und sie kann nur durch Stallhaltung aufrechterhalten werden.

Es ist meist leichter, einen zweckmäßigen Stall zu finden als eine gute Weide. Der Stall sollte geräumig, warm und gut gelüftet, aber frei von Zugluft sein. Man muß ihn leicht sauber, hygienisch und trocken halten können. Am günstigsten ist es, wenn die Stalltüren auf der vom Wetter abgewandten Seite liegen. Die Pferde sollten aus den Fenstern hinausschauen können — am besten auf eine belebte Umgebung. Oft stehen Pferde bis zu 22 Stunden am Tag im Stall und langweilen sich ohne Ablenkung. Diese Pferde neigen zu sogenannten Stalluntugenden. Dazu zählen das Weben (das Pferd wiegt Kopf, Hals und Vorhand von einer Seite zur anderen), das Kreiseln (das Pferd läuft ständig im Kreis in der Box herum) und das Krippensetzen oder Koppen (das Pferd setzt die Zähne auf den Rand der Futterkrippe oder eine andere Kante auf und schluckt Luft, die es dann wieder herausrülpst). Die beiden erstgenannten Untugenden können zu Schäden an den Beinen führen, die übermäßig und einseitig belastet werden, das Koppen hat oft Koliken zur Folge.

Kaufen, mieten oder bauen

Gleichgültig, ob gekauft, gemietet, umgebaut oder eigens für den Zweck konstruiert: ein Pferdestall muß immer bestimmten Grundanforderungen genügen. Sie können den Stall von einem Architekten nach Ihren Angaben planen lassen oder aber einen Fertigstall kaufen. Solch ein Stall wird meist in vorgefertigten Teilen geliefert, die an Ort und Stelle auf einem vorbereiteten Beton-Fundament zusammengebaut werden. Bevor Sie aber zum Bau schreiten, müssen Sie zuerst mit den örtlichen Behörden Kontakt aufnehmen und eine Baugenehmigung beantragen. Auch für Pferdeställe gibt es Vorschriften, die Sie als Bauherr einhalten müssen.

Wählen Sie als Standort eine Fläche, die eben und nicht zu feucht ist. Denken Sie auch daran, daß der Stall an Wasser und Strom angeschlossen

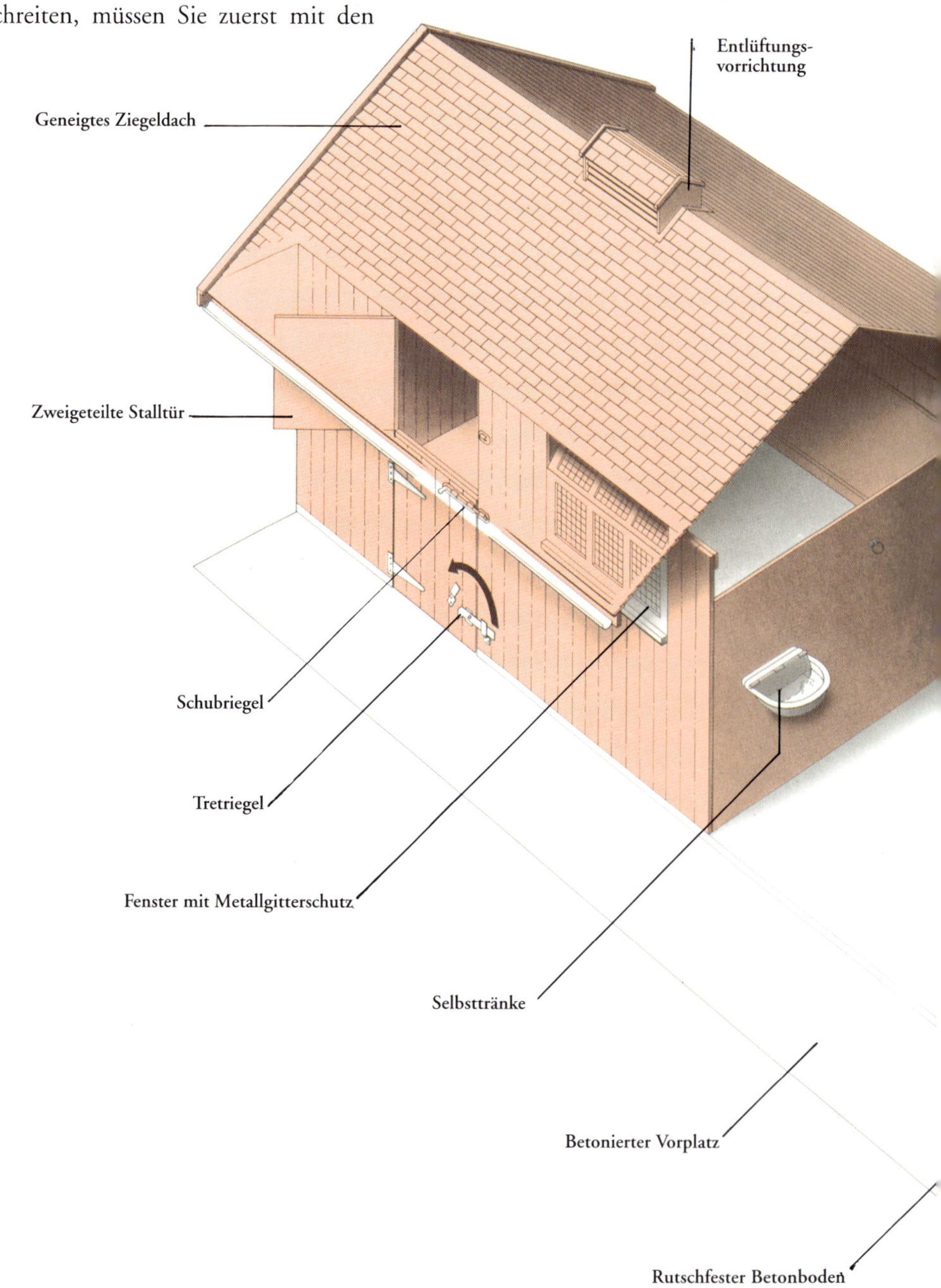

Innen- und Außenansicht eines pferdegerechten und pflegeleichten Stalls mit zwei Boxen.

werden muß. Das Gebäude sollte so ausgerichtet sein, daß die Stalltür auf der Sonnenseite ist. Eine sorgfältige Planung wird Ihnen später bei der Stallarbeit zugute kommen. Sie ersparen sich lange Wege, wenn Futterkammer, Sattelkammer, Misthaufen und der Teil des Gebäudes, in dem die Pferde untergebracht werden, nahe beieinander liegen.

Früher wurden Pferde oft nur in Ständern untergebracht; heute ist die Box als «Wohnung» des Pferdes das Gebräuchlichste. Ein Ständer ist nicht sehr groß und kann daher schnell ausgemistet werden. Weil er aber auf einer Seite offen ist, muß das Pferd die ganze Zeit angebunden bleiben. Die beste Anbindemethode im Ständer besteht aus einem Halfterstrick, der durch einen Ring an der Krippe läuft und an einer am Boden liegenden Hartholzkugel befestigt ist. Dieser Mechanismus gibt dem Pferd relativ viel Bewegungsfreiheit, verhindert aber, daß es sich im Strick verfängt.

Die meisten Pferdebesitzer ziehen eine entsprechend große Box vor, in der sich das Tier frei bewegen kann. In eine Box für ein Shetlandpony paßt ein Warmblutpferd kaum hinein. Als Faustregel gilt: 3,5 m^2 reichen für Pferde durchschnittlicher Größe, ein Pferd von über 1,60 m Stockmaß braucht eine 4 m^2 große Box. Bei der Planung der Box sollte bedacht werden, daß das Kinderpony zum Beispiel in einigen Jahren möglicherweise durch ein größeres Pferd ersetzt wird. So ist es vielleicht angeraten, von vorneherein eine größere Box zu bauen.

Eine quadratische Box ist für ein Pferd besser als eine rechteckige, denn in ihr kann es besser abschätzen, wieviel Raum ihm zur Verfügung steht. Das ist wichtig, wenn es sich wälzen oder hinlegen will. Die Box muß so groß sein, daß das Pferd sich darin nicht «festlegen» kann — beim Liegen muß noch genügend Platz zwischen seinen Hufen und den Boxenwänden sein, daß es wieder aufstehen kann. Ansonsten kann sich das Pferd, wenn es in Panik gerät, ernsthaft verletzen. Pferde brauchen viel «Luft»: 3 m Höhe ist für eine Pferdebox das absolute Minimum.

Ziegel und Stein sind haltbare und auch schöne Baumaterialien, Betonbausteine oder Holz erfüllen aber den gleichen Zweck und sind wahrscheinlich billiger. Wände und Dach müssen isoliert werden, damit der Stall bei kaltem Wetter warm und bei heißem Wetter kühl bleibt.

Der Boden muß strapazierfähig, wasserabweisend und rutschfest sein. Beton eignet sich gut, vorausgesetzt, er enthält keinen Lehm und ist mit einer rutschfesten Auflage versehen.

Man kann aber auch die Oberfläche mit einem Schaber aufrauhen, bevor der Beton trocknet. Der Boden sollte eine leichte Neigung haben — etwa 1:60 — damit Urin leichter abfließt. Man kann auch entlang einer Innenwand eine Rinne graben, die durch eine kleine Öffnung in der Mauer geführt wird und außen in einen Abfluß mündet. Die Öffnung in der Außenwand sollte mit einer Klappe versehen werden, damit keine Ratten in den Stall gelangen können; außerdem muß man sie täglich reinigen.

Stalltüren bestehen am besten aus zwei Flügeln, die jeweils noch in der Höhe unterteilt sind, so daß man den oberen Teil zur Belüftung offen stehen lassen kann. Dadurch bekommen die Pferde genügend frische Luft, ohne daß sie dem Zug ausgesetzt sind, auf den sie sehr empfindlich reagieren können. Fenster sollten aus diesen Gründen auch direkt gegenüber den Türen angebracht werden. Sie müssen immer aus bruchsicherem Glas sein und zusätzlich mit einem Gitter versehen werden. Man kann auch außen abgedeckte Lüftungsschlitze in das Dach einbauen, damit die verbrauchte Luft leichter abziehen kann.

Die Türen müssen weit und hoch genug sein, damit ein Pferd bequem — und gefahrlos — hindurchgehen kann; die Mindestweite ist 1,50 m, die Höhe sollte mindesten 2,25 m betragen. Sie muß nach außen aufgehen und sollte oben und unten durch stabile Riegel zu schließen sein. Für den unteren Teil benötigt man zwei Riegel, einen einfachen Schubriegel oben und unten einen Tretriegel, den man mit dem Fuß bedienen kann. Für den oberen Teil der Tür genügt ein Riegel. Denken Sie daran, daß alle verwendeten Materialien und Teile so stabil sein müssen, daß sie den Tritten eines unruhigen Pferdes standhalten. Im Inneren des Stalls bringt man am besten rundherum Bretter an, die die Wände vor Huftritten schützen.

Feuer ist in einem Stall immer eine Gefahrenquelle; deshalb darf es im Pferdestall nur elektrische Beleuchtung geben. Die Glühbirnen werden durch Gitter oder bruchsicheres Glas geschützt. Die Stromkabel müssen gut isoliert sein. Verlegen Sie sie so, daß sie außerhalb der Reichweite der Pferde verlaufen. Verwenden sie Steckdosen und Schalter für Feuchträume, und bringen Sie sie möglichst außerhalb des Stalls an.

Stalleinrichtung

Um die Verletzungsgefahr zu mindern, ist es am besten, an den Wänden der Box so wenig wie möglich anzubringen. Unerläßlich aber sind Anbindevorrichtungen, an denen man das Pferd sicher festmachen kann. Am zweckmäßigsten sind hier Ringe, die mit festen Schrauben tief in der Wand verankert werden. Ein Ring sollte in Hüfthöhe, ein anderer in Kopfhöhe angebracht werden.

Futterkrippen werden auf Brusthöhe des Pferdes montiert und sollten abgerundete Kanten haben. Ideal sind Modelle, bei denen man die Krippe zur gründlichen Reinigung leicht herausnehmen kann. Wenn Sie den Raum unterhalb der Krippe verkleiden, kann sich das Pferd nicht an den Kanten und Ecken verletzen; ein Schränkchen unter der Krippe ist zum Beispiel als Aufbewahrungsort für das Putzzeug nutzbar. Man kann aber auch aus einem Behälter füttern, der schwer genug ist, damit ihn das Pferd nicht umkippen kann, und den man nach der Mahlzeit wieder aus der Box entfernt.

Futterraufen für das Heu, die in manchen Ställen angebracht sind, sollte man lieber nicht verwenden; denn um aus ihnen zu fressen, muß das Pferd eine unnatürliche Haltung einnehmen, und die Grassamen fallen ihm beim Fressen in die Augen. Heu füttert man am besten aus Netzen; so verstreut das Pferd am wenigsten, und man kann die vorgesehene Menge abwiegen. Das Netz sollte immer über dem Boden hängen und mit einem leicht zu öffnenden Knoten am oberen Anbindering befestigt werden.

Wasser ist im Stall genau so wichtig wie auf der Weide. Selbsttränken gewährleisten die ständige Versorgung mit Wasser; man sollte sie in einiger Entfernung zur Krippe anbringen, damit sie nicht mit Futterresten verunreinigt werden. Man kann ein Pferd natürlich auch aus Eimern tränken; diese müssen aber schwer sein, damit sie nicht umfallen. Eimer bieten darüber hinaus den Vorteil, daß man die Trinkmenge kontrollieren kann. Das ist vor allem dann wichtig, wenn das Pferd nach der Arbeit erhitzt ist und nicht so viel auf einmal trinken sollte, oder wenn es krank ist und man sichergehen will, daß es genug Flüssigkeit aufnimmt.

Unten: Der Arbeitsplan bei einem aufgestallten Pferd mit den anfallenden Tätigkeiten zu bestimmten Tageszeiten. Das Fütterungsschema variiert entsprechend der Größe und Arbeitsbelastung des einzelnen Tieres. Viele Pferdehalter bevorzugen allerdings das zeitsparendere kombinierte System mit teilweiser Weidehaltung.

Stallroutine

Die tägliche Versorgung eines aufgestallten Pferdes nimmt viel Zeit in Anspruch (siehe unten). Alle aufgeführten Arbeiten müssen jeden Tag erledigt werden, denn ihre Vernachlässigung kann böse Folgen haben, besonders wenn Ihr Pferd schwere Arbeit leistet. Die Zahl der angegebenen Mahlzeiten ist allerdings nicht verbindlich, sondern sollte sich nach den individuellen Bedürfnissen Ihres Pferdes richten.

Wenn Sie nicht so viel Zeit zur Verfügung haben, müssen Sie Ihr Pferd in einem Reit- oder Bauernhof unterbringen, wo es voll versorgt wird. Manche Reitschulen bieten eine sogenannte «Halbpension» an; hierbei erhält das Pferd freie Unterkunft und Verpflegung, muß aber im Reitunterricht mitgehen. Dabei besteht allerdings die Gefahr, daß das Pferd unsachgemäß geritten wird. Die sogenannte «Vollpension» in einem Reitstall kann sehr kostspielig sein.

Die täglichen Aufgaben eines Pferdebesitzers sind jedoch nicht so kompliziert, wie sie auf den ersten Blick erscheinen mögen. Sie können in einzelne Arbeitsschritte unterteilt werden, die alle relativ einfach zu erledigen sind.

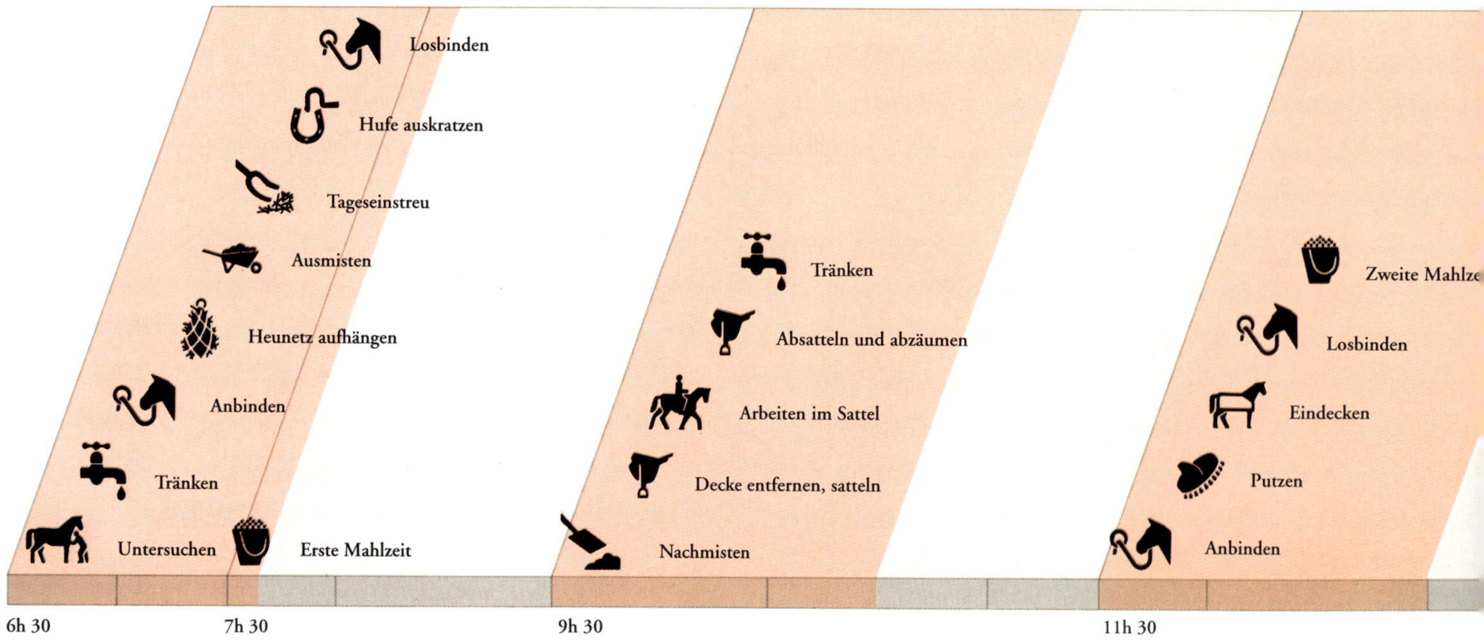

Einstreuen und Ausmisten

Die Einstreu isoliert die Box gegen Kälte, saugt Feuchtigkeit auf, dämpft die Härte des Betonbodens ab und dient dem Pferd als Liegestatt. Sie sollte möglichst sauber sein — daher wird einmal täglich gründlich ausgemistet. Normalerweise führt man diese Arbeit gleich morgens früh aus.

Stroh stellt die geeignetste, wenn auch nicht die einzige Einstreu dar. Weizenstroh ist besonders geeignet, denn es ist sehr saugfähig und dauerhaft. Gerstenstroh enthält viele Grannen, die die Haut des Pferdes reizen. Haferstroh sollte nicht eingestreut werden, weil die Pferde es gerne fressen; außerdem saugt es sich sehr schnell voll.

Torf bildet eine weiche, gut isolierende Einstreu und fängt von allen Einstreumaterialien am schwersten Feuer. Die Torfeinstreu erfordert aber viel Pflege. Man muß mehrmals täglich Kot und nasse Stellen entfernen, frisch nachstreuen und das Ganze lokkern und einebnen, weil eine feuchte, verdichtete Torfunterlage Hufkrankheiten verursachen kann.

Holzspäne und Sägemehl sind eine preisgünstige Alternative, man wird jedoch den Mist nicht so leicht wieder los. Beim Einstreuen muß man sorgfältig darauf achten, daß keine scharfen

1 Morgens sollte als erstes die Box ausgemistet werden. Verschmutztes Stroh und Kot werden mit der Mistgabel vom sauberen Stroh getrennt, das man zur Wiederverwendung im hinteren Teil der Box anhäuft.

2 Verschmutztes Stroh und Kot werden in der Schubkarre auf den Misthaufen gebracht. Bei schönem Wetter kann die gebrauchte, noch verwendbare Einstreu draußen zum Trocknen ausgelegt werden.

3 Wenn das verschmutzte Stroh entfernt und das saubere nach hinten geschoben worden ist, kann man den restlichen Schmutz aufkehren. Nach kurzer Trocknungszeit wird das saubere Stroh als weiche Tageseinstreu verteilt.

4 Verschmutztes Stroh und Kot kommen auf den Misthaufen. Werfen Sie den Mist immer oben auf den Haufen. Damit der Haufen fest und dicht bleibt, sollten Sie jede Ladung mit der Schaufel festklopfen.

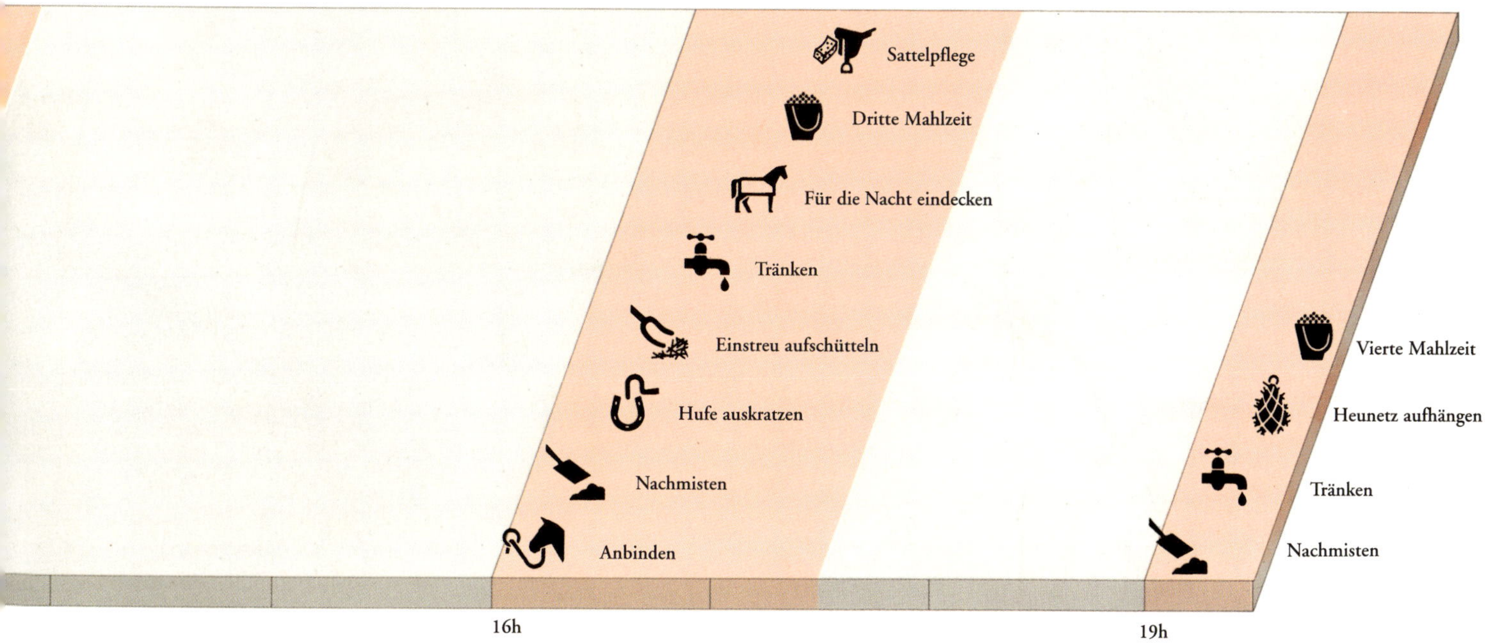

Splitter, Nägel, Farb- oder Ölreste in die Box kommen. Sägemehl kann auch alleine eingestreut werden, wird aber, ähnlich wie Torf, schnell feucht und fest — also besser in Kombination.

Man unterscheidet zwischen der Tag- und der Nachteinstreu; während tagsüber eine dünne Schicht Einstreu genügt, sollte sie für die Nacht schön dick sein, damit sich das Pferd gerne hinlegt. Einstreuen mit Torf oder Holzspänen ist ganz leicht: Leeren Sie den Sack auf dem Boden aus und ebnen Sie mit einer Harke die Oberfläche; entlang der Wände sollte die Einstreu leicht angehäuft werden, um Zugluft zu vermeiden.

Für das Einstreuen mit Stroh braucht man ein wenig mehr Geschick. Da das Stroh in hochdruckgepreßten Ballen gelagert wird, muß man es aufschütteln, um die Halme voneinander zu trennen, und es so auslegen, daß der Boden der Box von einer lockeren, weichen und trotzdem dichten Strohschicht bedeckt ist. Am besten geht man mit einer Heugabel zu Werke.

Manche Stallbesitzer ziehen die Matratzeneinstreu vor. Bei dieser Methode werden täglich nur der Kot und das verunreinigte Stroh entfernt. Das saubere Stroh bleibt liegen und wird durch frisches ergänzt. Nach einiger Zeit wird die sogenannte Matratze bis zu 60 cm hoch. Sie sollte unten eine feste, dichte und relativ trockene Schicht bilden und an der oberen Seite weich und federnd sein. Nach Ablauf eines Monats wird die gesamte Einstreu entfernt und eine neue Matratze angelegt. Matratzeneinstreu eignet sich nur für Boxen, die über Abflußrinnen verfügen; bei Ständern sollte diese Methode nicht angewandt werden. Wichtig ist dabei, daß die Hufe regelmäßig ausgekratzt werden, um Krankheiten zu vermeiden.

Papier- und Stroheinstreu in den Königlichen Stallungen von Windsor.

Stroheinstreu für die Nacht

1 Sauberes Stroh, das von der Tageinstreu übriggeblieben ist, wird aufgeschüttelt und gleichmäßig über den Boden der Box verteilt.

2 Neues Stroh wird von einem gepreßten Ballen genommen. Es muß gelockert werden, damit die Halme auseinanderfallen und eine elastische Unterlage bilden, die den Boden dicht und gleichmäßig abdeckt und das Pferd zum Hinlegen einlädt.

3 Das Stroh wird entlang der Boxenwände dicht aufgehäuft; auf diese Weise vermeidet man Zugluft, das Pferd hat es schön warm und ist besser vor Verletzungen geschützt.

Verschiedene Einstreumaterialien

Weizenstroh ist die ideale Einstreu. Es hält das Pferd warm, reizt die Haut nicht, ist leicht zu handhaben und sehr saugfähig.

Holzspäne sind preisgünstiger. Damit der Boden trocken bleibt, streut man zuunterst eine Lage Sägemehl ein. Kot und nasse Stellen müssen mehrmals täglich entfernt werden.

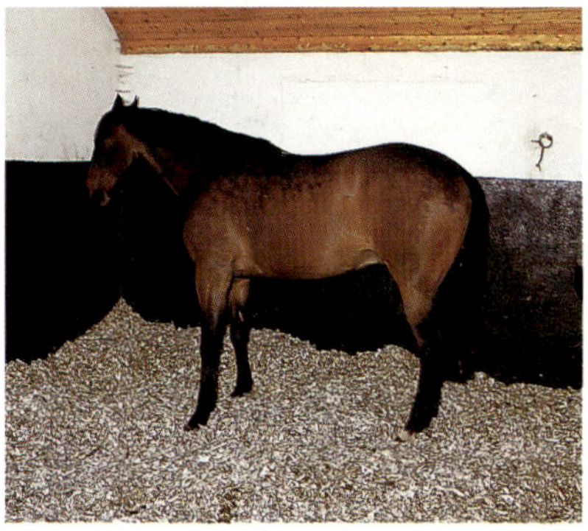

Wenn ein Pferd dazu neigt, zuviel Stroh zu fressen, kann man Papierschnitzel einstreuen, muß aber die Einstreu häufig wechseln.

Das Füttern

1. Zunge
2. Rachen
3. Speiseröhre
4. Magen
5. Dünndarm
6. Blinddarm (auf der kleinen Abbildung hinter dem Großen Dickdarm nicht sichtbar).
7. Großer Dickdarm
8. Kleiner Dickdarm
9. Mastdarm

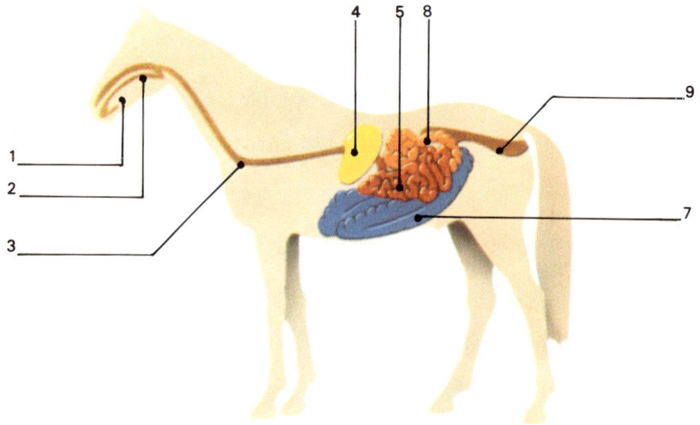

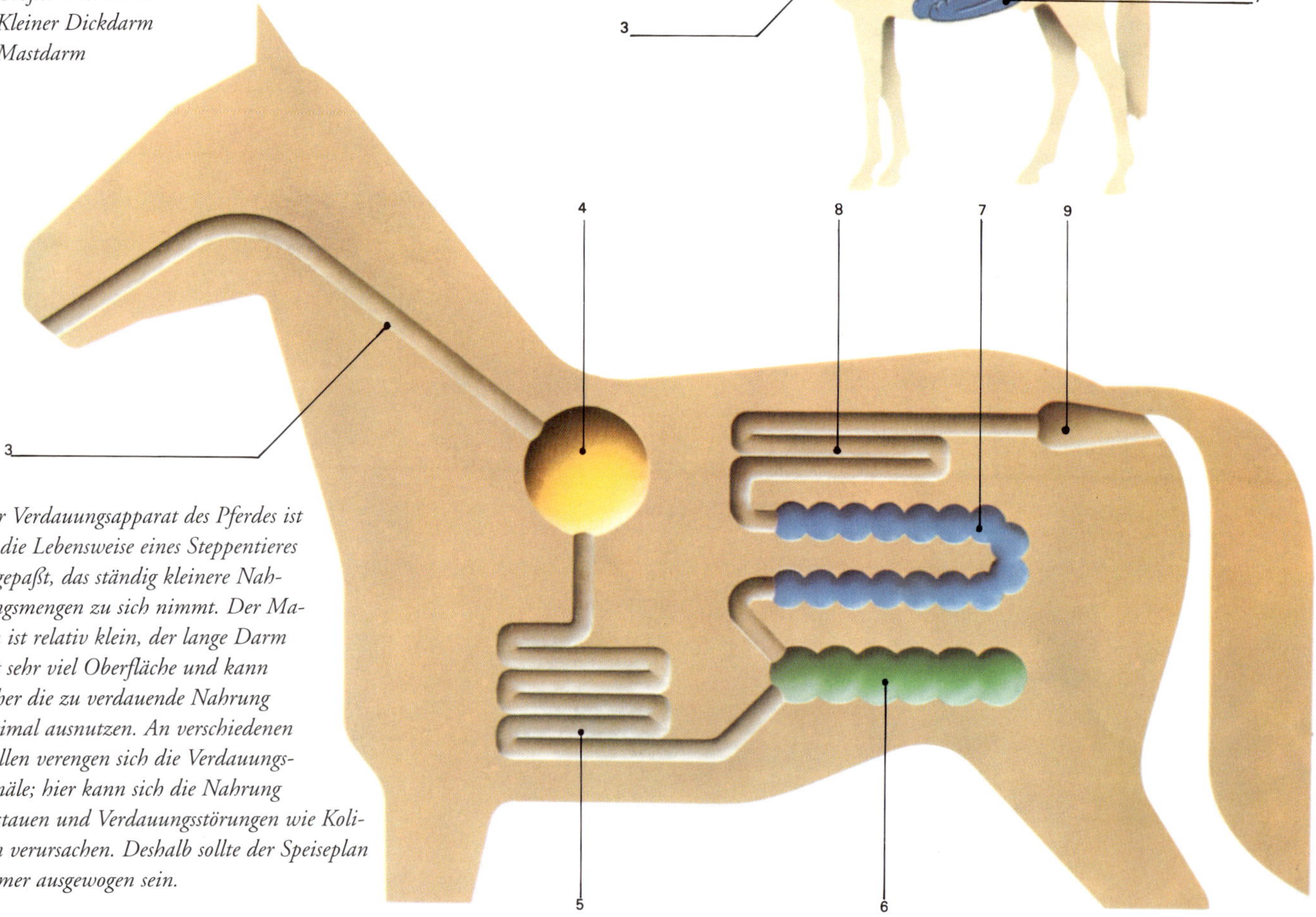

Der Verdauungsapparat des Pferdes ist an die Lebensweise eines Steppentieres angepaßt, das ständig kleinere Nahrungsmengen zu sich nimmt. Der Magen ist relativ klein, der lange Darm hat sehr viel Oberfläche und kann daher die zu verdauende Nahrung optimal ausnutzen. An verschiedenen Stellen verengen sich die Verdauungskanäle; hier kann sich die Nahrung anstauen und Verdauungsstörungen wie Koliken verursachen. Deshalb sollte der Speiseplan immer ausgewogen sein.

Bedingt durch die biologische Entwicklung seiner Gattung hat das Pferd einen Magen, der im Vergleich zu seiner Körpergröße sehr klein ist. Die Därme sind dafür sehr lang, und es kann bis zu 48 Stunden dauern, bis die Nahrung den Verdauungstrakt passiert hat. Beim Pferd hängt die gesunde Verdauung nicht nur von der richtigen Menge und der Einhaltung der Fütterungszeiten ab, sondern es muß auch genug Wasser aufnehmen und viel Bewegung haben. Wildlebende Pferde gehen zweimal am Tag zur Tränke, meist in der Morgen- und in der Abenddämmerung. Dazwischen fressen sie, ruhen aus oder laufen. Pferde auf der Weide können das Verhalten ihrer wilden Vorfahren teilweise beibehalten; einem Pferd, das im Stall lebt, ist dies unmöglich.

Für die Fütterung gibt es einige grundlegende Regeln, die unbedingt eingehalten werden müssen. Das Verdauungssystem der Pferde ist sehr empfindlich und gerät leicht aus dem Gleichgewicht. Verdauungsstörungen, Verstopfung, Gasansammlungen oder Koliken können die Folge unsachgemäßer Fütterung sein.

Oberster Grundsatz muß sein, wenig und dafür häufig zu füttern, vor allem viel Rauhfutter (Heu oder Stroh). Art und Menge des Futters sollten nicht plötzlich geändert werden, auch sollte man möglichst immer zur gleichen Zeit füttern. Wenn die Pferde von Hand getränkt werden, gibt man ihnen das Wasser vor dem Futter, damit die aufgenommene Nahrung nicht aus dem Magen gespült wird. Ein Pferd, das soeben gefressen hat oder gerade von der Weide kommt, sollte nicht sofort hart arbeiten müssen. Es braucht etwa 1¼ Stunden Zeit zum Verdauen, da der volle Magen sonst die Atmung behindert. Ebenso darf ein Pferd nicht sofort nach der Arbeit, wenn es noch erhitzt ist, gefüttert werden.

Grundnahrungsmittel für Pferde sind Gras und Heu. Am besten sind Gras und Heu von Wiesen, die im Rahmen eines Feldfruchtwechsels an-

Kraftfutter spielt eine wichtige Rolle bei der Ernährung von Pferden, mit denen regelmäßig gearbeitet wird. 1. Weizenkleie ist reich an Eiweiß, Vitamin B und Salz. Als Brei oder angefeuchtet und mit Hafer vermischt hat sie abführende Wirkung. 2. Hafer ist für Pferde ein ausgewogenes, nahrhaftes und leicht verdauliches Futter. Er enthält einen hohen Anteil von energiespendenden Kohlehydraten, Vitamin B und muskelaufbauendem Eiweiß. Hafer kann ganz, gebrochen oder gequetscht gefüttert werden. 3. Zuckerrübenschnitzel eignen sich zur Ernährung von Pferden, die nur leichte Arbeit verrichten. Sie müssen vor dem Füttern lange eingeweicht werden, weil sie sonst im Magen aufschwemmen und Koliken verursachen können. Pferde, die nicht eingeweichte Rübenschnitzel fressen, bekommen manchmal auch eine Schlundverstopfung. 4. Mais, der am besten in Flockenform verfüttert wird, enthält viele Kohlehydrate und Vitamin A, aber wenig Eiweiß und Mineralien. 5. Gerste ist reich an Vitamin B und ungeeignet für Pferde, die lange und schnell geritten werden, kann aber als Zusatzfutter dienen und wird dann meist gekocht; rohe Gerste sollte gequetscht werden. Gerste enthält Vitamin B.

gesät wurden und als Hauptbestandteile Wilden Roggen und Klee enthalten. Wiesenmaht ist Gras oder Heu, das nicht eigens angesät wurde und daher unterschiedliche Qualität und Zusammensetzung aufweist. Die Qualität des Heus hängt vom Alter ab und wird nach Aussehen und Geruch beurteilt. Heu sollte leicht süßlich riechen, eher grünlich als grau sein und mindestens sechs Monate gelagert werden, bevor man es verfüttert. Schwärzliches, schimmeliges oder feuchtes Heu darf Pferden auf keinen Fall zur Fütterung vorgelegt werden.

Heu mit hohem Kleeanteil ist sehr gehaltvoll und darf nur in kleinen Mengen an Pferde gefüttert werden. Das gleiche gilt für Alfalfa oder Luzerne, die in den USA und Kanada sehr häufig vorkommen. Alfalfa enthält extrem viel Protein; man sollte anfangs nur kleine Mengen füttern, bis man beurteilen kann, ob das Pferd dieses Futter verträgt.

Kraftfutter

Pferde und Ponys, die regelmäßig viel arbeiten, benötigen nährstoffreiches Futter. Das verbreitetste und wohl auch geeignetste Kraftfutter ist Hafer, der gebrochen, angequetscht oder gequetscht werden kann, damit er besser verwertbar ist. Pferdekorn oder Pellets sind brauchbare Alternativen zum Hafer.

Hafer enthält alle wichtigen Nährstoffe in ausgewogener Mischung und sollte daher in der Ernährung eines arbeitenden Pferdes nicht fehlen. Hochwertiger Hafer hat kurze, runde Körner und ist von blaßgoldener, silbergrauer oder schokoladenbrauner Färbung. Die Körner sollten sich hart und trocken anfühlen und dürfen nicht säuerlich riechen. Die richtige Menge ist wichtig, denn ein Pferd, das zuviel Hafer bekommt, wird schnell heftig. Besonders vorsichtig sollte man in dieser Hinsicht bei der Ernährung von Kinderponys sein, denen man besser keinen Hafer gibt.

Pferdekorn und Pellets werden aus einer Mischung verschiedener Getreidearten hergestellt; meist enthalten sie daneben Grasmehl, Melasse oder Sirup sowie zugesetzte Vitamine und Mineralstoffe. Ihr Nährwert beträgt in etwa zwei Drittel der gleichen Menge Hafer, aber sie wirken sich weniger auf das Temperament des Pferdes aus und eignen sich daher auch besser für Ponys.

Man kann natürlich auch als Allein- oder Ergänzungsfutter andere Getreidesorten füttern, wenn sie auch nicht so hochwertig sind wie Hafer. Mais enthält viele Kohlehydrate, aber nur wenig Eiweiß und Mineralstoffe. Auch Mais ist für Ponys wenig geeignet. Oft füttert man ihn Pferden, die regelmäßige, langsame Arbeit tun. Gekochte Gerste eignet sich gut dazu, Pferde und Ponys in schlechtem Ernährungszustand aufzupäppeln, und ist auch bei entkräfteten Pferden eine sinnvolle Ergänzung. Futterbohnen sind sehr nahrhaft, wirken sich aber auch auf das Temperament aus. Man kann sie in kleinen Mengen ganz, gebrochen oder gekocht füttern.

Zusatzfutter

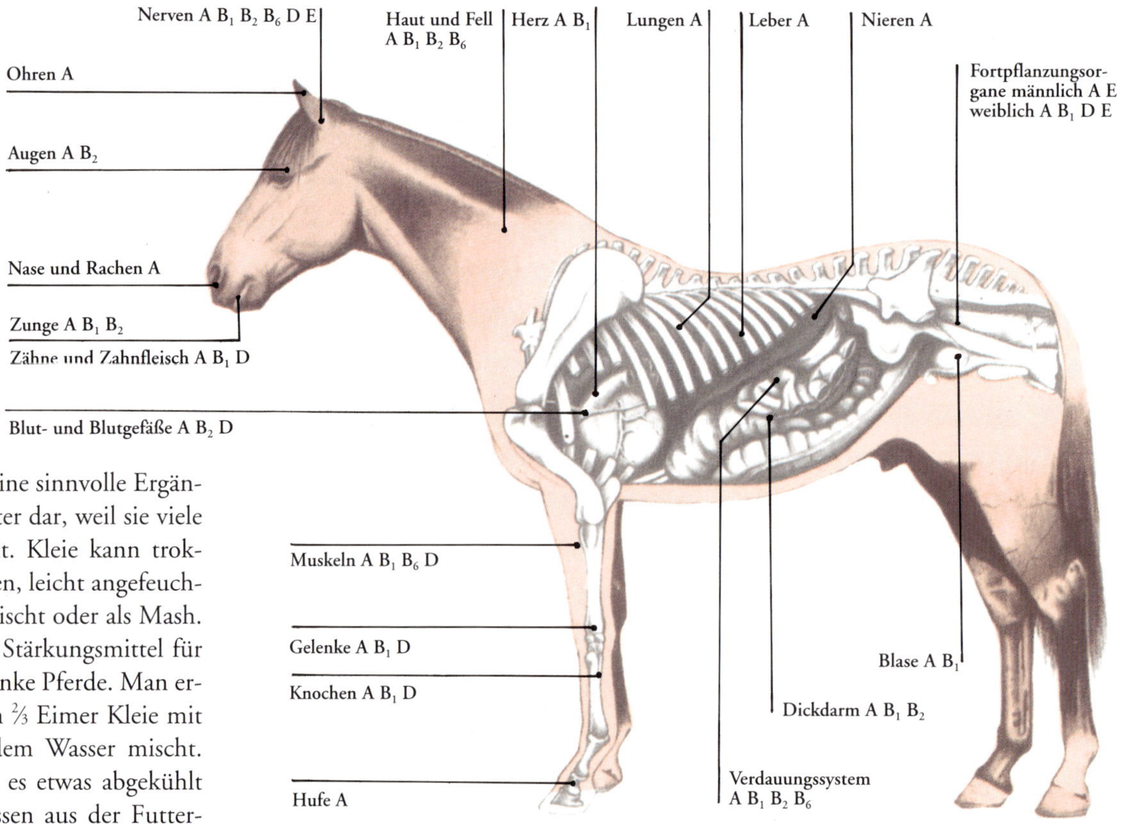

Oben: Gesunde Pferde müssen leistungsgerecht gefüttert und mit den richtigen Mengen an lebenswichtigen Vitaminen versorgt werden. Die Abbildung zeigt, welche Vitamine benötigt werden und was sie bewirken. Ein Mangel an den Vitaminen A, B_1, B_2, B_6, D und E führt zu allgemeiner körperlicher Schwächung und Anfälligkeit für Krankheiten.

Weizenkleie stellt eine sinnvolle Ergänzung zum Kraftfutter dar, weil sie viele Ballaststoffe enthält. Kleie kann trokken gefüttert werden, leicht angefeuchtet mit Hafer vermischt oder als Mash. Mash ist ein gutes Stärkungsmittel für erschöpfte oder kranke Pferde. Man erhält es, indem man $\frac{2}{3}$ Eimer Kleie mit $\frac{1}{3}$ Eimer kochendem Wasser mischt. Erst füttern, wenn es etwas abgekühlt ist. Mashreste müssen aus der Futterkrippe entfernt werden, da sie schnell ranzig werden. Für die Aufbaudiät eines geschwächten Pferdes eignet sich auch ein Mash aus Hafer. Man erhält ihn, indem man kochendes Wasser über gequetschten Hafer gießt und das Ganze abkühlen läßt. Dabei sollte man viel Wasser verwenden, um eine dünnflüssige Mischung zu erhalten, die das Pferd trinken kann.

Leinsamen, als Gelee, Mash oder Tee zubereitet und den Winter über gefüttert, verbessern den Allgemeinzustand und geben dem Fell einen seidigen Glanz. Da rohe Leinsamen ein giftiges Enzym erhalten, müssen sie immer eingeweicht und anschließend länger gekocht werden. Zuckerrübenschnitzel sind aufgrund ihres hohen Gehalts an Kohlehydraten ein guter Energiespender. Die Pferde mögen sie wegen des süßen Geschmacks. Rübenschnitzel müssen vor der Fütterung über Nacht eingeweicht werden, denn sie saugen sich sehr stark mit Flüssigkeit voll. Trocken gefüttert, würden sie im Verdauungstrakt stark anschwellen und Schlundverstopfung oder Koliken verursachen.

Futtermittel sollten einzeln in Behältern gelagert und erst zur Fütterung zusammengemischt werden. Zum Abmessen muß immer das gleiche Gefäß verwendet werden. Werden mehrere Pferde zusammen gehalten, sorgt ein «Menüplan» in der Futterkammer für eine individuell abgestimmte Futtermischung. Die Mischung wird in einen Eimer gefüllt, leicht angefeuchtet und dann vor dem Füttern mit der Hand durchgemischt. Getreidekörner bleiben in galvanisierten Tonnen frisch.

Wurzeln — zum Beispiel Karotten, Futterrüben und Rote Bete — sind gut für den Allgemeinzustand und stellen eine willkommene Abwechslung auf dem Speiseplan dar. Wurzeln müssen vor dem Verfüttern gründlich gewaschen und in fingerlange Stücke geschnitten werden. Kleinere Scheiben sind gefährlich, das Pferd kann an ihnen ersticken.

Frißt ein Pferd schlecht oder ist es sehr wählerisch, kann man ihm Melasse oder Zuckerrübensirup unter das Futter mischen. In jedem Fall sollte eine gute Futtermischung immer auch etwa ein Pfund kleingeschnittenes Heu enthalten. Dieses Heu, auch *chaff* genannt, hat praktisch keinen Nährwert, bewirkt aber, daß das Pferd sein Futter gründlich kaut. Das verringert die Gefahr von Verdauungsstörungen. Darüber hinaus schleift das Kauen von *Chaff* die Zähne ab und wirkt so der Bildung von Zahnhaken entgegen. Ein

Rechts: Eine Futterkammer sollte in keinem Stall fehlen. Sie muß sauber, trocken und nicht allzu weit vom Wasseranschluß entfernt sein. Futter, das offen im Stall aufbewahrt wird, kann leicht verderben. Pferde sind sehr empfindlich, und verstaubtes, schimmliges oder sonstwie verdorbenes Futter schadet ihnen. In den abgebildeten einfachen Futterkisten bleibt das Futter sauber und trocken. Wichtig ist auch eine geräumige Arbeitsfläche sowie eine Waage, mit der man regelmäßig das Gewicht der gefüllten Heunetze überprüfen sollte.

Salz- oder Mineralleckstein schließlich ist lebenswichtig, besonders für Pferde, die im Stall gehalten werden. Bei der Weidehaltung nehmen die Tiere normalerweise mit dem Gras ausreichend Salz und Mineralstoffe auf. Sicherheitshalber sollte man ihnen ebenfalls einen Leckstein zur Verfügung stellen.

Vitamine und Mineralstoffe

Neben Kohlehydraten, Eiweiß und Fett sind Vitamine und Mineralstoffe für die Pferdeernährung lebenswichtig. Ein Mangel an den Vitaminen A, B_1, B_2, B_6, D und E schwächt die Abwehrkräfte und hat den Ausbruch von Krankheiten zur Folge. Im Normalfall enthalten gutes Heu, Gras, Kleie und Karotten alle Vitamine, die ein Pferd braucht. Hafer und Gerste, Maisflokken und Zuckerrüben sind eine sinnvolle Ergänzung dieser Grunddiät.

Ein Mangel an Mineralstoffen kann besonders bei jungen Pferden ernsthafte Folgen haben. Pferde benötigen vor allem Kalzium und Phosphor für den gesunden Aufbau von Knochen und Zähnen; Natrium, Natriumchlorid (Salz) und Kalium für den Elektrolythaushalt; Eisen und Kupfer für die Bildung von Hämoglobin. Muskeln und Knochen brauchen Magnesium, um sich gesund zu entwikkeln; Mangan ist sowohl für den Aufbau der Knochenstruktur als auch für die Fortpflanzungsfähigkeit von Bedeutung; Zink und Kobalt regen das Wachstum an. Damit die Schilddrüse richtig funktioniert, muß die täglich aufgenommene Jodmenge stimmen.

Das wichtigste all dieser Mineralstoffe aber ist Salz. Deshalb sollte Pferden im Stall oder auf der Weide immer ein Salzleckstein zur Verfügung stehen.

Mineralstoffe sind, ebenso wie die genannten Vitamine, in Gras, Heu und den anderen Grundnahrungsmitteln des Pferdes enthalten. Sollten Sie der Ansicht sein, daß Ihr Pferd zusätzliche Vitamin- oder Mineralgaben benötigt, fragen Sie bitte zuerst Ihren Tierarzt; denn zuviel kann hier genauso schädlich sein wie zuwenig. Im Handel sind zahlreiche geeignete Produkte erhältlich, die die genannten Stoffe in unterschiedlichen Zusammensetzungen enthalten. Sie werden flüssig, als Pulver oder Pellets dem Futter beigemischt.

Vitaminmangel kann man meistens am Zustand der Haut und des Fells erkennen sowie an den Zähnen, am Zahnfleisch und an den Augen. Bei einer sachgemäßen Fütterung dürfte dieses Problem aber gar nicht erst auftreten.

Futtermengen

Es gibt keine festen Regeln für die Mengen, die ein Pferd zu fressen bekommen sollte. Der Bedarf richtet sich vielmehr nach Typ und Größe des Pferdes und der Arbeit, die es verrichten soll. Bei aufgestallten Pferden sollte die tägliche Futtermenge nicht geringer sein als jene, die ein grasendes Pferd auf der Weide zu sich nehmen würde.

Hier ein Beispiel: Ein Pferd von 1,52 m Stockmaß würde täglich 12 kg Gras fressen. Man geht davon aus, daß ein 5 cm größeres Pferd 1 kg mehr frißt, ein 5 cm kleineres 1 kg weniger.

Von dieser Faustregel ausgehend, kann man einen Futterplan aufstellen, dessen Rauh- und Kraftfuttermenge auf die Arbeitsleistung des Pferdes abgestimmt ist. Nehmen wir wieder als Beispiel ein leicht gebautes Pferd von 1,52 m Stockmaß, das regelmäßig arbeitet und zusätzlich im Zeitraum von zwei Wochen dreimal eine Jagd mitgeht; dieses Tier sollte Rauh- und Kraftfutter in ungefähr gleichen Mengen erhalten, also 6,3 kg Kraftfutter und 6,8 kg Heu. Wird mit diesem Pferd aber nur leicht oder überhaupt nicht gearbeitet, sollte man die täglich gefütterte Heumenge steigern und dafür entsprechend weniger Kraftfutter geben.

Es hat sich gezeigt, daß die meisten Pferde das Futter, das sie abends bekommen, am besten verwerten. Deshalb sollte man die größte Portion des Tages am Abend vorlegen. Wird das Pferd dreimal täglich gefüttert, so empfiehlt sich folgende Aufteilung: 10 % der Gesamtmenge zum Frühstück, 30 % mittags und 60 % der Tagesration abends.

Wenn man sein Pferd gut kennt, verläßt man sich am besten auf die eigene Beobachtungsgabe. Ist das Pferd zu fett geworden, muß man die Futtermenge reduzieren, wirkt es zu mager, sollte man die Rationen erhöhen.

Das Putzen

Sinn des Putzens ist es, das Pferd sauber zu halten, die Haut zu massieren und den Aufbau der Muskeln anzuregen. Pferde, die auf der Weide gehalten werden, putzt man, besonders im Winter, weniger häufig als Pferde in Stallhaltung; ein gewisses Minimum an Pflege ist aber auch bei Weidepferden unumgänglich.

Jedes Tier sollte sein eigenes Putzzeug haben, das separat in einem mit dem Namen des Pferdes gekennzeichneten Kasten aufbewahrt wird.

Je nach Tageszeit und je nach Arbeit des Pferdes kann man es auf unterschiedliche Weise putzen. Morgens sollte immer eine gründliche Reinigung erfolgen, zu der man das Pferd anbindet. Zuerst werden die Hufe ausgekratzt. Danach reinigt man Augen, Nase und After mit den dafür vorgesehenen, angefeuchteten Schwämmen. Trägt das Pferd eine Decke, sollte man sie so zusammenfalten, daß sie nur noch die Kruppe bedeckt; dann reinigt man Kopf, Hals, Brust und Vorderbeine mit der Kardätsche. Anschließend wird die Decke nach vorne geschoben, damit man die Hinterhand putzen kann. Mistflecken werden mit der angefeuchteten Mähnenbürste entfernt. Zum Schluß werden Mähne und Schweif mit der Kardätsche gut durchgebürstet.

Wenn das Pferd nach der Arbeit nicht mehr so erhitzt ist, wird es wieder geputzt. Erneut bindet man zuerst das Pferd an und kratzt die Hufe aus. Anschließend werden mit der Wurzelbürste Schmutz, Schlammspritzer und Schweißreste entfernt. Besonders sorgfältig sollten dabei die Sattellage, der Bauch und die Beine gereinigt werden; es dürfen keine Druckspuren von Sattel und Sattelgurt zurückbleiben. Beim Putzen beginnt man bei den Ohren und arbeitet sich zum Schweif vor — erst auf der einen, dann auf der anderen Seite. Da die Haut nach der Arbeit stark durchblutet ist, ist sie empfindlich und sollte nicht zu fest gebürstet werden.

Danach nimmt man die Kardätsche, die man etwas fester aufdrücken sollte, damit sie ihren Zweck erfüllt. Man beginnt mit der Mähne, die auf die «falsche» Seite gelegt wird, um Schmutz und Schuppen zu entfernen; anschließend wird der Schopf gebürstet. Nun wird mit kreisförmigen Bürstenstrichen der ganze Körper bearbeitet, indem man auf jeder Seite wieder «von den Ohren zum Schweif» in Fellrichtung bürstet. Nach jedem Bürstenstrich wird die Kardätsche abgeklopft und in regelmäßigen Abständen am Striegel abgestreift, den man die ganze Zeit über in der anderen Hand hält. Der Striegel wird von Zeit zu Zeit auf der Stallgasse abgeschlagen.

Bei der Kopfreinigung sollte man daran denken, daß das Pferd hier na-

Um Ansteckungen zu vermeiden, sollte jedes Pferd einen eigenen Putzkasten haben. Putzzeug ist immer in einem geeigneten Behälter, einem Kasten, Korb oder Beutel, aufzubewahren, damit kein Teil verlorengeht. Von Zeit zu Zeit muß das Putzzeug mit einem milden Desinfektionsmittel gereinigt werden. Schwämme; *mit dem einen werden Augen, Maul und Nüstern gereinigt, der andere wird für den After benutzt.* Waschbürste *(weich), mit der Mähne und Schweif geglättet und die Hufe abgebürstet werden.* Mähnenkämme *für Mähne und Schweif.* Huffettdose *mit Pinsel; das Fett macht die Hufe schön glänzend und wirkt der Austrocknung des Hufs entgegen.* Metallstriegel, *an dem die Kardätsche abgestreift wird (niemals das Pferd damit striegeln!).* Kardätsche *(weich), mit der Staub und Hautschuppen ausgebürstet werden.* Plastik-Nadelstriegel *zum Abstreifen der Kardätsche; kann auch anstelle der Wurzelbürste verwendet werden.* Hufkratzer *zum Auskratzen von Schmutz und Steinchen aus den Strahlfurchen des Hufs.* Wurzelbürste *(hart); damit werden eingetrocknete Schlammspritzer und Schweißränder entfernt. Das* Glanztuch *(aus Wolle, Kunstfaser oder Gummi) nimmt Staubreste aus dem Fell auf.* Schweißmesser; *damit kann Wasser oder Schweiß abgestreift werden.*

türlich sehr empfindlich ist; deshalb geht man hier energisch, aber trotzdem zart vor. Besonders vorsichtig muß man die Gegend um die Augen, die Ohren und die Nase behandeln. Zum Schluß kommt der Schweif dran. Hierzu nimmt man immer nur einige wenige Haare auf einmal auf und entwirrt sie vorsichtig.

Nun reibt man das Pferd am ganzen Körper mit Strohwischen ab, um die Muskeln zu massieren und den Blutkreislauf anzuregen. Dazu nimmt man ein Bündel weiches Stroh in die Hand, dreht es wie ein Tau zusammen und feuchtet es leicht an. Man bearbeitet damit in Fellrichtung die muskulösen Teile von Hals, Schultern, Kruppe und Schenkeln, wobei man ruhig etwas Kraft einsetzen sollte. Knochige Körperregionen und die empfindliche Lendenpartie werden bei dieser Behandlung ausgespart.

Augen, Lippen, Maul und Nasenlöcher werden mit den Schwämmen ausgewaschen. Mit einem eigens dafür bestimmten Schwamm wird dann der After und der untere Teil der Schweifrübe gründlich gereinigt. Dazu wird der Schweif möglichst hoch gehoben. Die Mähne wird mit der Waschbürste geglättet, mit der man auch die Außenseiten der Hufe reinigt. Dabei muß man darauf achten, daß kein Wasser an die Fesselbeuge kommt. Wenn die Hufe trocken sind, wird die äußere Hufwand bis zum Kronenrand mit Huffett eingepinselt. Zuletzt werden mit einem Tuch die letzten Staubkörnchen entfernt, damit das Fell schön glänzt. Dazu wird das Tuch mehrmals gefaltet und leicht angefeuchtet; man reibt damit in Fellrichtung nochmals den Körper und die Beine ab.

Das gründliche Putzen dauert je nachdem, wieviel Übung man darin hat, eine halbe bis dreiviertel Stunde. Ein Anfänger wird etwas länger brauchen und diese «reiterliche Übung» ziemlich anstrengend finden. Abends, wenn man das Pferd für die Nacht fertig macht, putzt man es wieder. Dieser dritte Putzvorgang des Tages nimmt aber nur wenig Zeit in Anspruch. Das Pferd wird leicht mit der Kardätsche abgebürstet, mit Strohwischen abgerieben und dann eingedeckt.

Das Putzen

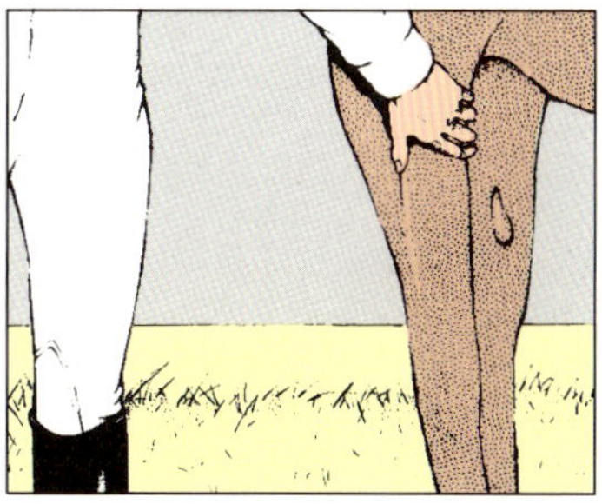

1 Für das Anheben eines Pferdehufes stellen Sie sich in Richtung Schweif auf. Lassen Sie als Zeichen für das Pferd die Hand am Bein hinuntergleiten.

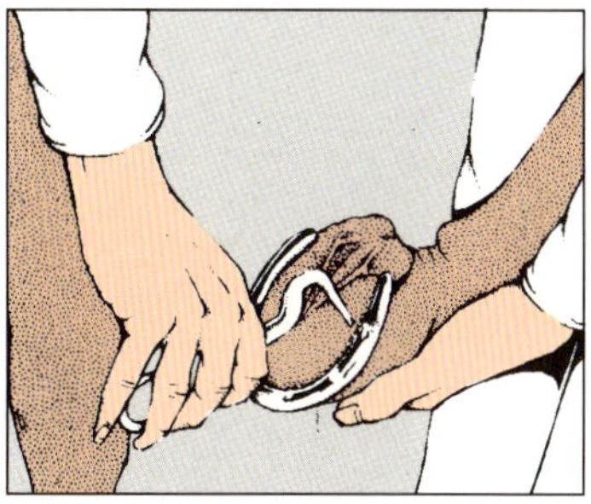

2 Den Huf vom Strahl weg in Richtung Zehen auskratzen. Dabei entfernt man Fremdkörper mit der Spitze des Hufkratzers, ohne den Strahl zu berühren!

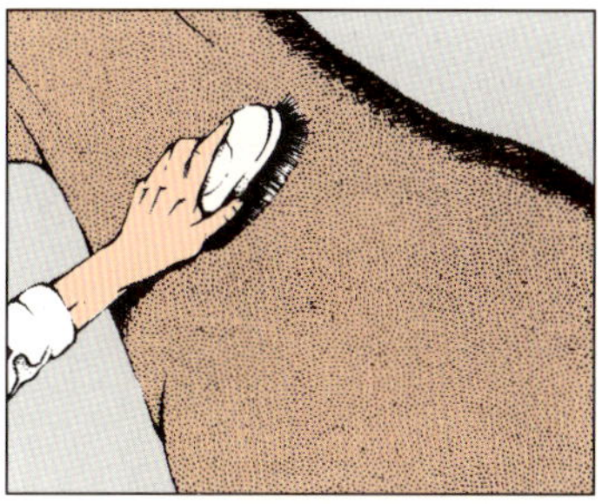

3 Mit der Wurzelbürste löst man groben Schmutz, Schlammspritzer und Schweißränder. Diese Bürste aber nicht für empfindlichere Körperregionen benutzen.

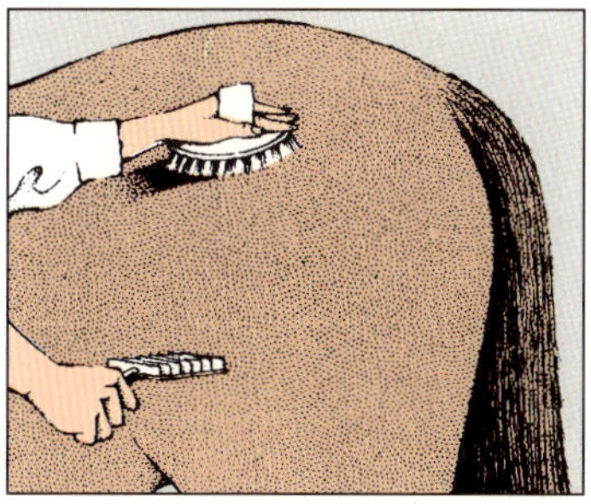

4 Die Kardätsche dringt zwischen die einzelnen Fellhaare ein und reinigt dabei das Fell gründlich. Mit leichtem Druck kreisförmig über den Körper streichen.

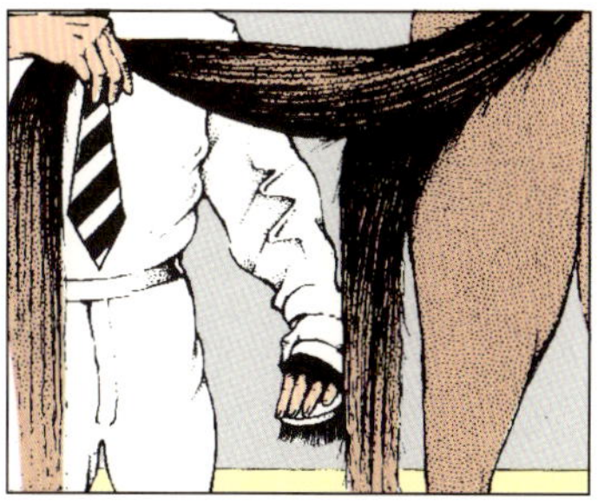

5 Mit der Kardätsche wird der Schweif gekämmt. Bürsten Sie – von unten her – eine dünne Strähne nach der anderen durch. Dann von oben her wiederholen.

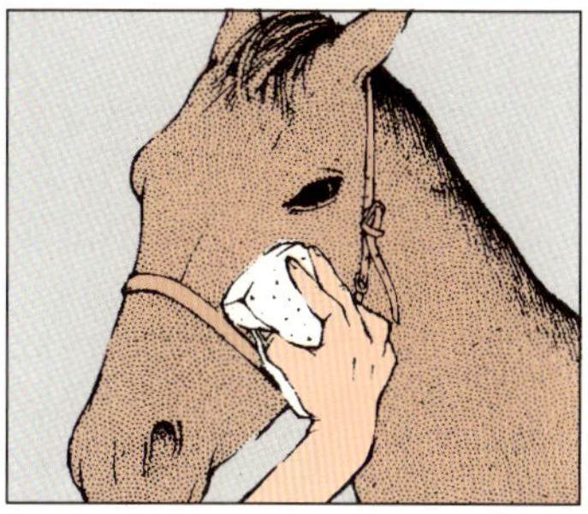

6 Einen weichen Schwamm in warmes Wasser tauchen und auswringen. Die Augen vorsichtig auswaschen. Dann Maul, Lippen und Nüstern reinigen.

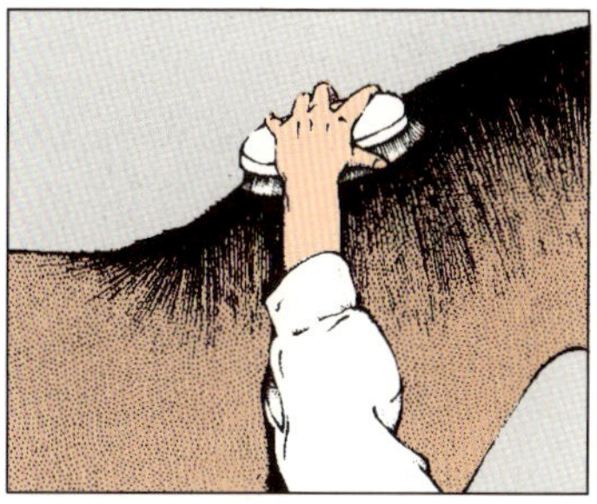

7 Mit der leicht im Wasser getauchten Waschbürste die Mähne glätten und frisieren. Fest gegen den Hals drücken und vom Ansatz zu den Haarspitzen führen.

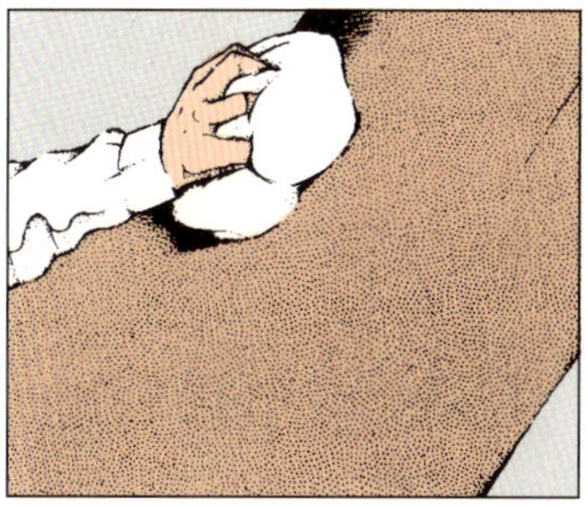

8 Das ganze Fell mit dem Glanztuch polieren. Dieses leicht anfeuchten, dünn zusammenfalten und in Fellrichtung leicht über den ganzen Körper führen.

Die Untersuchung

Es ist einleuchtend, daß man Pferde auf Verletzungen hin untersuchen muß. Prüfen Sie, ob Ihr Pferd sich nicht Schnitte, Kratzer oder Prellungen zugezogen hat und gesund und munter ist. Man streicht mit der Hand über das Fell und fühlt nach Knötchen oder Beulen. Besonders sorgfältig sollte man dabei die Beine untersuchen. Auffallend weiche, warme oder angeschwollene Stellen zeigen eine Prellung an. Beim Auskratzen der Hufe achte man darauf, daß sich in den Strahlfurchen oder zwischen Huf und Eisen keine Fremdkörper eingeklemmt haben und daß die Hufsohle keine Risse oder Absplitterungen aufweist.

Kleinere Verletzungen sind nicht schwer zu behandeln. Die Wunde wird gründlich und möglichst unter fließendem Wasser ausgewaschen. Nach dem Säubern läßt sich ihr Umfang besser erkennen. Nun wird sie mit einem desinfizierenden Puder behandelt, das beim Tierarzt erhältlich ist und das man im Stall jederzeit vorrätig haben sollte.

Größere Verletzungen — durch Glasscherben etwa — läßt man am besten vom Tierarzt behandeln. Eine angemessene medizinische Versorgung beschleunigt nicht nur die Heilung, sondern trägt meist auch dazu bei, häßliche Wunden zu vermeiden.

Oben: Gewöhnen Sie sich an, Ihr Pferd regelmäßig zu untersuchen, da sich Pferde, vor allem auf der Weide, leicht Verletzungen zuziehen. Besonders an Beinen und Hufen treten häufig Schnitte, Verstauchungen und Entzündungen auf. Binden Sie dazu das Pferd an und tasten Sie jedes Bein sorgfältig ab. Achten Sie besonders auf Schwellungen und auf Stellen, bei deren Berührung das Pferd empfindlich reagiert.

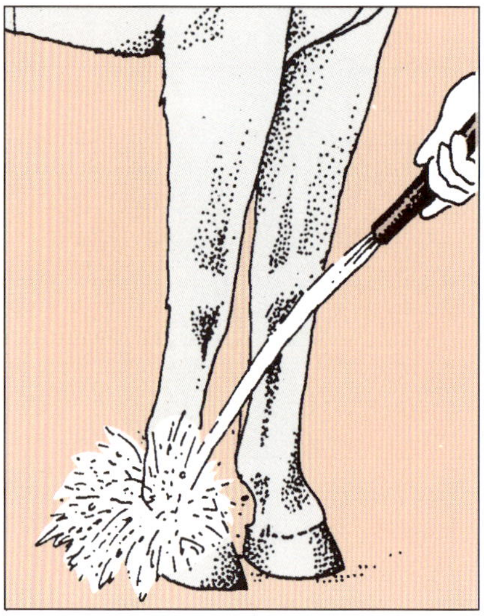

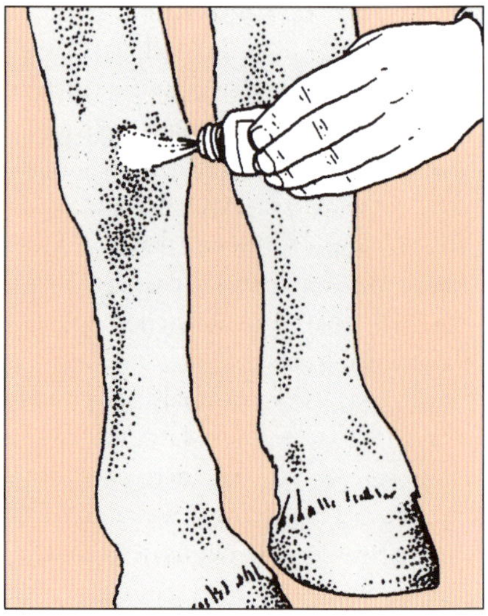

Rechts: Kleinere Verletzungen werden zuerst gründlich mit warmem Wasser ausgewaschen und dann mit einem Desinfektionsmittel besprüht oder bestrichen. Unbehandelte Wunden entzünden sich rasch.

Das Waschen

Wenn Sie mit Ihrem Pferd auf eine Schau gehen wollen, sollten sie es am Tag davor ausgiebig putzen. Weiße Abzeichen an den Beinen wäscht man am besten gründlich mit Seife. Auch der Schweif sieht gewaschen hübscher aus.

Am besten eignet sich harte, gelbe Sattelseife. Weiche Kosmetikseife sollte nicht für Pferde verwendet werden. Beim Waschen geht man folgendermaßen vor: Die Beine werden zuerst mit lauwarmem Wasser angefeuchtet und anschließend dick eingeseift. Danach werden sie vorsichtig mit reichlich klarem Wasser abgeschrubbt, bis alle Seifenreste entfernt sind. Zum Schluß reibt man sie so gründlich wie möglich mit einem Tuch trocken. Bandagen dürfen erst angelegt werden, wenn das Fell ganz trocken ist. Wäscht man die Beine seines Pferdes häufiger, so sollte man die Fesselbeugen regelmäßig einfetten, damit die Haut vom Waschen nicht rissig wird.

Vor der Wäsche wird der Schweif in üblicher Weise gebürstet. Dann kann man ihn gründlich naß machen und gut einseifen. Man reibt die Strähnen vorsichtig aneinander und spült anschließend gut aus. Das Wasser wird mit den Händen von oben nach unten abgestreift. Dann stellt man sich seitlich neben die Hinterhand, nimmt den Schweif bei der Schweifrübe und schüttelt ihn mit kreisförmigen Bewegungen aus, um das restliche Wasser zu entfernen.

Nun wird der Schweif wieder gründlich durchgebürstet und bandagiert (siehe Seite 63), damit er nicht wieder verfilzt und die Deckhaare flach aufliegen. Wenn der Schweif trocken ist, sollte man die Bandage entfernen. Keinesfalls sollte sie über Nacht aufliegen, da sie die Blutzirkulation in der Schweifrübe behindern kann. Wenn man will, kann man am nächsten Morgen nach dem Durchbürsten eine neue Bandage anlegen.

Ist das Fell einmal stark verschmutzt, kann man das Pferd auch am ganzen Körper waschen. Dies sollte aber nur getan werden, wenn es wirklich notwendig ist. Bei nassem, kaltem Wetter verzichtet man besser darauf. Für den Körper nimmt man die gleiche Seife wie für den Schweif und die Beine sowie reichlich warmes Wasser. Das Fell wird nach dem Einseifen gründlich ausgespült. Man streift mit dem Schweißmesser das Wasser ab und nimmt anschließend einen trockenen Schwamm, um das restliche, im Fell verbliebene Wasser aufzusaugen. Danach reibt man das Pferd mit einem Tuch gründlich ab und führt es herum, bis es ganz trocken ist. Anschließend bürstet man das Fell, wie gewohnt, mit der Kardätsche, bis es glänzt.

Das Scheren

Manche Pferde werden nur geschoren, damit sie «schicker» aussehen. Scheren kann aber auch vernünftige Gründe haben, etwa, wenn das Pferd im Winter ein besonders langes und dichtes Haarkleid bekommt, aber viel arbeiten muß. Hat das Pferd geschwitzt, trocknet das Winterfell sehr schlecht, was leicht Erkältungen zur Folge haben kann.

Es gibt verschiedene Scherfrisuren. Bei der Wahl eines «Modells» sollte man berücksichtigen, welche Arbeit das Pferd verrichtet und wie stark es dabei schwitzt. Ein geschorenes Pferd muß bei niedrigen Temperaturen immer eingedeckt werden, gleichgültig, ob es im Stall oder auf der Koppel steht.

Scherfrisuren

Im Winter kann ein geschorenes Pferd unter Umständen mehr arbeiten und sieht «schicker» aus. Es gibt unterschiedliche Scherfrisuren. Beim «Spurschnitt» wird nur der untere Teil des Halses, der Bauch und der obere Teil der Beine, beim «Deckenschnitt» zusätzlich der Hals geschoren. Ein Pferd mit «Jagdschnitt» bleibt im Winter im Stall oder wird für den Koppelgang mit einer warmen, wasserabweisenden Decke ausgerüstet.

Hufeisen und Beschlag

Ein Pferd muß nicht nur täglich gefüttert und geputzt werden, sondern braucht auch in regelmäßigen Abständen den Schmied und den Tierarzt. Deshalb sollte man sich rechtzeitig nach geeigneten Fachleuten umsehen.

Pferde, die in nennenswertem Umfang arbeiten — gleichgültig, ob sie geritten oder eingespannt werden —, brauchen Hufeisen. Reitet man das Pferd unbeschlagen, so nutzen sich die harten, unempfindlichen Hornschichten rasch ab. Die empfindlichen Teile des Hufs sind so Quetschungen ausgesetzt, die zu Lahmheit führen können.

Das Beschlagen erfordert vom Hufschmied sehr viel Wissen und Geschick. Wenn das Eisen nicht genau paßt oder den Huf in irgendeiner Weise einengt, kann das Pferd auch nicht gut laufen. Um die Arbeit des Hufschmiedes zu verstehen, muß man zunächst den Aufbau des Pferdehufes kennen.

Das Geschick des Schmiedes bestimmt die Paßgenauigkeit der Eisen und damit auch die Leistungsfähigkeit des Pferdes.

Hufeisentypen

Rechts: Die Hufpflege ist eine der wichtigsten Aufgaben des Pferdehalters. Jeder Reiter sollte die einzelnen Teile und Funktionen des Pferdehufs gut kennen.
Unten: Verschiedene Typen von Eisen (von links nach rechts): Jagdeisen, Graseisen, Spateisen, Eisen mit Lederdeckel (bei Hufrehe oder empfindlichen Hufsohlen), T-Eisen (bei Spat und Hufkrankheiten).

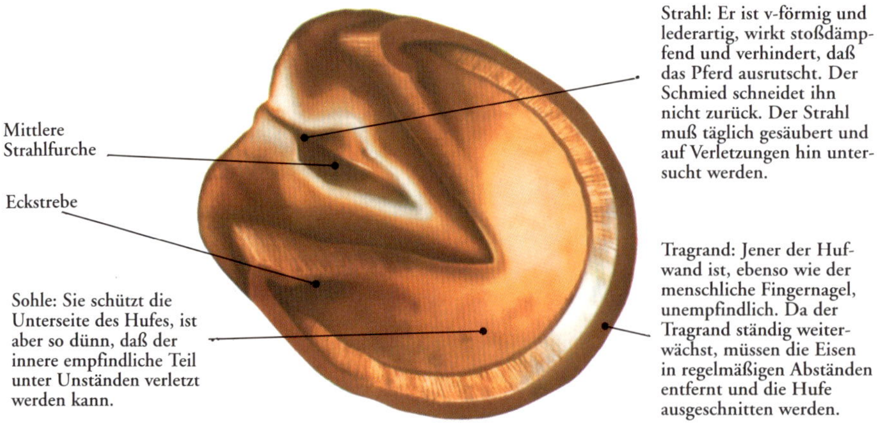

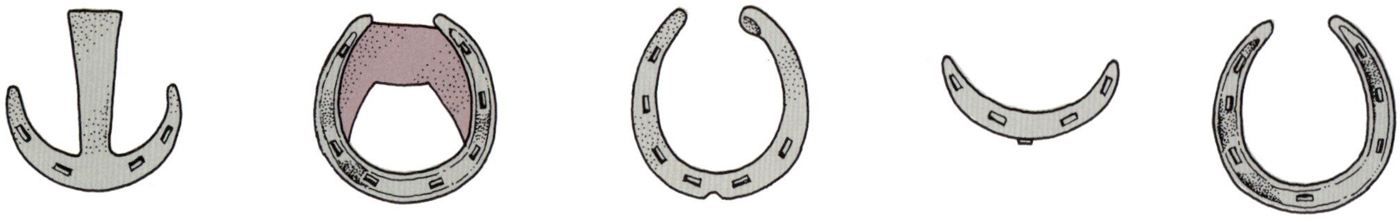

Heißbeschlag und Kaltbeschlag

Es gibt zwei Arten, ein Pferd zu beschlagen — heiß oder kalt. Früher verwendete man fast nur die erstgenannte Methode, aber heute hat sich der Kaltbeschlag stärker verbreitet. Dabei kann der Schmied in den Stall kommen, das Pferd muß nicht eigens zur Schmiede gebracht werden. Beim Heißbeschlag wird das Eisen dem Pferdehuf angepaßt, weshalb ihn Fachleute dem Kaltbeschlag vorziehen.

Viele Hufschmiede arbeiten mit mobilen Schmieden, das heißt, sie haben in ihren Autos kleine gasbetriebenen Schmiedeöfen installiert und können so überall den Heißbeschlag vornehmen.

Bei beiden Methoden nimmt der Schmied zuerst das Eisen ab, schneidet den Huf zurück und raspelt die äußere Unterseite des Tragrands, bis er wieder glatt und gleichmäßig ist. Beim Heißbeschlag drückt er dann das rotglühende Eisen gegen die Unterseite des Hufs. Eigenartigerweise verursacht diese Prozedur dem Pferd keine Schmerzen. Die Brandspuren, die das glühende Eisen auf dem Huf zurückgelassen hat, zeigen dem Schmied, ob Eisen und Huf überall zusammenpassen; ist dies nicht der Fall, wird er das Horn an den entsprechenden Stellen beschneiden oder das Eisen bearbeiten. Beim Kaltbeschlag kann der Schmied die Paßform nur dadurch überprüfen, daß er das Eisen anlegt. Die Form eines kalten Eisens ist durch Hammerschläge kaum zu verändern.

Wenn der Schmied beim Heißbeschlag das Eisen für passend hält, kühlt er es ab und nagelt es auf, wobei er sowenig Nägel wie möglich verwendet. Im allgemeinen braucht er drei für die Innenseite und vier für die Außenseite. Die Nägel werden so eingeschlagen, daß die Spitzen nach außen durch die Hufwand gehen. Der Schmied zwickt die überstehenden Spitzen ab, klopft die verbliebenen Nagelenden gegen die Hufwand und feilt sie glatt. Ein kritischer Punkt ist die Stelle, an der die Nagelspitze durch die Hufwand dringt. Liegt sie zu tief, kann es sein, daß der Nagel das Eisen nicht fest genug hält. Es reißt dann aus, wobei die Hufwand beschädigt werden kann. Werden die Nägel hingegen zu steil nach oben geschlagen, verletzen sie womöglich die empfindlichen Teile des Hufinneren.

Wie oft ein Pferd frisch beschlagen werden muß, hängt davon ab, wieviel und auf welchem Untergrund es geht. Die meisten Pferde müssen einmal im Monat zum Schmied, weil sie wieder ausgeschnitten werden müssen.

Auch Pferde, die vorwiegend auf der Weide stehen, brauchen regelmäßig den Schmied. Weil sie sich nicht so viel bewegen, wächst das Hufhorn schneller, als es abgenutzt wird.

Beschlagen – vorher und nachher

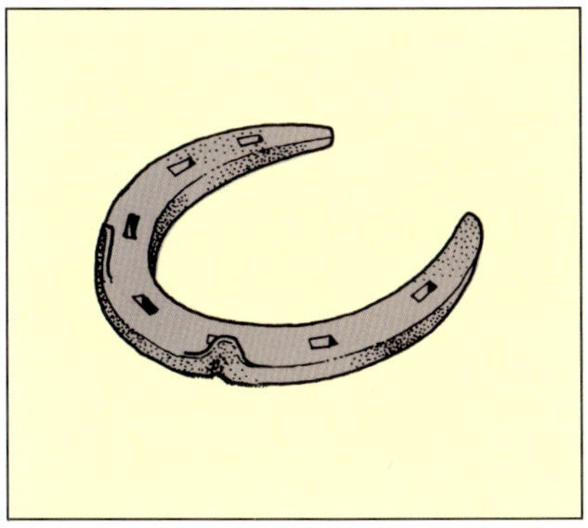

Oben: Das Hufeisen wird mit Nägeln befestigt, die in den harten, hornigen Teil des Hufs getrieben werden. Die Nagelspitzen werden abgezwickt und die Enden gegen die Hufwand gehämmert. Das Eisen darf den natürlichen Bewegungsablauf des Pferdes nicht stören. Aufzüge sind schmale, dreieckige Spitzen, die verhindern sollen, daß das Eisen seine Position am Huf verändert. Meist haben die vorderen Hufeisen einen Aufzug, die hinteren zwei. Wichtig ist auch, daß das Pferd auf seinen Eisen nicht ausgleitet, wenn es auf glattem Untergrund läuft. Es gibt verschiedene Stifte und Spezialnägel, die dem Pferd mehr Trittsicherheit geben sollen.

Unten: Es ist sehr wichtig zu wissen, wann das Pferd einen neuen Beschlag braucht. Dies sollte regelmäßig geschehen. Es darf erst gar nicht so weit kommen, daß Hufe und Eisen zu stark abgenutzt oder gar beschädigt sind.
Dieses Pferd braucht dringend neue Eisen: Das alte Eisen ist dünn und unregelmäßig abgenutzt. Die Nagelenden sind herausgewachsen und stehen von der Hufwand ab. All diese Faktoren gefährden das Pferd und die Gesundheit seiner Hufe.

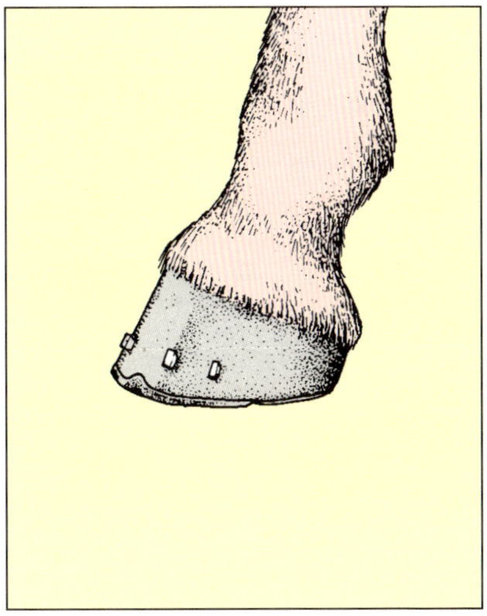

Unten: Man kann einem frisch beschlagenen Huf ansehen, ob der Schmied gute Arbeit geleistet hat. Das Eisen sollte dem Huf angepaßt werden und nicht umgekehrt. Der Huf wird vor dem Beschlagen gleichmäßig beschnitten und abgefeilt. Der Strahl muß immer Bodenkontakt haben. Die eingeschlagenen Nägel müssen gleichmäßig verteilt sein. Zwischen Huf und Eisen darf kein Zwischenraum bleiben, und die Aufzüge müssen eng an der Hufwand anliegen.

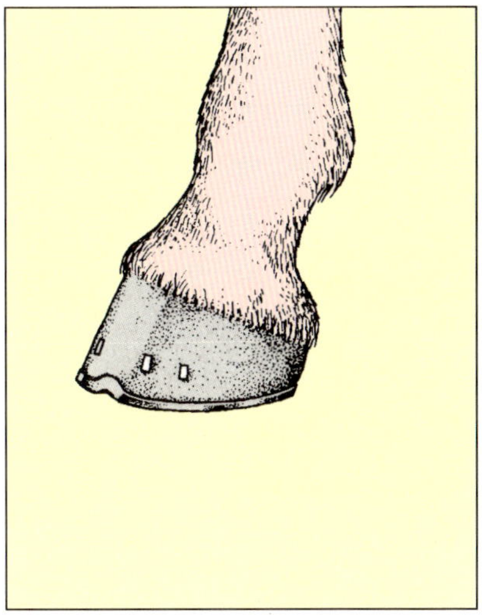

Konditionstraining

Pferde, die im Stall gehalten werden, müssen regelmäßig bewegt werden. Bewegungsmangel kann geschwollene Beine, Harnübersäuerung und Koliken zur Folge haben. In jedem Fall werden Pferde, die zu wenig bewegt werden, nervös und sind dann schwer zu reiten. Es besteht auch die Gefahr, daß sie vor lauter Langeweile Unarten entwickeln. Der Grad an Beschäftigung, den ein Pferd täglich benötigt, hängt von Typ und Größe des Pferdes und der Art von Arbeit ab, die es verrichten soll. Ein temperamentvoller Vollbluttyp braucht mehr Bewegung als ein Kleinpferd im Ponytyp.

Ebenso wie beim Füttern gibt es auch hier einige Grundregeln. Die wichtigste: Nach einer reichlichen Fütterung braucht ein Pferd erst einmal anderthalb Stunden Ruhe, ungefähr 60 Minuten nach einer leichten Mahlzeit. Eine Stunde, bevor man mit der Arbeit beginnen will, sollte man das Heunetz aus der Box entfernen. Pferde, die sich soeben mit Heu vollgefressen haben, können bei harter Arbeit Atembeschwerden bekommen.

Der Sinn des täglichen Trainings ist es, das Pferd für die Arbeit, die es verrichten soll, fit zu machen und zu erhalten. Ein Pferd, das von der Weide kommt, hat meist nur einen «Gras-

Beispiel eines Trainingsplans für ein Warmblutpferd von 1,60 m Stockmaß

Übung	Pflege und Futter	Besondere Hinweise
1. Woche 20 Min. Schritt am ersten Tag, Übungszeit langsam auf eine Stunde ausdehnen.	Kraftfutterration allmählich erhöhen, mit gründlichem Putzen beginnen.	In der Woche vor Beginn der Arbeit müssen die Hufe kontrolliert und beschlagen werden. Jedes Pferd sollte einmal in der Woche einen Ruhetag haben.
2. Woche 1¼ bis 1½ h Schritt auf einer Strecke von 9,5 bis 13 km.	Beine und Hufe regelmäßig nachsehen, nach Druckstellen suchen. Kraftfutter- und Vitamingaben erhöhen.	Wenig befahrene Wege und Straßen mit gutem Belag eignen sich für die Schrittarbeit am besten.
3. Woche Zuerst immer rund 800 m Schritt, dann kurze Trabstrecken, die langsam verlängert werden.	Pferd nachts aufstallen und an Stallroutine gewöhnen.	Jetzt kann man anfangen, in der Bahn oder Halle zu reiten und das Pferd zu longieren.
4. Woche 1½ bis 2 h Stunden Arbeit täglich, aufgeteilt in Bahn-, Longen- und Straßenarbeit. Öfter und länger traben lassen.	Mehr Kraftfutter geben.	Man kann jetzt damit beginnen, leichte Steigungen hinaufzutraben, und diese Übung langsam steigern.
5. Woche Nachdem es zuerst in Schritt und Trab gegangen ist, kann man das Pferd eine kurze Strecke auf weichem Boden leicht galoppieren lassen. Dann wieder zum Trab, anschließend zum Schritt durchparieren.	Vier Mahlzeiten am Tag, dabei Kraftfuttermengen erhöhen und Weidezeit einschränken. Bei Bedarf neu beschlagen lassen.	Jetzt sollte das Fell glänzen, und die Muskeln sollten sich hart anfühlen.
6. Woche Ein mittlerer Galopp von durchschnittlicher Länge. Man kann jetzt beginnen, den Trab auszusitzen.	Kraftfutterration erhöhen. Weiterhin gründlich putzen.	In der Bahn nun das Traben auf dem Zirkel üben und am Galopp arbeiten.
7. Woche Der Galopp darf jetzt schneller werden. Am Ende der Woche kann man auf weichem Boden einen kurzen Arbeitsgalopp einlegen. Das Springtraining kann beginnen.	Das Pferd schwitzt jetzt nach der Arbeit und sollte dann eingedeckt werden.	Jetzt beginnt die letzte Phase des Konditionsaufbaus. Es ist Zeit, das Pferd ans Reisen und an die Gesellschaft fremder Pferde zu gewöhnen.
8. Woche Am zweiten Tag kann das Pferd im Arbeitstempo eine leichte Steigung hinaufgaloppieren. Die letzten 1,5 km sollte es immer im Schritt zurücklegen.	Die volle Kraftfutterration geben. Das Pferd sollte immer abwechselnd einen Tag galoppieren, den anderen ruhige Arbeit leisten. Neu beschlagen lassen.	Jetzt, da das Pferd in Topform ist, muß es an den Tagen, an denen es nicht arbeitet, auch bewegt werden.

Das Ausmaß an Bewegung, das ein Pferd braucht, hängt von seiner Größe ab, von der Art der Arbeit, die es leisten muß, und von seinem Trainingszustand. Dementsprechend sollte der Trainingsplan gestaltet werden.

bauch», aber keine Kondition. Die kann es nur aufbauen, wenn es nach einem festen, durchdachten Plan gefüttert und trainiert wird. Zuerst wird man es eine Woche, möglichst auf Straßen, nur im Schritt gehen lassen. Danach baut man zwischendrin kleinere Trabreprisen ein. Bald darauf kann man anfangen, in der Halle oder auf dem Reitplatz mit dem Pferd zu arbeiten. Gleichzeitig sollte man die Straßenspaziergänge verlängern und die Kraftfutterration proportional zur geleisteten Arbeit erhöhen. Nach Ablauf von sechs Wochen dürfte das Pferd etwa 800 m am Stück galoppieren können. In der neunten Woche des Konditionstrainings kann man die Galoppstrecke auf 1,2 km verlängern. Es sollte aber ein kontrollierter, vom Reiter bestimmter Galopp sein.

Der Erfolg des Konditionsprogramms läßt sich am Wachstum der Muskeln ablesen. Auch die Schweißbildung ist ein wichtiger Hinweis: Untrainierte Pferde schwitzen bei Anstrengung übermäßig; der Schweiß «schäumt» auf der Haut. Unter keinen Umständen sollte man versuchen, das «Fitnesstraining» eines Pferdes zu beschleunigen. Die Kondition kommt nicht vom Galoppieren, sondern nur durch langsame, ruhige und regelmäßige Arbeit. Dies gilt für Warmblutpferde wie für Ponys, gleichgültig, ob sie im Stall oder auf der Weide gehalten werden.

Beschließen Sie die Arbeit immer mit einer längeren Schrittphase, damit das Pferd trocken und abgekühlt zurück in den Stall oder auf die Weide kommt. Nach dem Absatteln sollte man das Pferd nach kleinen Wunden und Prellungen absuchen, die Hufe auskratzen und das Fell vom Schweiß reinigen. Danach wird das Pferd geputzt oder eingedeckt.

Ist das Tier sehr erhitzt und verschwitzt, sollte man es vor dem Trocknen erst mit lauwarmem Wasser und einem Schwamm abwaschen.

Anschließend wird das Pferd mit einem Schweißmesser in Fellrichtung abgezogen. Danach reibt man es trokken und deckt es mit einer Abschwitzdecke ein. Nach Möglichkeit sollte

Es ist wichtig, das Pferd schrittweise mit der Arbeit unter dem Sattel vertraut zu machen. Beginnen Sie mit langsamem Schritt (siehe Foto) und gehen Sie dann zum Trab über. Lassen Sie das Pferd erst galoppieren, wenn Sie fühlen, daß es dafür bereit ist.

man sich die Zeit nehmen und das Pferd trockenführen.

Pferde, die eine außergewöhnlich schwere Arbeit geleistet haben — bei Turnieren oder Jagden etwa —, brauchen besondere Pflege. Nach Rückkehr in den Stall sollte das Pferd zuerst mit lauwarmem Wasser getränkt werden. Dann kann man mit den vorher beschriebenen Maßnahmen beginnen. Schließlich erhält das Pferd einen Mash aus Weizenkleie und darf sich ausruhen. Nach einiger Zeit sollte kontrolliert werden, ob es inzwischen warm und trocken ist und nicht nachschwitzt. Die Körpertemperatur prüft man, indem man den unteren Teil der Ohren befühlt. Spüren sie sich kalt an, reibt man sie mit der Hand vorsichtig warm und deckt das Pferd dicker ein. Sollte es wieder angefangen haben zu schwitzen, so reibt man es erneut ab und führt es, bis es ganz trocken ist.

Man beginnt mit dem Longieren, wenn das Pferd fit genug für anstrengendere Arbeit ist. Das Tier wird an zwei Longen geführt und läuft im Kreis um den Trainer herum.

Der Transport

Wenn man mit seinem Pferd zu einem Turnier oder einer Jagd reisen will, sollte man die Unternehmung gründlich vorbereiten, damit das Pferd in guter Verfassung am Zielort ankommt. Der erste Schritt besteht in einer sorgfältigen Planung. Ein Pferd in guter Verfassung kann ohne weiteres eine Strekke von 16 km in Schritt und Trab zurücklegen, ohne sich dabei anzustrengen; dabei darf seine Durchschnittsgeschwindigkeit etwa 7,5 km/h betragen (ein auf der Weide gehaltenes Pony sollte nicht schneller als 5 km/h gehen). Ist die Strecke länger, erweist sich ein Transport als unumgänglich.

Pferdetransporter oder -anhänger sind die für Pferde üblichen Transportmittel über längere Entfernungen. Unnötig zu sagen, daß das Fahrzeug vor jeder Fahrt überprüft werden muß. Doch auch den Bedürfnissen des Pferdes ist Rechnung zu tragen. Ein gut gefülltes Heunetz sollte unbedingt mitgenommen und so aufgehängt werden, daß sich das Pferd auf der Fahrt daraus bedienen kann — es sei denn, es muß sofort nach Erreichen des Zielortes schwer arbeiten. Ferner braucht man für die Fahrt noch ein Erste-Hilfe-Set, Decken (Stalldecke und Abschwitzdecke), Bandagen, Putzzeug, Halfter und einen Wassereimer. Für eine lange Reise, während der das Pferd ein- oder sogar zweimal unterwegs getränkt werden muß, braucht man auch einen Wasserkanister.

In manchen Fällen — auf der Fahrt zu einer Jagd beispielsweise — kann man das Pferd fertig gesattelt verladen und eine Decke über den Sattel legen. Ist man aber zu einem Turnier unterwegs, sollte das Pferd nur eine Decke tragen. Vor Antritt der Reise muß man immer Beine und Schweif bandagieren; sicherheitshalber sollte man dem Pferd auch Knie- und Sprunggelenkkappen anlegen.

Am Abend vor der Reise wird man das Pferd besonders gründlich putzen und Mähne und Schweif waschen. Ein Pferd, das sich normalerweise auf der Koppel aufhält, sollte nach Möglichkeit die Nacht vor der Reise im Stall verbringen. Am nächsten Morgen führt man die übliche Stallroutine durch und putzt wieder ausgiebig. Denken Sie rechtzeitig daran, daß man Pferden, die an Turnieren oder Ausstellungen teilnehmen, meistens die Mähne einflechten muß. Am besten fängt man damit am Abend vor der Veranstaltung an, damit die «Frisur» gut liegt; meist muß man am nächsten Morgen aber noch einige Zeit daran arbeiten.

Das Verladen

Es ist eigentlich nicht sehr schwer, ein Pferd zu verladen, vorausgesetzt, man geht dabei ruhig und besonnen vor. Man führt das Pferd einfach vorwärts, ohne es am Strick oder Halfter zu zerren. Ein paar Helfer sollten sich für den Bedarfsfall hinter dem Pferd bereithalten — aber weit genug von seinen Hinterbeinen entfernt, daß sie beim Ausschlagen nicht getroffen werden können.

Der Hauptgrund, warum Pferde zögern, einen Transporter zu betreten ist die Angst vor dem Geräusch, das ihre Hufe auf der Rampe verursachen. Dem kann man abhelfen, indem man zur Geräuschdämpfung eine Lage Stroh auf die Rampe streut. Einem ängstlichen Pferd kann man auch ein ruhiges, «verladefrommes» Tier in den Transporter voranführen oder es mit einem Eimer Hafer locken.

Bei einem störrischen Pferd muß man zu nachdrücklicheren Mitteln greifen: Man befestigt seitlich am Hänger zwei Stricke, die hinter den Sprunggelenken des Pferdes, das man vor den Hänger gestellt hat, gekreuzt sind und deren Enden von zwei Helfern gehalten werden. Geht das Pferd einen Schritt vor, straffen die beiden Helfer die Leinen und «schieben» so das Pferd auf den Hänger.

Das Ausladen

Am Zielort angekommen, läßt man vorsichtig die Rampe herunter und «schiebt» das Pferd durch leichten Druck auf die Brust rückwärts vom Hänger herunter. Es ist im allgemeinen für das Pferd angenehmer, an einer wind- und sonnengeschützten Stelle angebunden zu sein, als im engen Hänger auf den Beginn der Veranstaltung warten zu müssen. Binden Sie Ihr Pferd aber nur dann im Freien an, wenn Sie sicher sein können, daß es ruhig stehen bleibt und sich nicht aufregt, wenn fremde Pferde an ihm vorbeigeführt werden.

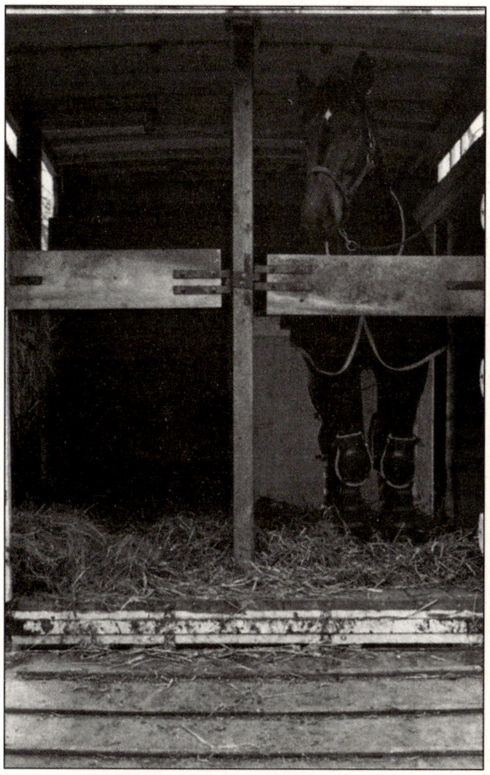

Führen Sie Ihr Pferd in den Hänger; mit einer Lage Stroh auf der Rampe vermeidet man, daß das Pferd dabei ausrutscht. Führen Sie es hinauf, ohne sich nach ihm umzudrehen, und binden Sie es vorne im Hänger kurz an und klappen Sie die Rampe schnell hoch. Pferde reisen lieber, wenn sie gut mit Proviant versorgt sind.

Gesundheitspflege

Pferde sind im allgemeinen ausgesprochen zähe Geschöpfe, aber auch sie können einmal krank werden oder sich verletzen. Ein gesundes Tier ist munter, hat einen wachen Blick und nimmt lebhaft an seiner Umgebung Anteil. Rippen und Hüftknochen dürfen nicht herausstehen, und die Hinterhand sollte wohlgerundet sein. Es sollte beim Stehen alle vier Beine gleichmäßig belasten. Der Ansatz der Ohren fühlt sich normalerweise warm an.

Pferdekrankheiten äußern sich unterschiedlich, aber es gibt ein paar Anzeichen, die darauf hinweisen. Ein Pony auf der Weide, das längere Zeit an ein und derselben Stelle stehen bleibt, ein Pferd, das sein Futter nicht auffrißt, ein üblicherweise braves Tier, das plötzlich eigensinnig wird — all dies sind Anzeichen dafür, daß etwas nicht stimmt. Weitere Hinweise auf eine beginnende Erkrankung sind Ausscheidungen aus Nase oder Augen; anscheinend grundloses Stolpern; Unrast; ein matter Blick oder allgemeines Desinteresse; starkes Schwitzen; Schlagen oder Beißen nach den eigenen Flanken; plötzliche Lahmheit; Durchfall; andauerndes Reiben des Halses oder der Hinterhand gegen eine Mauer oder einen Zaun; Atembeschwerden; Husten.

Wer ein Pferd besitzt, sollte auch immer die Anschrift eines zuverlässigen Tierarztes zur Hand haben und ihn sofort rufen, wenn Verdacht auf eine Erkrankung besteht. Es ist immer besser, eine Tierarztrechnung zu bezahlen, als das Risiko einer falschen Selbstdiagnose einzugehen, infolge derer sich die Krankheit verschlimmert oder das Pferd stirbt. Trotzdem sollten alle Pferdebesitzer ihrem Tier erste Hilfe leisten können. Eine Erste-Hilfe-Ausrüstung darf in keinem Stall fehlen und muß im Notfall sofort zur Hand sein.

Die Pflege des erkrankten Pferdes

Wie alle Lebewesen brauchen auch Pferde Zeit, um sich von Krankheiten zu erholen. Der Tierarzt wird den Be-

Krankheiten und Verletzungen

Haut und Fell

Symptome	Ursachen	Behandlung
Borkenflechte Meist kreisförmige kahle Stellen auf der Haut. Unterschiedliche Größe, nicht immer juckend.	Stark ansteckender Pilzbefall.	Betroffene Stellen mit Jod bestreichen. Dek-ken und Putzzeug desinfizieren. Das erkrankte Pferd von anderen fernhalten.
Dasseln Larven der Rinderdassel.	Schmerzhafte Schwellungen auf dem Rücken.	Die Beulen mit warmem Wasser waschen, so bleiben sie weich und man kann die Larve durch das kleine Loch auf ihrem höchsten Punkt herausziehen oder die Beule ausdrük-ken. Davor den Tierarzt konsultieren.
Hitzebeulen Verschiedene Formen und Größen, selten auf dem ganzen Körper.	Vermutlich erhöhte Körpertemperatur durch Eiweißüberschuß.	Kleiemash mit zwei Eßlöffeln Bittersalz füttern.
Läuse Juckendes, glanzloses Fell; kleine graue oder schwarze Parasiten sind im Fell sichtbar.	Unbekannt. Treten im Frühjahr an Weidepferden auf oder an Pferden, die in schlechtem Zustand waren und sich davon erholt haben.	Befallene Körperteile werden großzügig mit Läusepulver eingepudert (beim Tierarzt erhältlich). Putzzeug des befallenen Pferdes getrennt aufbewahren.
Sommerekzem Sehr starker Juckreiz in der Gegend von Mähne und Schweif, der nur im späten Frühjahr, im Sommer und im Frühherbst auftritt.	Unbekannt. Wahrscheinlich Allergie.	Gegen Jucken wird Zinklotion oder Schmalz und Schwefel aufgetragen. Mähne und Schweif sauberhalten. Tierarzt konsultieren.
Verdauungssystem		
Durchfall Sehr weicher bis wässeriger Kot.	Zuviel frisches Gras. Wurmbefall.	Kleie oder Kaolin unter das Futter mischen. Heu füttern. Wenn der Durchfall länger an-hält, Tierarzt rufen.
Kolik Schwere Bauchschmerzen. Das Pferd scharrt mit den Vorderhufen, ist unruhig, schwitzt, wälzt sich, legt sich hin und steht wieder auf, schlägt und schaut nach dem Bauch, beißt sich in die Flanken, stöhnt, hat kalte Ohren.	Minderwertiges oder ungeeignetes Futter, unregelmäßige Fütterungszeiten, Trinken oder Arbeiten unmittelbar nach Fütterung, zuviel Futter in müdem Zustand. Wurmbefall.	Sofort den Tierarzt rufen. Wärme wirkt schmerzlindernd (Wärmeflasche an den Bauch halten). Pferd nicht hinlegen oder wälzen lassen.
Würmer Gewichtsverlust trotz reichlicher Fütterung.	Unterschiedliche Arten von Darmparasiten.	Wurmpulver oder -paste.

Krankheiten und Verletzungen

Weidepflege und Hufe

Symptome	Ursachen	Behandlung
Ballentritt (Greifen) Schnitte und Prellungen am Ballen eines Vorderhufes.	Pferd ist mit der Zehe des beschlagenen Hinterhufes an den Ballen des Vorderhufes geraten.	Wunde in Salzlösung baden. Bei tiefen Wunden den Tierarzt rufen. Bei der Arbeit Springglocken anziehen.
Hohle Wand Wird erst sichtbar, wenn der Huf ausgeschnitten wird. Die Tragwand des Hufes sieht von außen unverändert aus.	Kann die Folge von Hufrehe oder von schlecht passendem Beschlag sein.	Beschädigtes Hufhorn vom Schmied entfernen lassen. Anschließend großzügig mit Hufteer bestreichen.
Hufabszeß Lahmheit. Huf fühlt sich heiß an. Pferd geht in der Biegung stärker lahm als auf gerader Linie.	Verletzung durch schlecht sitzendes Eisen. Überwachsenes Eisen. Prellung.	Abszeß von Tierarzt oder Hufschmied behandeln lassen.
Hufknorpelfistel Lahmheit. In der Gegend des Kronenrands bilden sich Fisteln.	Infektion im Huf, die zum Kronenrand hin aufsteigt.	Den Tierarzt konsultieren.
Hufknorpelverknöcherung Lahmheit. Klingt anfangs zwischendurch ab, später ist das Pferd ständig lahm.	Überanstrengung durch übermäßige Arbeit auf hartem Boden oder Springen auf hartem Untergrund. Die Umgebung des Hufknochens entzündet sich, der Hufknorpel verknöchert.	Ruhe. Erkrankten Huf in kaltem Wasser baden. Spezialbeschlag kann die Schmerzen unter Umständen lindern.
Hufrehe Dem Pferd schmerzen offensichtlich die Hufe. Es will sich nicht bewegen und versucht, die Vorderbeine zu entlasten, indem es sie weit nach vorne stellt und die Hinterbeine unter den Körper schiebt. Mitunter hohe Temperatur. Tritt zuerst immer an den Vorderhufen auf.	Überfütterung und zuwenig Bewegung. Besonders anfällig sind leichtfutterige Pferde (Ponys usw.), die auf der Weide zuviel junges Gras fressen dürfen. Infolge von Eiweißüberschuß staut sich in den Hufen Blut an, die empfindliche Hufiederhaut entzündet sich und kann sich im Endstadium vom Horn ablösen.	Sofort den Tierarzt rufen, da eine rasche Behandlung die Heilungschancen stark verbessert. Bis der Arzt kommt, Hufe mit fließendem kaltem Wasser kühlen, zwischendurch versuchen, Pferd zum Gehen zu bewegen, da Bewegung den Blutstau lindert. Pferd nicht mehr auf die Weide lassen und auf leichte Diät setzen.
Nageltritt Lahmheit tritt kurz nach dem Beschlagen auf.	Hufnagel hat empfindliches Gewebe verletzt.	Den Schmied rufen; er wird den Nagel entfernen und einen neuen einschlagen.
Quetschungen der Hufsohle Lahmheit. Pferd entlastet den betroffenen Huf.	Quetschungen durch Steine oder Galoppieren auf hartem Untergrund.	Ruhe. Im Bedarfsfall neue Eisen. Den Schmied konsultieren.
Tragrandspalten Spalten oder Risse in der Tragwand des Hufes, die unten beginnen und zum Kronenrand hin verlaufen.	Mineralstoffmangel, in dessen Folge die Hufe zu spröde werden.	Vom Schmied behandeln lassen; er wird den Huf mit einem Spezialeisen beschlagen, das die Spalten zusammenhält und ein weiteres Aufreißen verhindert.
Kopf		
Dämpfigkeit Hartnäckiger Husten; das Pferd ermüdet schnell und atmet immer zweimal hintereinander ein (doppelte Flankenbewegung).	Zerstörung der Lungenbläschen durch zu starke Beanspruchung.	Nicht heilbar. Milderung durch Haltung des Pferdes auf der Weide oder im Offenstall sowie durch Anfeuchten des Futters. Pferd nur noch leicht arbeiten lassen.
Husten und Erkältungen Wäßriger Ausfluß aus der Nase; Husten.	Katarrhischer Infekt; manchmal auch allergische Reaktion auf staubiges Heu.	Tier isolieren und warm halten. Regelmäßig Hustenmittel verabreichen. Den Tierarzt konsultieren.
Katarrh Dicker, gelblicher Ausfluß aus den Nüstern.	Entzündung der Schleimhäute. In der Folge kann Husten auftreten; durch Erkältung oder Allergie verursacht. Pferd isolieren, um Ansteckungen zu vermeiden.	Nüstern mit warmem Borwasser auswaschen und mit Vaseline einschmieren.
Verstopfter Tränennasengang Stark tränende Augen.	Tränennasengang durch Schmutz, Fremdkörper oder Sekret verstopft.	Den Tierarzt rufen, der den Tränennasengang durchspült.
Pferdegrippe Apathie, Husten, hohe Temperatur. Pferd verweigert die Nahrungsaufnahme.	Virusinfektion.	Isolieren. Warm halten. Den Tierarzt rufen. Vorbeugung durch Impfung möglich.

Krankheiten und Verletzungen

Beine

Symptome	Ursachen	Behandlung
Gallen Schwellungen über Sehnenscheiden	Verstauchungen	Keine. Folge früherer Verstauchungen
Greifen Plötzliches Straucheln oder Lahmheit.	Schlag eines Hinterhufes gegen die Vorderhand	Ruhe. Verletzte Stelle mit Wasser kühlen
Hasenhacke (Kurbe) Lahmheit. Die Linie vom Sprunggelenk zur Röhre erscheint nach außen hin gewölbt	Zerrung der Sehne, die das Sprunggelenk mit dem Kopf der Röhre (Hintermittelfußknochen) verbindet	Ruhe. Mit kalten Umschlägen und kühlenden Mitteln behandeln
Kreuzgallen Schwellungen über dem Sprunggelenk, die normalerweise unter der Haut verschiebbar sind	Überanstrengung	Ein Druckverband kann die Schwellung mindern. Durch Massagen oder Auftragen von Gänsefett kann man eine Verhärtung verhindern
Mauke Wunde Stellen, die manchmal eine Flüssigkeit absondern, und tiefe Hautrisse in der Fesselbeuge	Reaktion auf Schmutz und Organismen (Milben) im Boden; tritt meist auf, wenn das Pferd im Schlamm gestanden hat. Beine mit weißem Fell sind anfälliger	Nach gründlicher Reinigung mit Lebertran- oder Zinksalbe einreiben. Oder aber trockenen warmen Kleieumschlag auflegen und bandagieren
Piephacke Ähnliche Schwellung wie Stollbeule, aber am Fersenhöcker. Bleibender Schönheitsfehler, aber nur selten schmerzhaft	Schlag oder Tritt	Keine. Manchmal geht die Schwellung durch kalte Umschläge etwas zurück
Schale (Ringbein) Lahmheit. Schwellung an Fesselbein oder Kronbein	Prellung, Zerrung oder Überanstrengung, die zu Knochenneubildungen (Überbeinen) führt	Ruhe. Tierarzt konsultieren. In einigen Fällen kann es zu bleibender Lahmheit kommen
Stollbeule Schwellung am Ellbogenhöcker auf Brusthöhe. Kann, wenn sie entzündlich ist, Lahmheit verursachen	Wiederholte Reizung oder Verletzung des Ellbogens durch hintere Hufeisen beim Aufstehen, Niederlegen oder Liegen, oder aber durch harten Untergrund (zu wenig Einstreu) beim Liegen	Kalte Umschläge. Tierarzt rufen, wenn die Schwellung entzündet (warm) ist. Spezialbeschlag und dickere Einstreu
Streichen Plötzliche akute Lahmheit. Verletzung in der Umgebung des Fesselgelenks	Ein Bein streicht gegen die Innenseite des anderen	Ruhe. Das verletzte Bein mit kaltem Wasser abspritzen. Nach Abheilen bei der Arbeit Streichkappen anlegen. Schmied konsultieren
Überbeine Lahmheit. Das betroffene Bein ist angeschwollen und fühlt sich heiß an	Knochenneubildung zwischen Griffelbein und Röhre	Ruhe. Kalte Umschläge. Wenn sich das Überbein ausgebildet hat, verschwindet die Lahmheit, während die Verdickung bleibt
Verstauchungen und Zerrungen Die betroffenen Gelenke und Sehnen schwellen an und sind heiß. In einigen Fällen Lahmheit	Überanstrengung, Stauchung, Entzündungen der Sehnen	Mit kaltem Wasser abspritzen. Bei gezerrten oder entzündeten Sehnen: Druckverband anlegen. Ruhe

sitzer in jedem Fall beraten, wie das erkrankte Tier zu pflegen ist.

Manchmal ist es gar nicht so leicht, die verschriebene Medizin zu verabreichen. Am einfachsten vermengt man sie mit dem Futter, vorausgesetzt, die Medizin eignet sich dafür und das Pferd frißt. Wasserlösliche Mittel können ins Trinkwasser gegeben werden. Fragen Sie auch Ihren Tierarzt; vielleicht verrät er Ihnen ein paar gute Tricks.

Ansonsten sind für das kranke Pferd Freundlichkeit, Sauberkeit und Ruhe am wichtigsten. Muß das Pferd eine größere Verletzung ausheilen, sollte der Stall möglichst staubfrei gehalten werden. Bei Pferden, die bei ansonsten guter körperlicher Verfassung plötzlich lahm gehen, muß die Kraftfutterration vermindert werden; dafür erhalten sie ein mildes Abführmittel. Ein Pferd, das Fieber hat, erfrischt man von Zeit zu Zeit, indem man Augen und Nüstern vorsichtig mit einem kühlen Schwamm auswischt.

Die Pflege des alten Pferdes

Pferde und Ponys können unter Umständen ein biblisches Alter erreichen. Es gibt Ponys, die noch mit 30 Jahren ein erfülltes Leben führen. Trotzdem stellt die Pflege eines alten Pferdes besondere Anforderungen an den Halter.

Bei einem alten Pferd muß der Tierarzt die Zähne häufig raspeln, da sonst die Backenzähne zu lang und scharf werden. Besondere Sorgfalt sollte man auch auf den Speiseplan verwenden; gekochte Gerste, grobe Weizenkleie, kleingeschnittenes und gutes Heu eignen sich hier am besten.

Aber auch bei bester Pflege wird der Tag kommen, an dem das Pferd sein Interesse am Leben verliert. Wenn die Augen glanzlos werden oder der Appetit scheinbar grundlos ausbleibt, ist es an der Zeit, dem Leben eines alten Pferdes ein Ende zu bereiten. Ein guter Tierarzt weiß in solchen Fällen Rat.

Oben: Regelmäßige Bewegung ist wichtig, damit das Pferd in guter Verfassung bleibt und sich bei der Arbeit nicht verletzt.

Rechts: Dieses Pferd hat eine oberflächliche Verletzung am Bein. Auch wenn die Wunde nur klein ist, sollte sie vor dem Verbinden sorgfältig gereinigt werden.

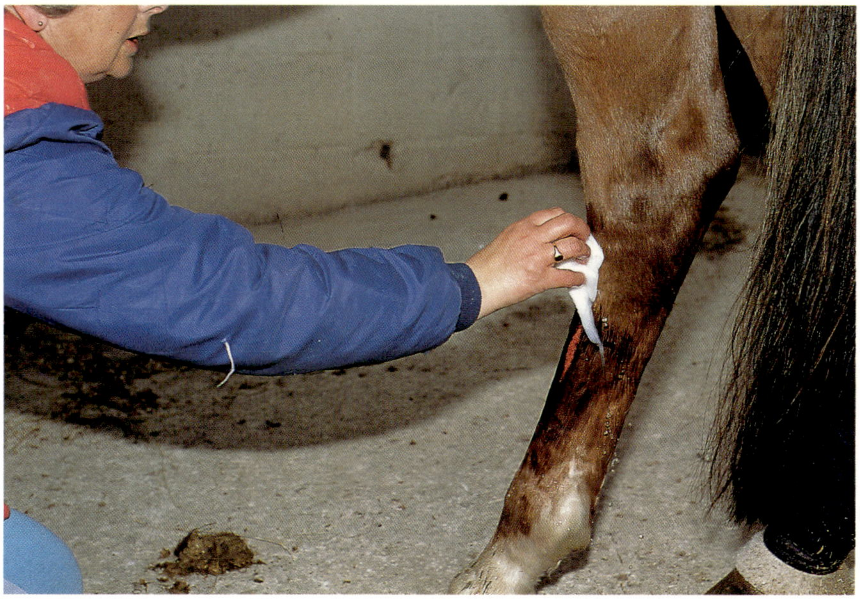

2. KAPITEL

AUSRÜSTUNG UND ZUBEHÖR

SÄTTEL

Die Erfindung des Sattels ist jünger als die des Zaumzeugs. Man entwickelte ihn, um das Reiten für Reiter und Pferd angenehmer zu machen. Reiten ohne Sattel ist anstrengender; zudem sitzt der Reiter auf einem ungesattelten Pferd nicht so sicher.

Alle Sattelmodelle haben daher ein gemeinsames Merkmal: Sie sind immer so konstruiert, daß das Gewicht des Reiters nicht auf die Wirbelsäule des Pferdes drückt, sondern gleichmäßig auf die fleischigen, muskulösen Partien rechts und links davon verteilt wird. Außerdem geben sie alle dem Reiter einen sicheren Sitz, der ihm eine präzise Hilfengebung ermöglicht.

Das Gerüst jedes Sattels bildet der Sattelbaum, um den herum der Sattel aufgebaut wird. Er ist meist aus leichtem Holz gefertigt. Wenn er geschreinert und zusammengeleimt ist, werden Polster und Gurte befestigt. Alle Teile zusammen ergeben den Sattel, der je nach seinem Verwendungszweck unterschiedlich geformt sein kann.

Der gebräuchlichste Sattel für europäische Reitweisen ist der Vielzwecksattel. Er wurde vor etwa sechzig oder siebzig Jahren aus einem Reitstil heraus entwickelt, den man als «italienischen Vorwärtssitz» bezeichnete. Im Vielzwecksattel sitzt der Reiter über dem Schwerpunkt des Pferdes und kann sein Gewicht verlagern, wenn sich der Schwerpunkt ändert. So kann er sich beispielsweise nach vorne neigen, wenn das Pferd springt. Bevor dieser Reitstil entwickelt wurde, saß der Reiter immer gerade im Sattel und streckte dabei seine Beine nach vorne. Sprang das Pferd über ein Hindernis, so lehnte sich der Reiter weiter nach hinten.

Der Aufbau der damals gebräuchlichen Sättel unterstützte diese Reitweise. Um ihre neu entwickelte Technik zu verbreiten, entwickelten die Italiener einen Sattel, der ihr besser entsprach. Im Lauf der Zeit entstanden überall in der Welt Sättel, die zur italienischen Reitweise paßten. Die Zahl der Modelle ist mittlerweile sehr groß.

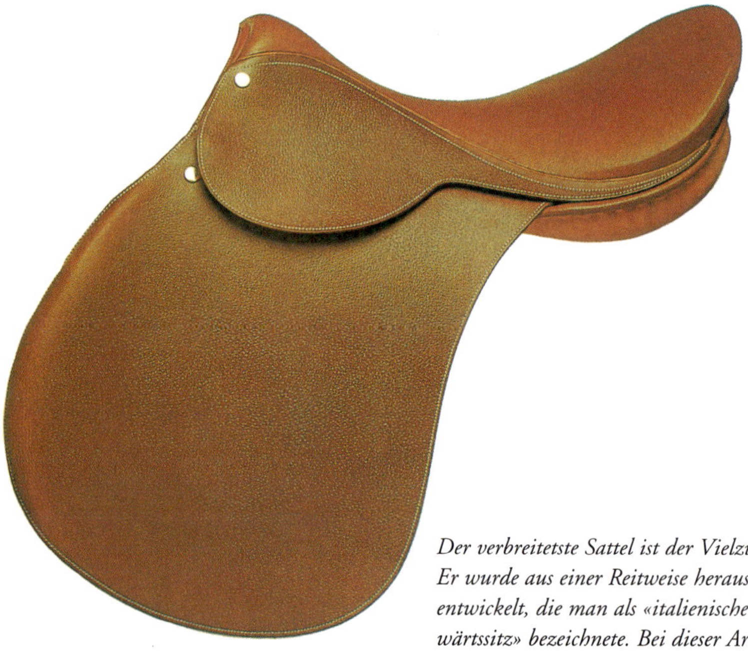

Oben: Sättel, die für europäische Reitweisen oder den klassisch englischen Stil eingesetzt werden, sind je nach ihrem Bestimmungszweck unterschiedlich geformt.

Der verbreitetste Sattel ist der Vielzwecksattel. Er wurde aus einer Reitweise heraus entwickelt, die man als «italienischen Vorwärtssitz» bezeichnete. Bei dieser Art zu reiten sitzt der Reiter über dem Schwerpunkt des Pferdes und kann entsprechend den Bewegungen des Tieres sein Gewicht verlagern.

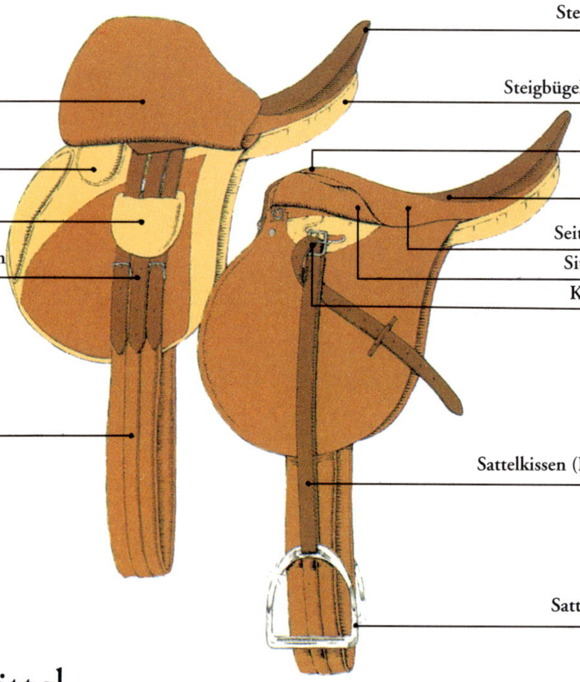

Damensättel

Damensättel gibt es dagegen nur in einer sehr beschränkten Auswahl; man muß schon zufrieden sein, wenn man überhaupt einen auftreibt. Die meisten heutigen Damensättel stammen aus zweiter Hand, da dieser Reitstil — und damit auch die Kunst, solche Sättel anzufertigen — lange Zeit fast vergessen war und erst vor etwa zehn Jahren wiederentdeckt wurde. Die noch vorhandenen Damensättel sind vorwiegend maßgefertigt, ein Punkt, den man bei der Anschaffung eines gebrauchten Sattels berücksichtigen sollte.

Aufsatteln mit Vielzwecksattel

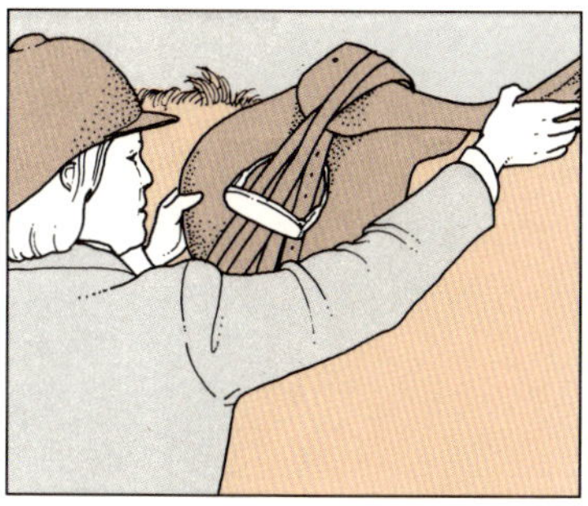

1 Sattel so auflegen, daß die Kammer hinter dem Widerrist ist, Bügel hochgezogen, Gurt quer über dem Sattel.

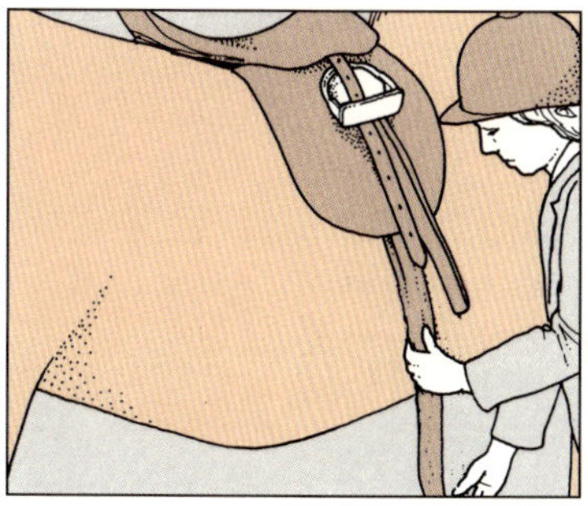

2 Das Fell muß unter dem Sattelblatt glatt liegen. Gehen Sie um das Pferd herum, lassen Sie den Gurt hinunter.

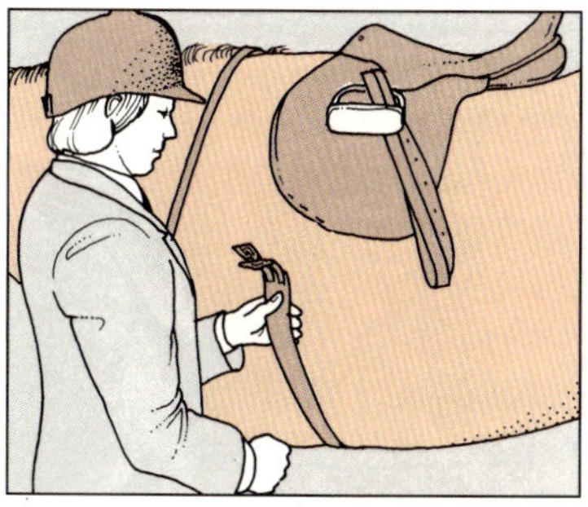

3 Gehen Sie wieder auf die andere Seite und ziehen Sie den nicht verdrehten Gurt unter dem Pferdebauch durch.

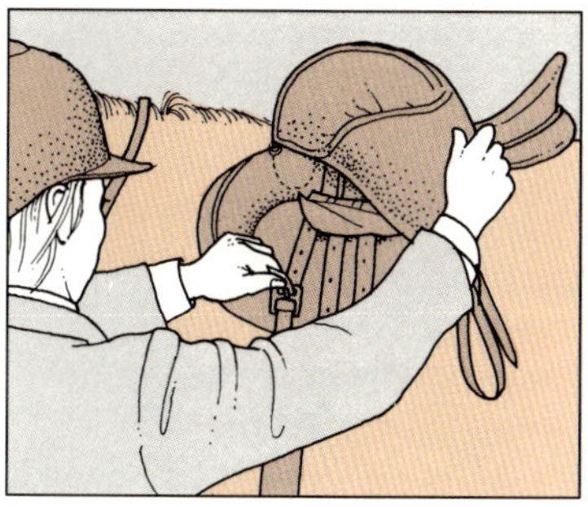

4 Verschnallen Sie den Gurt, damit der Sattel in der richtigen Position fixiert ist. Bügellänge einstellen und nachgurten.

Aufsatteln mit Damensattel

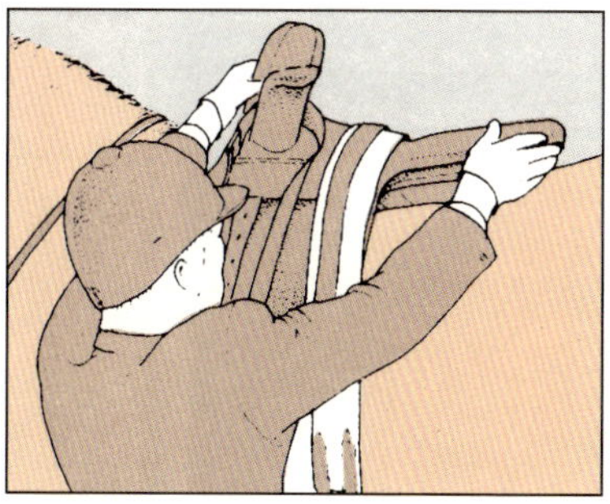

1 Stellen Sie sich neben die Schulter des Pferdes und legen Sie den Damensattel hinter dem Widerrist auf.

2 Wenn Haupt-, Zusatz- und Hintergurt auf der Sitzseite des Sattels befestigt sind, lösen Sie sie und ziehen Sie sie herunter.

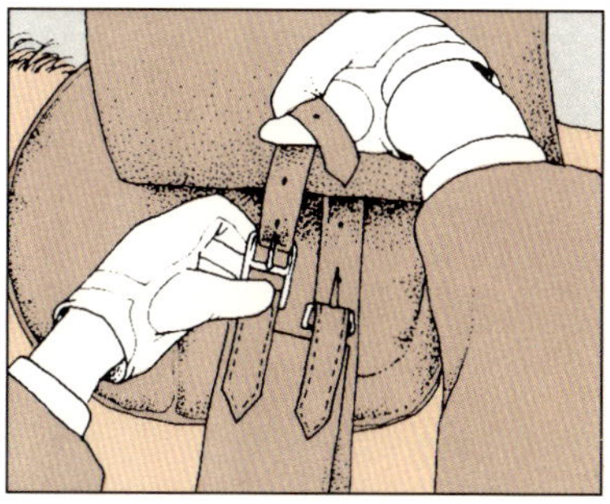

3 Sehen Sie nach, ob der Gurt auf der Sitzseite richtig befestigt ist. Nehmen Sie den Zusatzgurt vom Knauf (unten).

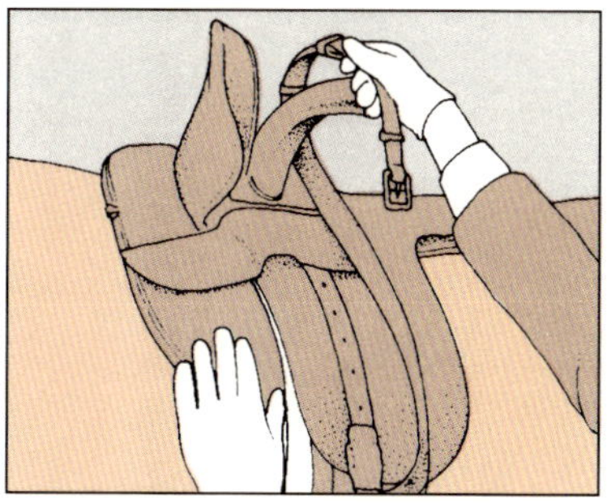

4 Falls Ihr Pferd unruhig sein sollte, bitten Sie einen Helfer, den noch nicht befestigten Sattel zu halten.

5 Die Gurten hängen jetzt auf der Sitzseite herunter und werden unter dem Pferdebauch auf die andere Seite gezogen.

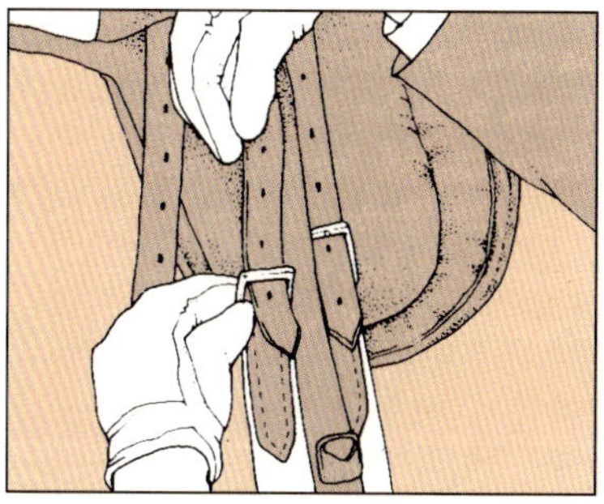

6 Schnallen Sie Sattelgurt und Zusatzgurt fest. Den Hintergurt unter dem Pferdebauch durchziehen und festschnallen.

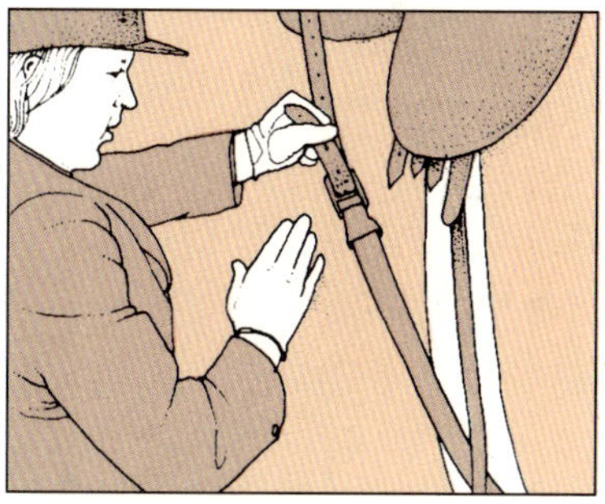

7 Schieben Sie das Gurtende dabei in die dafür vorgesehene Schlaufe, damit es Sie später beim Reiten nicht stört.

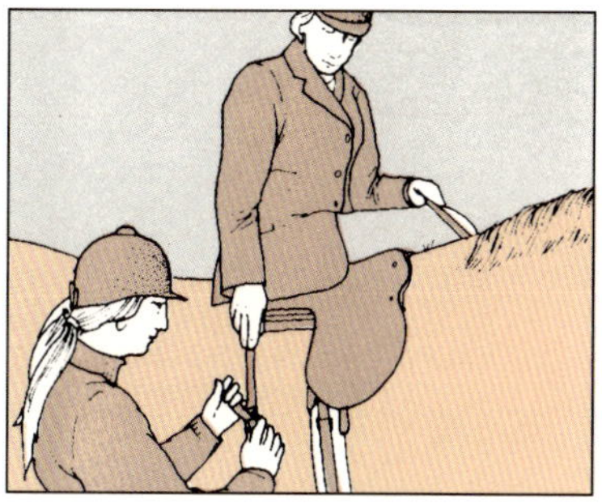

8 Steigen Sie auf und bitten Sie einen Helfer, Sattelgurt, Zusatz- und Hintergurt hinten nachzugurten.

Westernsättel

Ebenso wie bei europäischen Sätteln gibt es auch bei Westernsätteln zahlreiche verschiedene Typen. Die meisten dieser Sättel unterscheiden sich von der europäischen Version in drei Punkten: hohes Sattelhorn, tiefer, breiter Sitz und hohes *cantle*. Der Aufbau des Westernsattels entsprach den Anforderungen des Arbeitsalltags der Cowboys und wurde über viele Generationen hin weiterentwickelt und modifiziert.

Der Stocksattel — die Urform des Westernsattels — soll ursprünglich aus Mexiko stammen; die Texaner übernahmen ihn und veränderten ihn gemäß ihren Bedürfnissen. Als die weiten Flächen des nordamerikanischen Kontinents zunehmend von Ranchern und ihrem Vieh bevölkert wurden, fand der Westernsattel immer weitere Verbreitung. Die Veränderungen, die im Laufe der Zeit an ihm vorgenommen wurden, betrafen vor allem die Begurtung (das System von Gurten und Riemen, mit denen er befestigt wird), das Horn und die Pauschen (die gepolsterten Teile in Höhe des Reiterknies, die je nach Vorliebe und Aufgabe des Reiters dicker oder dünner sein können). Zudem unterlag die äußere Erscheinung des Sattels starken Veränderungen: Das Leder wurde mit unterschiedlichen Mustern und Techniken punziert, Silberbeschläge und weiterer Zierat kamen hinzu.

Der Arbeitssattel für die Viehhirten unterscheidet sich in Aufbau und Aussehen von jenen Sätteln, die man für *Western pleasure* oder aber für das klassische Westernreiten verwendet. Bestimmte Rancharbeiter, die stundenlang über das Gelände reiten mußten, brauchten wieder andere Sättel. Für die Arbeit mit den Kühen, bei der die Cowboys einzelne Tiere mit dem Lasso einfangen und hundertmal am Tag aus dem Sattel springen mußten, um dann schnell wieder aufzusitzen, wurde ein Sattel mit einem sehr festen Horn entwickelt. Er vermochte auch dem Zerren eines widerspenstig buckelnden Rindes standzuhalten. Bei diesem Sattel mußten die Pauschen flach sein, damit sie dem Reiter beim Abspringen vom Pferd nicht im Weg waren. Der Rancher, der sein Besitztum abritt, zog aus Gründen der Bequemlichkeit einen Sattel mit dicken Pauschen und tiefem Sitz vor.

Links: Beim Westernsattel zählte vor allem seine Eignung für die Arbeit mit Rindern. Es gibt zwar auch reich verzierte Arbeitssättel, die meisten aber sind, ähnlich wie der hier abgebildete, einfach, robust und funktional. Das Horn muß so stabil sein, daß man auch Rinder daran anbinden kann. Die meisten dieser Sättel haben einen tiefen Sitz und dick gepolsterte Pauschen, die dem Reiter für lange Ritte einen gewissen Komfort bieten.

Anders als bei europäischen Satteltypen hat der Western- oder Stocksattel keine Sattelkissen. Der Grund dafür ist, weil Pferde bei langen Ritten in heißem Klima stark schwitzen. Der Pferdeschweiß würde die Polsterung der Sattelkissen bald klumpig und hart werden lassen. Westernsätteln legt man immer eine Decke oder ein Pad unter (die dem Reiter früher bei Ritten über mehrere Tage nachts als Bettzeug dienten). Der Westernsattel muß dem Pferd aber auch ohne Decke exakt passen. Weder bei Westernsätteln noch bei Sätteln vom europäischen Typ kann eine schlechte Paßform durch das Unterlegen zusätzlicher Satteldecken verbessert werden!

Westernsättel sind viel schwerer als europäische Sättel. Für längere Ritte bestimmt, waren sie oft mit Pauschen versehen. Auch beim Auflegen eines Westernsattels muß man sorgfältig darauf achten, daß die Haare darunter glatt in Fellrichtung liegen. Das Aufsatteln geht folgendermaßen vor sich: Stellen Sie sich neben die Schulter des Pferdes und legen Sie eine doppelt oder dreifach gefaltete Decke so auf, daß der Widerrist abgedeckt ist und die Decke überall glatt liegt. Breiten Sie das Pad darüber und legen Sie den Sattel auf. Ziehen Sie die Decke und das Pad anschließend so in die Kammer des Sattels, daß sie nicht über dem Widerrist und der Wirbelsäule spannen.

Auflegen eines Westernsattels

1 Lassen Sie Sattelgurt und andere Riemen vorsichtig herunter.

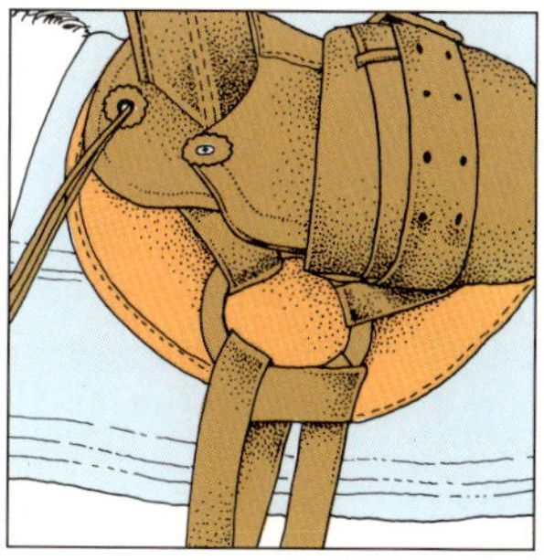

2 Ziehen Sie Gurt und Riemen unter dem Pferdebauch durch.

3 Machen Sie jetzt die Gurte fest. Der Hintergurt wird nicht so straff angezogen wie der vordere.

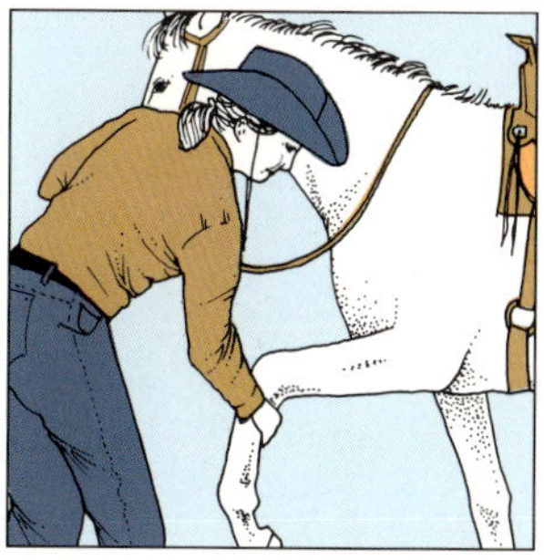

4 Heben Sie nach dem Gurten nacheinander beide Vorderbeine auf und ziehen Sie sie nach vorne. Dabei wird die Haut in der Gurtlage gestrafft, und der Gurt kann nicht einschneiden.

Verschiedene Westernsättel

Die Skizze zeigt die einzelnen Teile des Westernsattels.

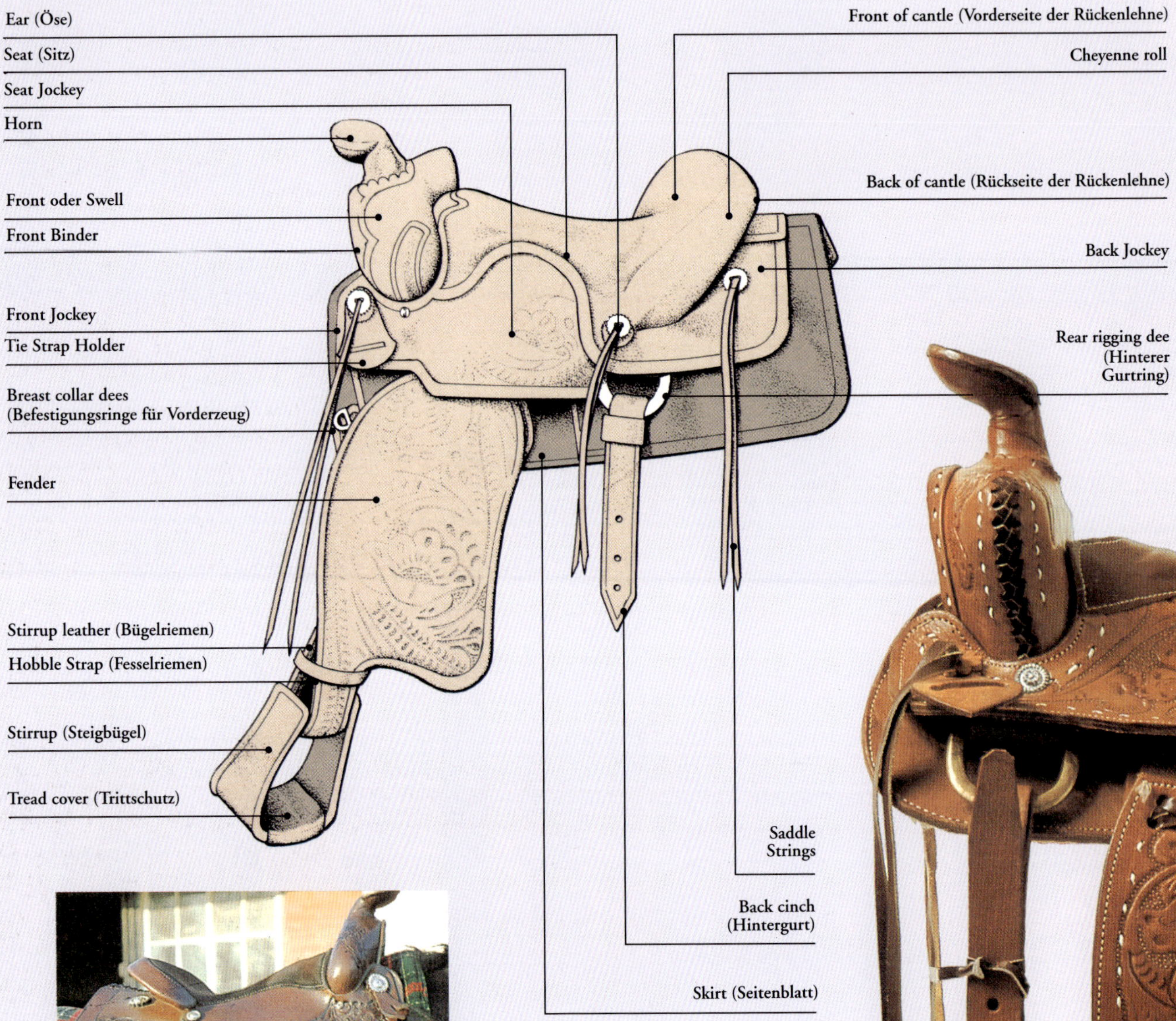

Rechts: Ein Dreiviertel-Pleasure-Sattel für Spazierritte. Bei einem Wanderritt durch bergiges oder offenes Gelände bietet dieser Sattel höchsten Komfort.

Links: Ein leichter Pleasure-Sattel wie dieser hier wird, zusammen mit einer mehrfach gefalteten Decke, gerne für mehrstündige Distanzritte verwendet (siehe Seite 190).

Ein leichter Sattel mit handgearbeiteter Punzierung und gepolstertem Sitz. Ein solcher Sattel wird meist für das Barrel racing verwendet (siehe Seite 205). Man beachte die mit Stahl verkleideten hölzernen Steigbügel.

Gebisse

Trensen und Stangen sind die einfachsten Gebisse. Je nach Verwendungszweck gibt es sie in den unterschiedlichsten Ausführungen. Stangen können gerade oder gebogen sein, Trensen sind immer gebrochen; sie können zweiteilig sein wie die klassische Wassertrense oder dreiteilig, wie die heute gebräuchlichen Ausbildungsgebisse. An beiden Enden haben Trensen und Stangen jeweils einen runden oder D-förmigen Ring, an dem die Zügel befestigt werden. Je nachdem, wie der Reiter die Zügel führt, übt das Gebiß Druck auf die Laden, die Zunge und die Mundwinkel aus.

Das Mundstück einer Kandare ist eine ungebrochene Stange, die in der Mitte eine Auswölbung haben kann. Eine Kandare kann starr sein oder beweglich, je nachdem, wie die Verbindung zwischen Mundstück und Hebeln gestaltet ist. Die leichte Nachgiebigkeit einer beweglichen Verbindung mindert die Schärfe dieser Zäumung. Außerdem veranlaßt diese Beweglichkeit das Pferd dazu, im Maul mit dem Gebiß zu spielen, was die Speichelbildung anregt; das schützt die empfindlichen Schleimhäute vor Verletzungen.

Die Kandare hat auf beiden Seiten lange Hebel mit Ringen an den Enden, in die die Zügel eingehakt werden. In zwei kleinere Ringe oberhalb davon werden die Kinnkettenhaken eingehängt, an denen die Kinnkette so befestigt wird, daß sie quer über der Kinngrube des Pferdes verläuft. Dank der Hebel wirken die Zügel bei der Zäumung auf Kandare gleichzeitig auf das Genick des Pferdes und — über die Kinnkette — auf die Kinngrube ein. Das Mundstück übt Druck auf die Zunge, die Laden und — falls eine große Zungenfreiheit gegeben ist — auch auf den Gaumen aus.

Das Gebiß ermöglicht dem Reiter die Kontrolle über das Pferd und wird mit einer Anzahl anderer Hilfen eingesetzt. Der Druck, den der Reiter durch die Zäumung ausübt, sollte vom Pferd als Anweisung, aber nicht als Schmerz, empfunden werden.

Gebisse

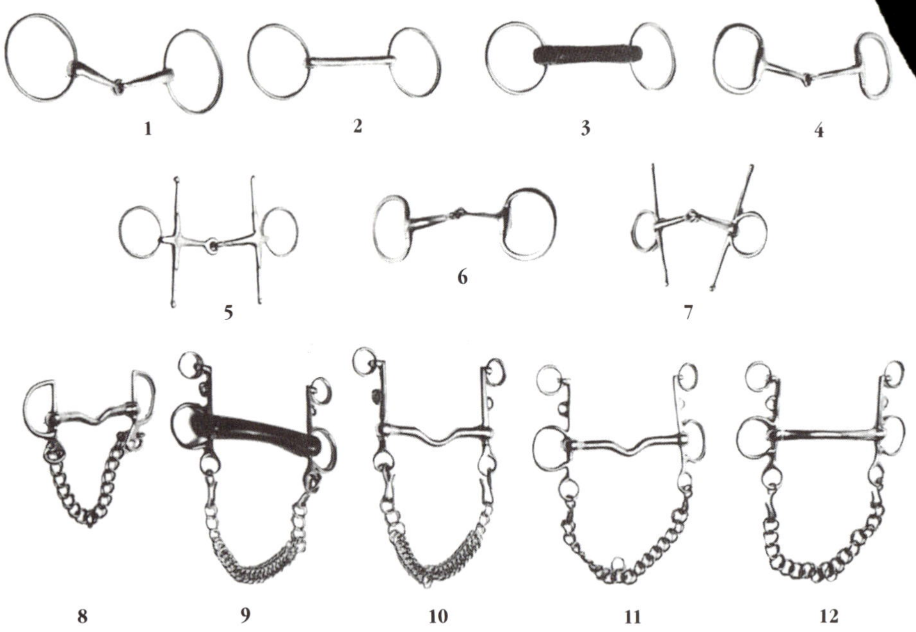

1 Wassertrense; 2 Stangengebiß; 3 Gummistange; 4 Olivenkopftrense; 5 Fulmer-Trense; 6 Aufziehtrense; 7 Knebeltrense; 8 Kimblewick-Pelham; 9 Bewegliche Pelham-Gummikandare; 10 Weymouth-Kandare; 11 Pelham-Kandare; 12 Scamperdale-Kandare.

Wirkung von Zügeln und Gebiß

Um zu verstehen, auf welche Weise der Reiter mit den Zügeln das Pferd kontrolliert und lenkt, muß man wissen, auf welche Teile des Pferdekopfes die Zäumung Einfluß hat. Betrachtet man die Skizze, so kann man sehen, daß Zügel und Gebiß auf acht verschiedene Punkte des Kopfes wirken:

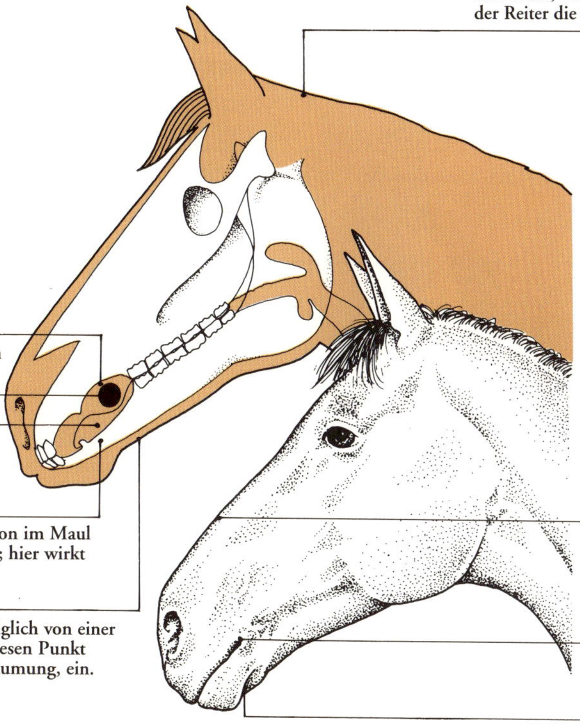

Die Wirkung der Fulmer-Trense auf das Pferd in verschiedenen Stadien der Ausbildung.

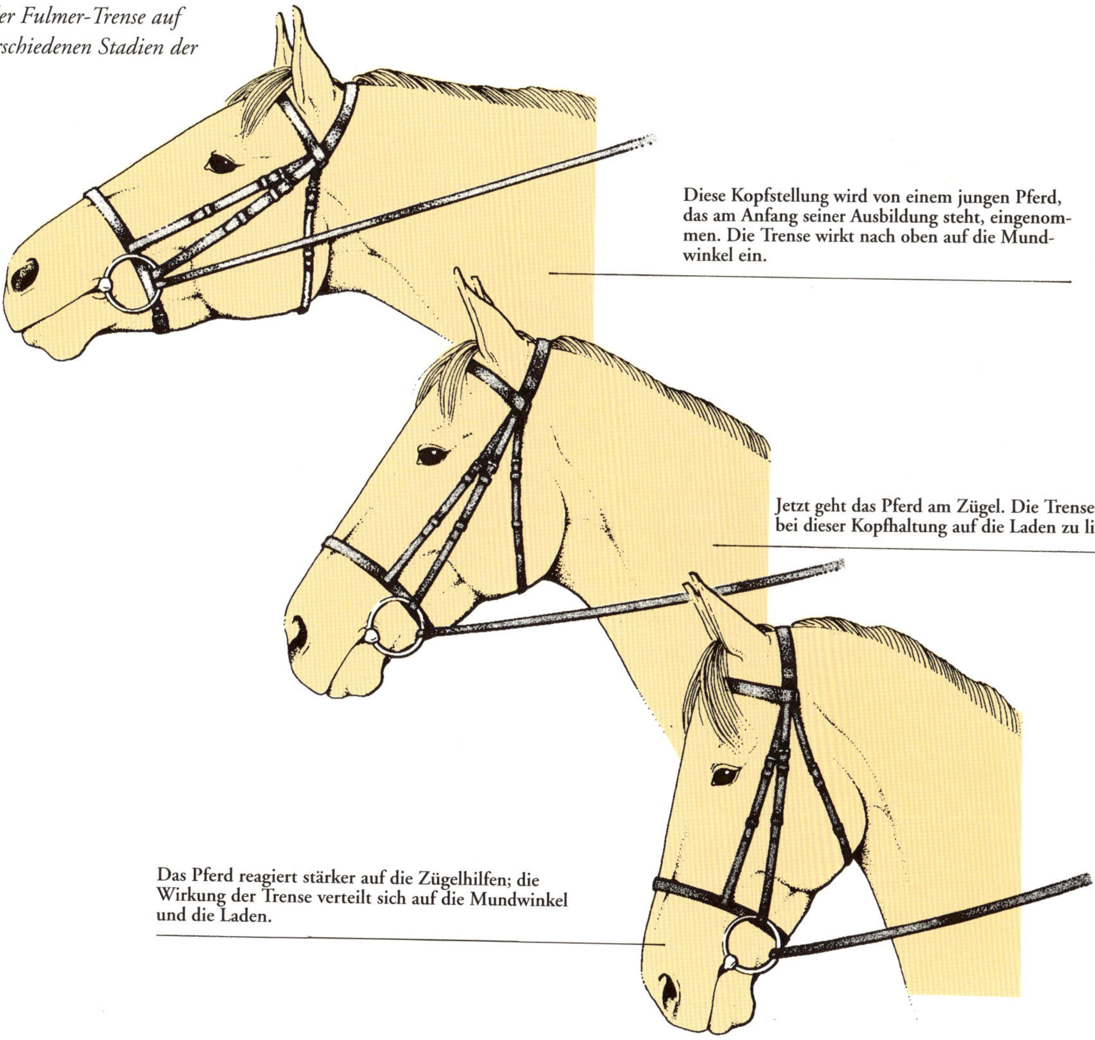

Nasen-riemen

Zweck fast aller Nasenriemen ist es, die Kontrolle des Reiters über das Pferd zu verstärken. Eine Ausnahme stellt das englische Reithalfter dar, das rein ästhetische Funktion hat — wenn es nicht als Halterung für ein festes Martingal dient. Normalerweise wird ein englisches Reithalfter so festgeschnallt, daß zwischen Nasenriemen und Nasenbein zwei Fingerbreit Luft bleiben. Man kann es aber auch enger stellen und so tief einschnallen, daß es fast die gleiche Wirkung hat wie ein Sperriemen oder ein hannoversches Reithalfter.

Das hannoversche Reithalfter

Das hannoversche Reithalfter ist wohl die im modernen Reitsport am häufigsten verwendete Art der Zäumung; Turnierpferde tragen es ebenso wie Schulpferde. Der Nasenriemen wird etwa 7,5 cm oberhalb der Nüstern verschnallt, d. h. genau unter dem Ende der Gesichtsknochen. Schnalle und Riemenende treffen sich hinter dem Gebiß in der Kinngrube. In dieser Position hält der ziemlich eng angelegte Nasenriemen das Pferdemaul geschlossen und hindert das Pferd daran, sich der Einwirkung des Gebisses durch Aufsperren des Mauls zu entziehen. Gleichzeitig sorgt er dafür, daß das Gebiß im Maul die richtige, zentrierte Position behält und das Pferd es nicht mit der Zunge seitlich aus dem Maul herausschieben kann.

Der Druck des Nasenriemens auf das Nasenbein unterstützt und verstärkt die Wirkung des Gebisses. Verkürzt der Reiter durch eine Parade den Zügel, so entsteht Druck auf die Nase, sobald der Unterkiefer des Pferdes auf das Gebiß reagiert. Dieser Druck veranlaßt das Pferd wiederum, seinen Kopf zu senken. Dadurch kommt das Gebiß auf die Laden zu liegen, wo es die stärkste Wirkung hat. Es kann aber auch vorkommen, daß der Druck, den das Reithalfter auf die Nase ausübt, dem Pferd für einen Augenblick die Luft nimmt, so daß es ebenfalls den Kopf senkt.

Das hannoversche Reithalfter stellt eine Grundform dar, die oft abgewandelt worden ist. Sehr verbreitet ist das kombinierte Reithalfter. Es besteht aus einem sogenannten englischen Reithalfter, dessen Nasenriemen oberhalb des Gebisses verschnallt wird, und einem Puller- oder Sperriemen, der ebenso wie das hannoversche Reithalfter das Pferd daran hindern soll, das Maul aufzusperren. Die gleiche Funktion hat auch das mexikanische Reit- oder Kreuzhalfter. Das kombinierte Reithalfter eignet sich zur Verwendung mit einem festen Martingal. Es wirkt weniger stark auf das Nasenbein ein als das hannoversche Reithalfter, da der Druckpunkt hier höher liegt. Der Reiter kann durch Zügeleinwirkung weit weniger Druck herstellen, und das Pferd gibt den Kopf nicht so leicht her.

Der Aufbau des Kreuzhalfters wurde in den letzten Jahren stark modifiziert, was auch seine Wirkungsweise veränderte. Bei der ursprünglichen Ausführung war der Nasenriemen oberhalb des Gebisses verschnallt. Richtig angepaßt, konnten sich weder er noch der untere Riemen, der das Maul schließt, verschieben. Zusätzlich sorgte ein Riemen auf der Rückseite

Oben: Das hannoversche Reithalfter, eine sehr verbreitete Zäumungsform, wird unter dem Ende der Gesichtsknochen verschnallt.

Verschiedene Nasenriemen

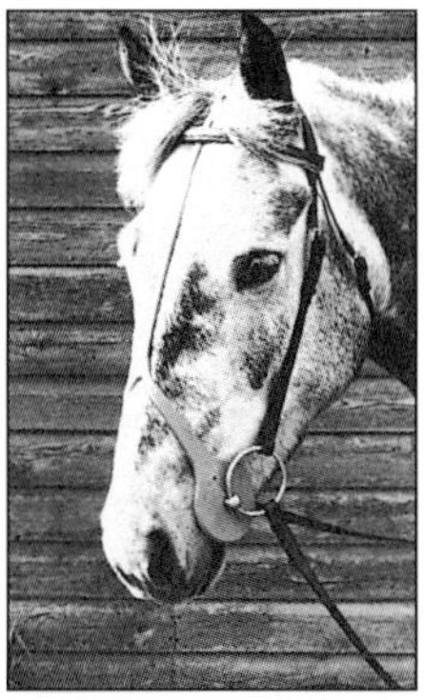

Australisches Backenhalfter

Mexikanisches Halfter oder Kreuzhalfter

Schaffell-Nasenschoner, Abart der Zäumung von Trabrennpferden

Kineton oder Puckle-Nasenriemen

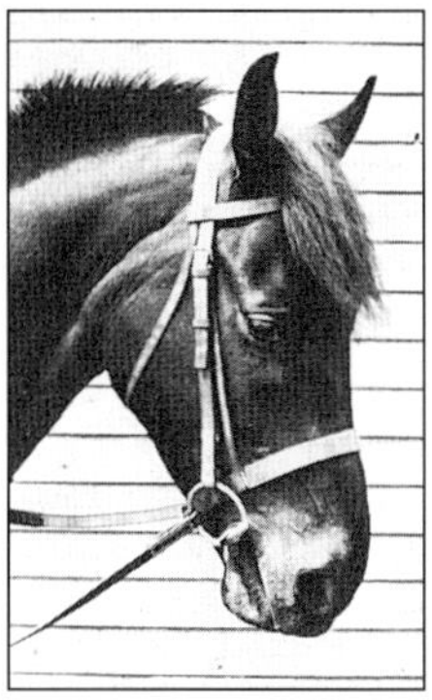

Englisches Reithalfter

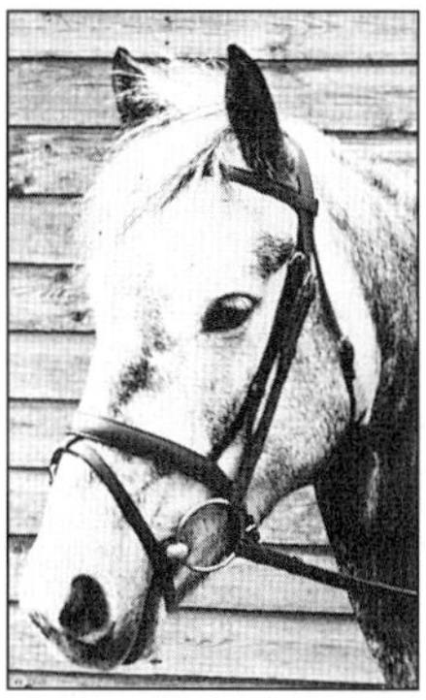

Kombiniertes Reithalfter

Hoher, feiner Nasenriemen mit Wassertrense

des Reithalfters für einen sicheren Sitz. Der Druck auf das Nasenbein entstand dort, wo sich die beiden Riemen vorne trafen. Je nachdem, wie man das Kopfstück verschnallte, konnte man diesen Punkt höher oder tiefer legen.

Kreuzhalfter sind in ihrer Einwirkung vielleicht nicht so genau wie hannoversche Reithalfter, eignen sich aber für manche Pferde besser, da sie die Atmung nicht behindern. Man sollte sie besonders bei stark vorwärtsgehenden Geländepferden und bei Hindernisrennen einsetzen.

Der Kineton oder Puckle-Nasenriemen wirkt völlig anders auf das Pferd ein als die bisher besprochenen Zäumungen. Sein einziger Zweck ist es, starke «Puller» im Zaum zu halten. Er hindert das Pferd nicht daran, das Maul zu öffnen. Durch die Ringe, die hinter dem Gebiß eingehängt werden, übt er starken Druck auf das Maul aus. Gleichzeitig drückt der tief und straff sitzende Nasenriemen auf das Nasenbein; er hat zur Verstärkung oft einen Kern aus Leichtmetall.

Im Rennsport findet häufig ein Nasenriemen Verwendung, der mit Schaffell gepolstert ist. Ursprünglich wurde er bei Trabrennpferden eingesetzt. Bei einem Traber, der seine Nase beim Renntrab hoch trägt, wirkt das Polster als Sichtschutz und verhindert, daß das Pferd vor Schatten oder Farbveränderungen im Rennbahnbelag scheut. Bei Reitpferden ist die Verwendung eines Nasenpolsters oder -schoners nicht ratsam. Unklar ist noch, ob er das Pferd wirklich zum Heben oder Senken des Kopfes veranlaßt.

Das australische Backenhalfter

Ein nützliches Teil der Zäumung ist das australische Backenhalfter, dessen Verwendung aus unerklärlichen Gründen weitgehend auf den Rennsport beschränkt bleibt. Dieses Reithalfter ist meist aus Gummi gefertigt; es besteht aus einem Strang, der zwischen den Pferdeohren am Kopfstück befestigt wird, entlang dem Nasenbein abwärts verläuft und sich über dem Gebiß gabelt. Die beiden unteren Enden werden am Gebiß befestigt, indem man die Gebißringe durch die Schlitze an den Enden des Halfters zieht.

Richtig verschnallt zieht dieser Nasenriemen das Gebiß im Pferdemaul leicht nach oben und hindert damit das Pferd daran, seine Zunge über das Gebiß zu strecken und sich so dessen Einwirkung zu entziehen oder gar seine Zunge «zu verschlucken», was ernstliche Probleme hervorrufen könnte. Er hat aber noch eine zweite interessante Funktion. Aus Gründen, die noch nicht hinreichend geklärt sind, wirken Riemen oder Schnüre, die von oben nach unten an der Pferdenase anliegen, als eine Art «psychologische Bremse» und können beim Zurückhalten eines notorischen «Pullers» beträchtliche Hilfe leisten. Eine Weiterentwicklung des Backenhalfters findet man bei verschiedenen amerikanischen Zäumungen für Rennpferde.

Zäume

Die unterschiedlichen heute gebräuchlichen Zäumungen bestehen im großen und ganzen aus den gleichen Einzelteilen; Unterschiede ergeben sich aus Variationen in Aussehen und Befestigungsweise.

Am Kopfstück, das über dem Genick des Pferd verläuft, werden auf beiden Seiten die Backenstücke festgemacht und an deren Enden die Gebißringe eingeschnallt. Der Kehlriemen ist in der Regel Teil des Kopfstücks; es gibt aber auch amerikanische Zaumzeuge mit separatem Kehlriemen, der durch einen Ring zwischen den Ohren des Pferdes mit dem Kopfstück verbunden wird.

Bei einigen Modellen fehlt der Kehlriemen ganz, zum Beispiel bei den Zaumzeugen, die in der Spanischen Reitschule in Wien verwendet werden. Grund dafür ist, daß ein eng verschnallter Kehlriemen das Pferd davon abhalten kann, im Genick nachzugeben, weil sich der Druck des Riemens dann unangenehm bemerkbar macht. Die Wiener Lipizzaner sind durch ihre starken Ganaschen hier ohnehin besonders empfindlich, und da in der Spanischen Reitschule kaum Situationen auftreten, bei denen das Zaumzeug abrutschen könnte, wird der Kehlriemen nicht benötigt. Der eigentliche Zweck des Kehlriemens besteht nämlich darin, das Zaumzeug am Pferdekopf zu fixieren und zu verhindern, daß es beim einem Sturz wegrutscht. Einige amerikanische Zäumungen verzichten ebenfalls auf den Kehlriemen; dafür haben sie am Kopfteil Schlitze für die Ohren, damit das Zaumzeug mehr Halt hat; es gibt auch Einohr-Zäume mit nur einem Schlitz.

Das Stirnband hat an seinen Enden zwei Schlaufen, durch die das Kopfstück durchgezogen wird, damit es nicht verrutscht. Weitere Bestandteile des Zaumzeugs sind der Nasenriemen und ein Paar Zügel.

Oben: Kandarenzäumung, bestehend aus dem Kandarengebiß und der Unterlegtrense, einer dünnen Wassertrense.

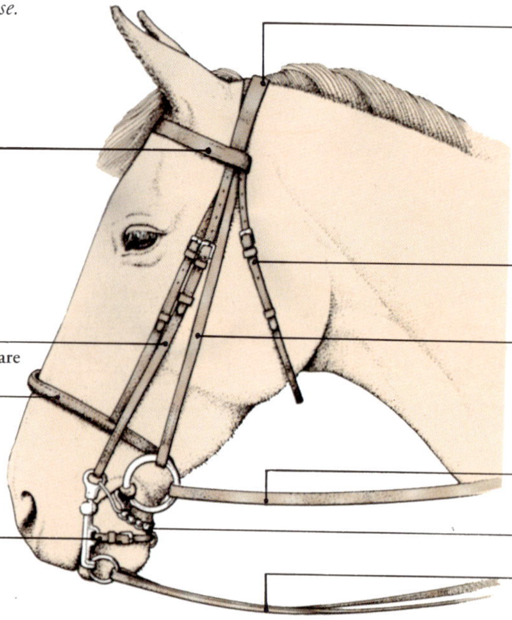

Rechts: Die Teile der Kandarenzäumung. Das zweite Paar Zügel ist auch Bestandteil der Zäumung auf Pelham- und Aufziehtrense.

Kandaren und Pelhams

Ein Kandarenzaum muß zusätzlich zu den Backenstücken für die Kandare noch ein zweites Paar Backenstücke haben, an denen mittels eines Verlängerungsriemens die Unterlegtrense befestigt wird. Der obere Teil der Backenstücke für die Unterlegtrense wird so unter dem Kopfteil durch die Schlaufen des Stirnbands gezogen, daß die Verbindungsschnalle auf die gleiche Seite kommt wie die Schnalle des Reithalfters.

Bei der Zäumung auf Kandare benötigt man, ebenso wie bei der Zäumung auf Pelham, ein zweites Paar Zügel, wobei man für das Kandarengebiß stets schmälere Zügel verwendet als für die Unterlegtrense. Vervollständigt wird die Kandarenzäumung durch den Kinnriemen, der durch die Ringe auf halber Höhe der Kandarenhebel und durch den Ring in der Mitte der Kinnkette gezogen wird.

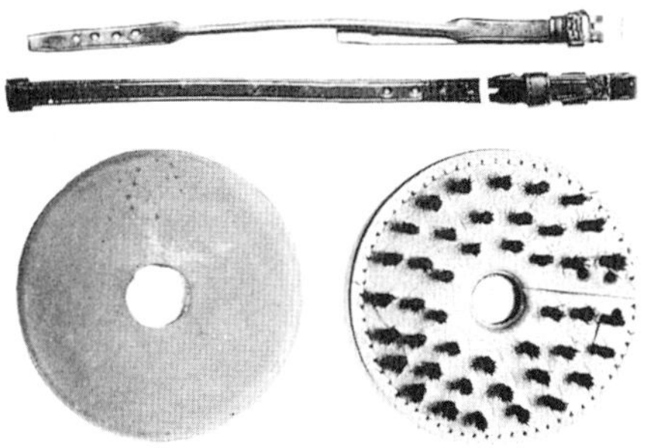

Ganz oben: Zwei Kinnriemen aus rundgenähtem und flachem Leder; links oben: Gummischeiben als Backenschutz; rechts oben: Bürstenscheibe; sie wird in eine Seite der Trense eingehängt, wenn das Pferd dazu neigt, an dieser Seite am Zügel zu zerren.

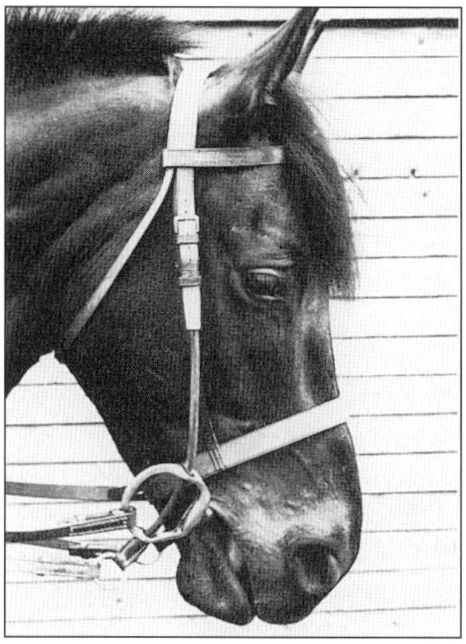

Aufziehtrense

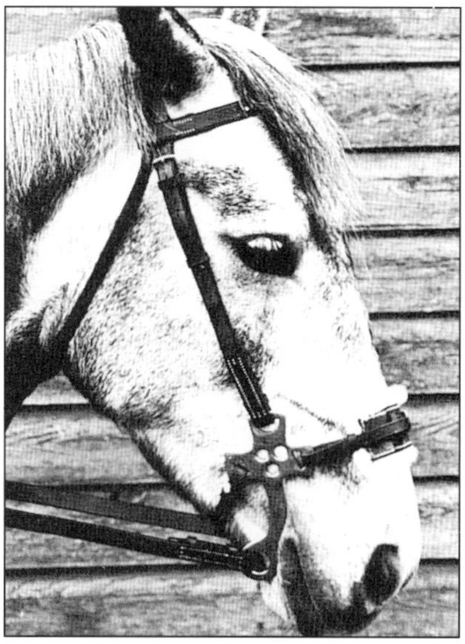

Hackamore-Kandare (gebißlose Zäumung)

Ein Pelham kann man auch mit nur einem Zügel benutzen, indem man in die Ringe an den Hebeln links und rechts Riemchen zur Befestigung einschnallt.

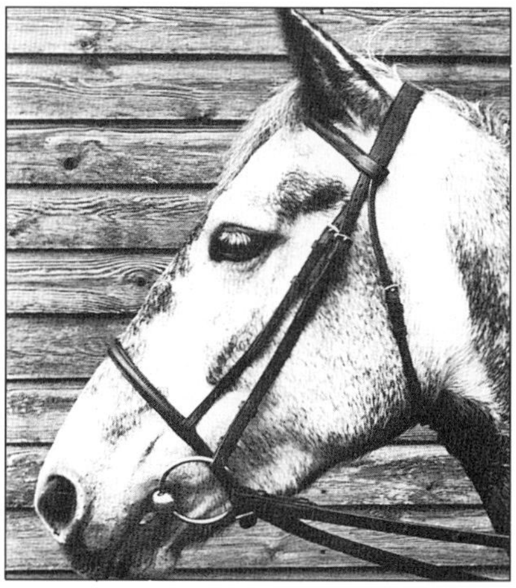

Jagdzäumung

Schaukandare aus feinem Leder mit bombiertem Nasenriemen.

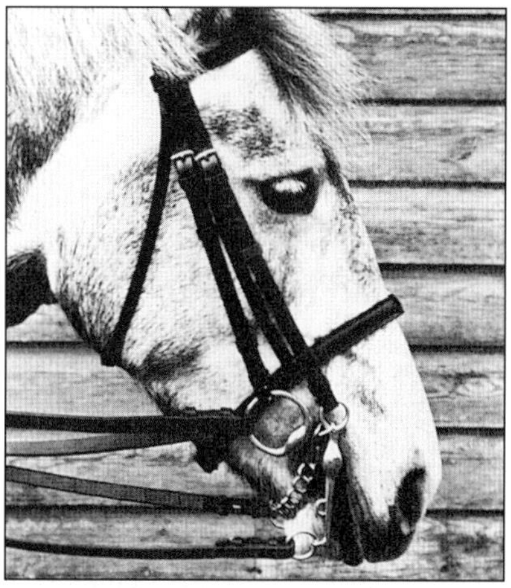

Kandare als Jagdzäumung in mittelschwerer Allzweckausführung.

Hilfszügel oder Martingale

Zweck der Hilfszügel ist es, die Wirkung des Gebisses zu unterstützen, indem sie Kopf und Hals des Pferdes in eine bestimmte Position bringen. In manchen Fällen wirken sie auch direkt auf das Pferd ein oder verändern die Eigenschaften des Gebisses.

Man kann sie in zwei Kategorien einteilen. Die einen verhindern, daß das Pferd den Kopf hochreckt und sich so der Einwirkung durch die Hand des Reiters entzieht. Die Hilfszügel der anderen Kategorie werden langfristig als Schulungsmittel eingesetzt. Sie weisen dem jungen Pferd den Weg in die richtige Haltung oder dienen dazu, ein älteres Pferd zu korrigieren. Martingale sind letztlich ein Mittel, das Gleichgewicht des Pferdes zu verbessern.

Einfache Martingale

Die einfachste Form des Martingals ist das «feste» Martingal. Es besteht im wesentlichen aus einem verstellbaren Riemen, der zwischen den Vorderbeinen des Pferdes mit einer Schlaufe am Sattelgurt eingehängt wird. Das andere Ende des Riemens wird am Nasenriemen eines einfachen, stabilen englischen Reithalfters befestigt. Damit der Riemen in der richtigen Position bleibt, ist er mit einem Lederring verbunden, der um den Hals des Pferdes gelegt wird. An diesem Halsriemen kann sich der Reiter im Notfall auch festhalten.

Das Martingal hält das Pferd davon ab, den Kopf hochzuwerfen. Je nachdem, wie es verschnallt ist, kann es auch dazu beitragen, das Gebiß auf den Laden zu fixieren. Gibt man dem Martingal eine vernünftige Länge, stört es das Pferd auch nicht beim Springen, da es den Kopf weiterhin nach vorne und nach unten strecken kann.

Eine verstärkte Form des Martingals ist übrigens auch Teil der Ausstattung des Poloponys. Manchmal benutzen die Polospieler hierfür aber kein Ledermartingal, sondern ein *Pugaree.* Dieser Hilfszügel stammt aus Indien und besteht aus einem Stück buntem Turbantuch.

Für einige Bereiche des Westernreitens wird mitunter ein festes Martingal eingesetzt, das mehr auf das Maul als auf die Nase des Pferds einwirkt. Anstatt nur eines Lederriemens sind am Halsring zwei Riemen festgenäht, die mit Karabinerhaken in die Gebißringe eingehängt werden. Dieses Martingal war auch eine Zeitlang in Europa sehr beliebt.

Bewegliche Martingale

Das bewegliche Martingal ist etwas komplizierter als das feste. Es hat am Halsriemen eine «Gabel», zwei Riemen, an deren Ende Ringe eingenäht sind. Durch diese Ringe werden die Zügel gezogen. Wirft das so aufgezäumte Pferd den Kopf hoch, drückt das Gebiß auf die Laden. Je enger das Martingal verschnallt wird, desto stärker wird der Bewegungsspielraum des Kopfes eingeschränkt. Es wird meist empfohlen, das bewegliche Martingal so einzustellen, daß sich die Ringe auf Widerristhöhe befinden; in der Praxis wird es jedoch gewöhnlich enger geschnallt. Im Springsport beispielsweise ziehen die Martingalringe den Zügel oft so tief herunter, daß er einen deutlichen Winkel bildet. Alle Martingale, ob feste oder bewegliche, verändern die Wirkungsweise der Trense. Ohne diese Einschränkung würde das Pferd den Kopf höher tragen und somit das Gebiß stärker an den Mundwinkeln anliegen. Durch das Martingal liegt das Gebiß über den Laden; beim beweglichen Martingal verstärkt sich diese Wirkung noch. Rennpferde tragen oft ein bewegliches Bib- oder Latzmartingal, dessen «Äste» durch ein dreieckiges

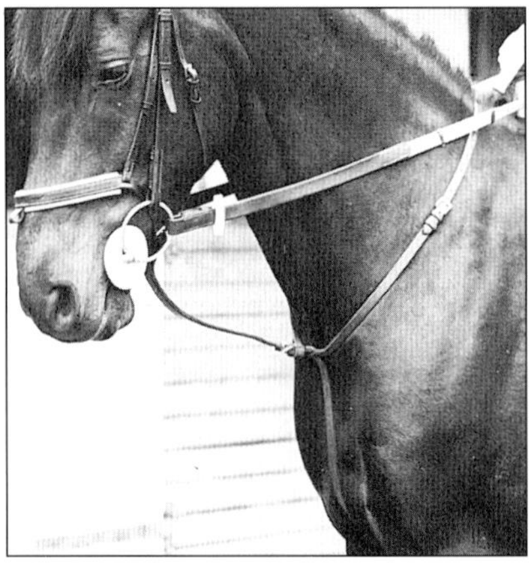

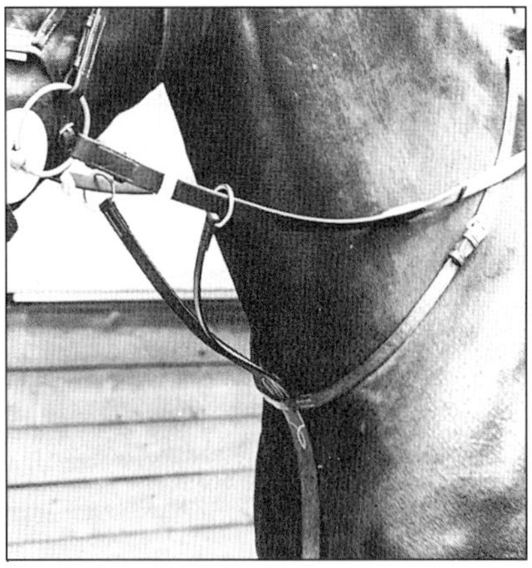

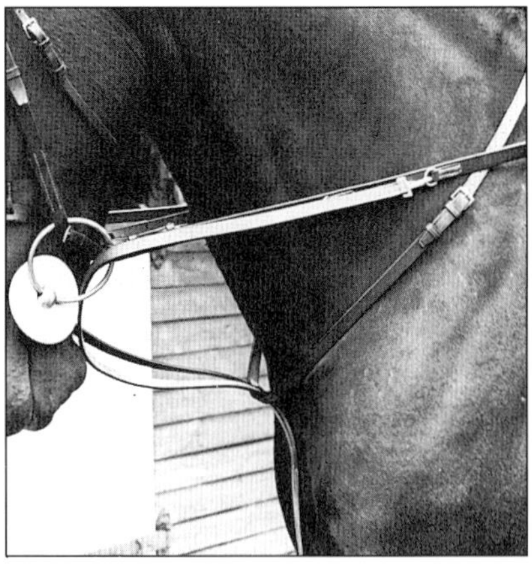

Von links nach rechts: Festes Martingal; es wirkt durch Druck auf das Nasenbein auf die Kopfhaltung ein. – Bewegliches Martingal; es übt direkten Druck auf das Maul aus. Die Martingalstopper verhindern, daß die Ringe nach vorne rutschen und sich im Gebiß oder an den Zähnen verfangen. – Der Tiedemann- oder Köhlerzügel, eine Weiterentwicklung des Schlaufzügels, wirkt erst, wenn das Pferd den Kopf über einen bestimmten Punkt hochreckt.

Stück Leder miteinander verbunden sind. Das Lederdreieck soll verhindern, daß sich ein aufgeregtes Pferd mit dem Kopf im Martingal verfängt. Renntrainer rüsten ihre Schützlinge mitunter auch mit einem flachen, abgesteppten Lederriemen aus, an dessen Enden sich zwei Ringe befinden. Dieser Riemen wird als «Irisches Martingal» bezeichnet, obwohl er strenggenommen nichts mit einem Martingal zu tun hat. Er hat keinerlei Einfluß auf die Kopfhaltung, sondern lenkt die Ausrichtung der Zügelhilfen; außerdem soll er verhindern, daß bei einem Sturz die Zügel über den Pferdekopf gezogen werden.

Beim Einsatz eines beweglichen Martingals sollte man auch Martingalstopper verwenden. Das sind längliche Schlaufen aus Gummi oder Leder, die auf die Zügel aufgezogen werden. Sie verhindern, daß die Ringe des Martingals zu weit nach vorne gleiten und am Gebiß hängenbleiben oder gar an die Zähne des Pferdes kommen. Martingalstopper sollten etwa 20 bis 25 cm vor dem Gebiß liegen.

Theoretisch sollte ein Martingal nicht zusammen mit einer Kandare verwendet werden, da letztere genügt, ein ausgebildetes Pferd in die korrekte Haltung zu bringen. In der Praxis kommt das aber durchaus vor. In diesem Fall sollte es logischerweise in den Kandarenzügel eingehängt werden, um dessen Funktion — das Pferd zum Senken des Kopfes zu veranlassen — zu unterstützen. Leider ist der Zügel der Unterlegtrense oftmals mit dem Martingal verbunden, so daß sich die Wirkung der beiden Teile gegenseitig aufhebt. Manchmal werden sogar Kandaren- und Trensenzügel durch die Martingalringe geführt! Diese Methode mag ja ein geeignetes Bremssystem darstellen, führt aber die Verwendung der Kandare ad absurdum.

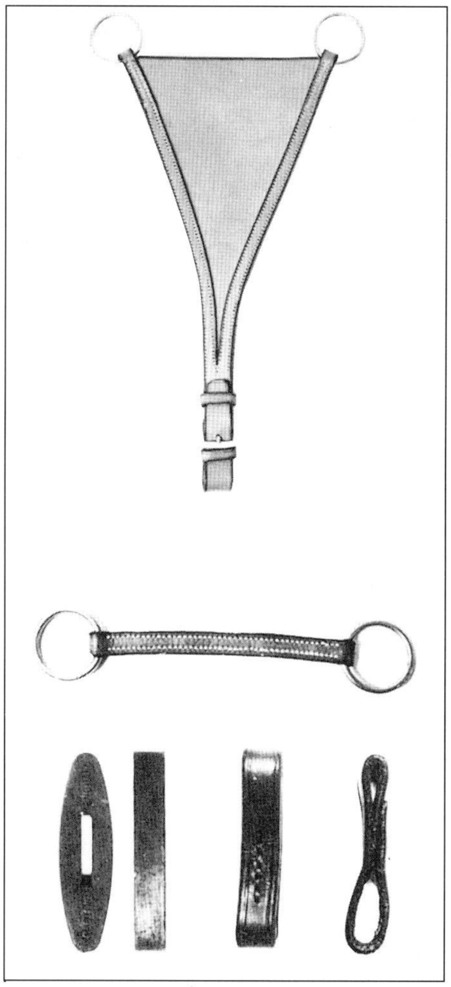

Latzmartingal (oben); Irisches Martingal (Mitte); Martingalstopper aus Gummi und Leder (unten).

Der Tiedemannzügel

Ein vor allem im Springsport häufig verwendeter Hilfszügel ist der Tiedemann- oder auch Köhlerzügel, eine Weiterentwicklung des Schlaufzügels. Beide Schlaufzügel werden an jeder Seite in den Sattelgurt eingehängt und durch die Gebißringe zu den Händen des Reiters geführt. So hat der Schlaufzügel eine ähnliche Wirkung wie das Martingal.

Der Tiedemannzügel besteht aus zwei Lederriemen, die an der Brust mit einem Ring verbunden sind. Sie führen durch den Gebißring zu einer Befestigung am Zügel. Die Einstellung erfolgt durch einen Karabinerhaken oder durch Befestigung des Lederriemens an einer der drei oder vier kleinen Metallösen am Zügel. Das Prinzip des Tiedemannzügels ist relativ einfach. Solange es den Kopf in einer annehmbaren Position hält, wirkt der Zügel in üblicher Weise auf das Pferd ein. Das Maul wird nur niedergedrückt, wenn das Pferd den Kopf hochwirft. In diesem Fall straffen sich die Riemen und ziehen die Gebißringe nach unten.

Abgesehen vom Polosport findet das feste Martingal zur Zeit kaum Verwendung; gelegentlich wird es noch im Springsport als Ausbildungshilfe eingesetzt. Das bewegliche Martingal ist dagegen in allen Bereichen des Sportreitens — mit Ausnahme der Dressur — weit verbreitet.

Das Zugmartingal

Frühere Generationen von Reiterinnen und Reitern scheinen sich über die Zäumung mehr Gedanken gemacht zu haben als heute, wo man sich im allgemeinen auf die Wassertrense und das hannoversche Reithalfter verläßt. Eine frühere Abart des beweglichen Martingals war das Zugmartingal, bei dem die Ringe mit einer Schnur verbunden waren. Diese lief durch eine Rolle, die an einem Leibriemen befestigt war. Der Vorteil dieses Martingals war, daß das Pferd bei scharfen Wendungen seinen Kopf in Bewegungsrichtung drehen konnte, ohne daß es an der von der Bewegung abgewandten Seite im Maul gezerrt wurde, wie es bei der Verwendung der heute üblichen Hilfszügel bis zu einem gewissen Grad unvermeidlich ist.

Gebisslose Zäumungen

Unter europäischen Reitern bezeichnet der Begriff «Hackamore» im Alltagsgebrauch fälschlicherweise eine gebißlose Zäumung, die mit seitlichen Metallhebeln versehen ist. Das echte Hackamore aber besteht aus einem schweren, geflochtenen Nasenriemen, der von der Form her an einen Tennisschläger erinnert. Die beiden Enden des Riemens sind in einem Knoten zusammengefaßt, der beim Aufzäumen unter das Kinn des Pferdes zu liegen kommt. Der Nasenriemen wird als Bosal bezeichnet. Er ist an einem leichten Kopfgestell aus Lederriemen befestigt. Dieses Gestell hat einen Schlitz für die Ohren oder bekommt durch ein Stirnband, auch *Cavesada* genannt, Halt.

Vervollständigt wird diese Zäumung durch ein aus Mähnenhaar geflochtenes Seil, die *Mecate*, und durch einen *Fiador*, ein Seil aus dem gleichen Material oder aus Baumwolle. Die Mecate ist durch eine Reihe von Schlingen mit dem Knoten des Bosal verbunden. Das Ganze stellt ein ausgeklügeltes System zur Kontrolle des Pferdes dar, bei dem die schweren Seilzügel und der Knoten gemeinsam ein Gegengewicht zu dem dicken Nasenriemen bilden.

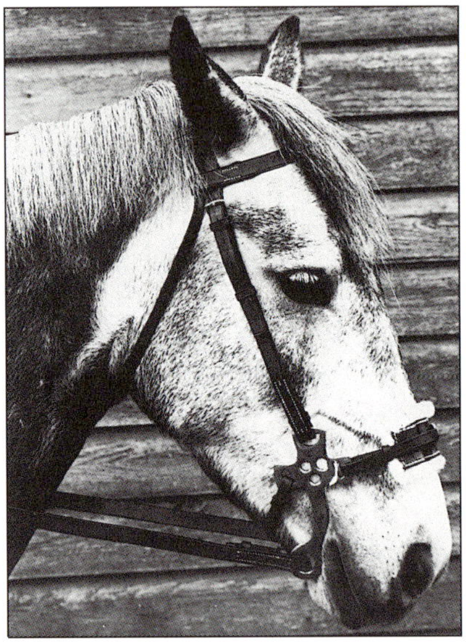

Oben: Eine Variante der gebißlosen Zäumung, fälschlich Hackamore genannt, die heutzutage viel benutzt wird. Mit ihr übt man Druck auf das Nasenbein aus. Die Polsterung mit Schaffell und der Kinnriemen sollen ein Wundreiben verhindern. Man sollte die Einstellung oft ändern, damit sich auf der Nase keine Hornhaut bildet.

Unten: Die Teile des Hackamore. Der Fiador dient als Kehlriemen und verhindert, daß der Knoten des Bosal gegen den Unterkiefer schlägt.

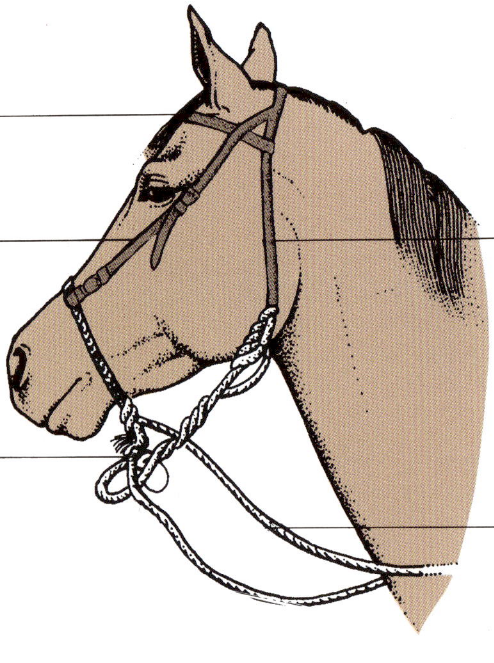

Vom Hackamore zum Gebiß

Zu Beginn der Ausbildung hält der Reiter die Mecate mit beiden Händen; später, wenn das Pferd Fortschritte gemacht hat, kann es einhändig geritten werden. Das auf Hackamore ausgebildete Pferd erledigt alle Aufgaben, die ihm abverlangt werden, in perfekter Balance und in starkem Tempo. Es kann plötzliche Stopps vollführen, schnelle Drehungen (die in der Schwierigkeit den Pirouetten der Hohen Schule entsprechen, aber anders ausgeführt werden), Wendungen und Rückwärtsrichten — und das alles am durchhängenden Zügel und ohne daß sein Maul auch nur berührt wird. Im letzten Abschnitt der Ausbildung erfolgt die Umstellung vom Hackamore zum Gebiß. Dies ist gewöhnlich, wenn auch nicht immer, eine Kandare mit ziemlich langen Hebeln und einer großen Zungenfreiheit (die Zungenfreiheit ist das umgekehrte U in der Mitte der Gebißstange, das Platz für die Zunge läßt, so daß die geraden Schenkel der Stange unmittelbar auf den Laden aufliegen). Die Umstellung erfolgt schrittweise mit Hilfe eines sehr leichten Hackamores, das mit zwei Seilzügeln ausgestattet ist und gelegentlich auch als zweizügeliges Bosal bezeichnet wird. Zum Schluß stellt der Reiter die Verbindung zum Pferdemaul durch ein Gebiß her, das durch ein sehr leichtes Bosal gehalten wird; dieses hat nun keine Zügel mehr.

Das fertig ausgebildete Westernpferd wird mit einer leichten Kandarenstange geritten, ohne Nasenriemen oder Bosal und mit durchhängenden Zügeln. Die Hand des Reiters hat so nur einen minimalen Kontakt zum Pferdemaul. Oft werden die Zügel durch Metallverzierungen beschwert; besser reitet man das Pferd aber mit einfachen, 6 mm breiten Rohlederzügeln.

Das mechanische Hackamore

In Europa ist eine Vielzahl von gebißlosen Zäumungen im Gebrauch, die auf dem Prinzip des Hackamore aufbauen. Die bekannteste von ihnen wird in Deutschland als mechanisches Hackamore bezeichnet und in Großbritannien nach ihrem Erfinder «Blair's pattern» genannt. Sie besteht aus einem gewöhnlichen Kopfzaum, einem Nasenriemen, einem Kinnriemen und einem Paar langer Metallhebel. Die Zügelhilfen lassen Druck auf das Nasenbein und Druck oder Zug am Kinnriemen entstehen, der sich an den Unterkiefer anschmiegt; die Intensität des Drucks ist je nach Länge der Hebel verschieden. Da Nasen- und Kinnriemen eng anliegen, um Einfluß auf das Pferd zu haben, müssen beide Teile gut gepolstert sein. Der Nasenriemen des mechanischen Hackamores muß, ebenso wie der Bosal, so angepaßt werden, daß er noch auf dem knochigen bzw. knorpeligen Teil der Nase aufliegt und die Atmung nicht behindert. Die Lage des Nasenriemens muß regelmäßig verändert werden.

Entgegen einer weitverbreiteten Meinung eignet sich die gebißlose Zäumung nicht für Reitanfänger, da sie in den Händen eines unerfahrenen Reiters weitaus mehr Schaden anrichten kann als ein Metallgebiß. Sie kann für sich allein auch keine Wunder wirken. Vielmehr ist sie ist ein Präzisionsinstrument, das in die feinfühligen Hände eines Könners gehört. Bei bestimmungsgemäßer Verwendung wird das mit (mechanischem) Hackamore gezäumte Pferd am langen Zügel geritten. Für Richtungsänderungen wird der richtungsweisende Zügel nach außen geführt und das Gewicht auf die gleiche Seite verlagert. Sanfter, mitunter aber sehr wirkungsvoll, haben sich bei Pferden, die nicht mit Gebiß geritten werden können, gebißlose Zäumungen mit kurzen Hebeln erwiesen. Sie haben aber mit dem eigentlichen Prinzip des Hackamores wenig zu tun.

Eine äußerst interessante Variante stellt das Patent des Briten William Stone aus Walsall dar. Das sogenannte «W S Bitless Pelham» ist in leicht abgewandelter Form auch heute noch erhältlich. Diese Zäumung wird mit zwei Zügeln eingesetzt — daher der Name Pelham — , wobei der obere Zügel auf das Nasenbein einwirkt und der untere über die Kinnkette auf die Kinngrube. Die Metallhebel dieser gebißlosen Kandare sind vergleichsweise kurz und einzeln beweglich, was eine sehr genaue Hilfengebung ermöglicht, die mit anderen Typen von gebißlosen Zäumungen kaum erreichbar ist.

Die Vorteile der Verwendung von Hackamores liegen in manchen Bereichen, wie zum Beispiel bei der Ausbildung von Poloponys, auf der Hand. In den meisten modernen Pferdesportarten aber haben gebißlose Zäumungen heutzutage kaum eine Bedeutung. Dabei könnten auch heutige Reiter aus der nicht zu unterschätzenden Reitlehre vergangener Tage, zu der auch das Hackamore gehört, eine Menge lernen.

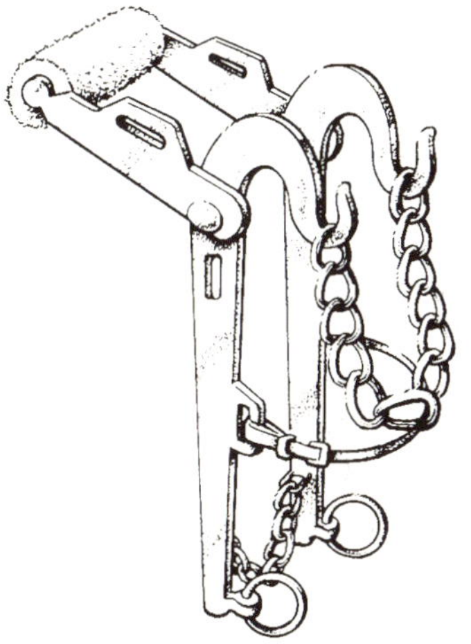

Oben: Das gebißlose Pelham nach William Stone. Es ist relativ komplex und wird mit zwei Zügeln benützt.

Diese Skizze zeigt die Wirkweise des mechanischen Hackamore.

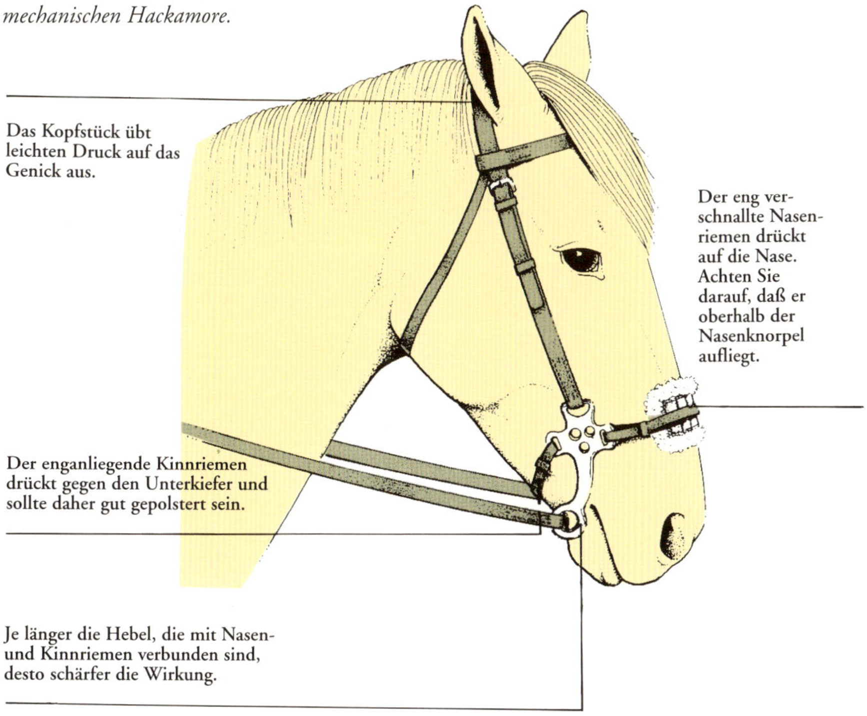

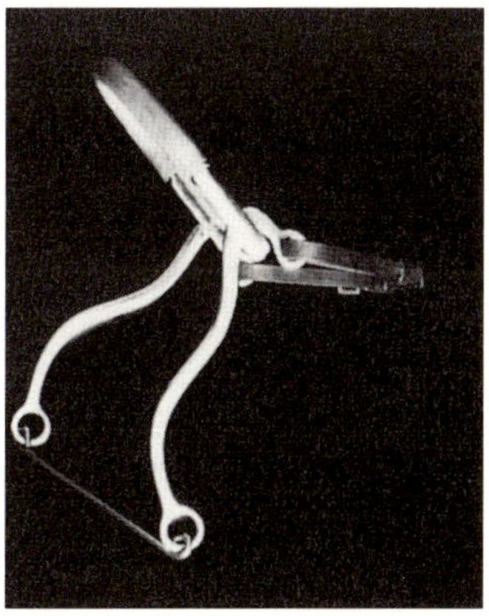

Eine weitere gebißlose Zäumung, die wie eine Art Kandare auf das Nasenbein wirkt; man verwendet sie mit einem Zügel.

Decken

Wenn mit einem Pferd im Winter ernsthaft gearbeitet wird, muß man es meist scheren, damit es nicht zu stark schwitzt. Als Ersatz für sein natürliches Fell braucht es dann ein künstliches, damit es nun nicht friert. Aus diesem Grund gibt es Stalldecken für den Winter in den verschiedensten Ausführungen und Materialien. Das wohl meistverbreitete Modell ist eine Decke aus Jute und fein gewebtem Segeltuch mit einem grauen Innenfutter aus gemischter Wolle. Die Jutedecke wird durch einen Lederriemenverschluß an der Brust und durch einen Jutegurt, der an der Decke festgenäht ist, oder einen einfachen Deckengurt aus Leder fixiert. Man kann die Decke um den Leib auch mit einem Decken-Überrollgurt sichern. Dieser Ledergurt hat über dem Widerristpolster einen Metallbügel, der das liegende Pferd daran hindert, sich von einer Seite auf die andere zu wälzen und sich dabei festzulegen, so daß es ohne fremde Hilfe nicht mehr aufstehen kann.

Soll es das Pferd wärmer haben, kann man unter die Stalldecke noch eine Decke aus Schurwolle auflegen. Diese Decken sind traditionellerweise von einer rehbraunen Grundfarbe mit schwarzen, roten und blauen Streifen an jedem Ende. Ihr Standardgewicht beträgt 3,6 kg. Leichtere Decken, die aus «reiner Wolle» (jedoch nicht aus Schurwolle) hergestellt werden, sind ähnlich gefärbt. Im Handel erhältlich sind auch graue oder braune Decken aus verschiedenen Wolle-Kunstfaser-Mischungen.

Wenn es sehr kalt im Stall ist, kann man unter die Stalldecke auch eine Abschwitzdecke legen. Solche Abschwitzdecken werden aus Baumwoll-Netzgewebe hergestellt. Sie bilden ein Luftpolster am Körper, das extreme Kälte und Wärme abhält. Bei einem verschwitzten Pferd sollte über die Abschwitzdecke eine leichte Tages- oder Sommerdecke gelegt werden, um Erkältungen vorzubeugen.

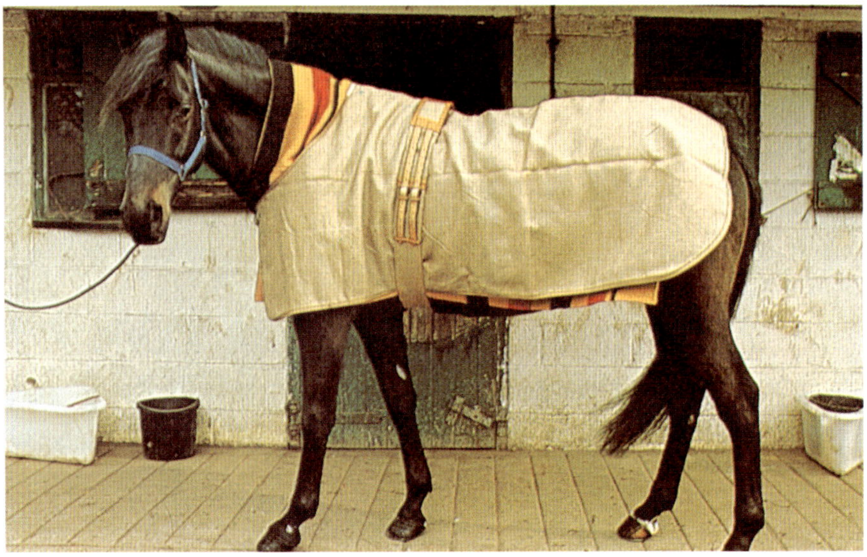

Oben: Ein reisefertiges Pferd. Es trägt ein Halfter, eine wollene Transportdecke, Deckengurt, Schweifschoner, Kniekappen, Sprunggelenkkappen und gepolsterte Bandagen.

Mitte: Eine Jutedecke, über eine gestreifte Wolldecke aufgelegt und mit einem ledernen Deckengurt fixiert.

Links: Lederdeckengurt mit Überrollbügel.

Weitere Deckenarten

Im Handel erhältlich sind verschiedene Modelle von gesteppten Nylondecken, die nach dem gleichen Prinzip wärmen wie ein Anorak. Sie haben meist eine Füllung aus Polyester, die Innenseite ist mit aufgerauhtem Nylon oder Baumwolle abgefüttert. Diese Decken sind vorne an der Brust mit Schnallenverschlüssen versehen und werden ebenfalls durch Deckengurten gegen das Verrutschen gesichert.

Aus den USA kommt eine andere Methode der Deckenbefestigung: Dabei verhindern aufgenähte Kreuzgurte, daß die Decke beim Wälzen verrutscht. Die beiden gewebten Gurte können die Spannung ausgleichen, unter der die Decke beim Wälzen steht. Sie laufen von den Schultern diagonal unter dem Pferdebauch hindurch zum höchsten Punkt der Kruppe.

Es gibt auch Stalldecken aus sehr leichter Kunstfaser namens Thermatextron, die ebenfalls mit Kreuzgurten gesichert sind. Labortests haben gezeigt, daß diese Faser besser gegen Kälte isoliert als jede andere und nur sehr wenig Feuchtigkeit aufnimmt.

Beide Eigenschaften führen dazu, daß die vom Pferd selbst erzeugte Körperwärme erhalten wird. Die Decke muß direkt auf dem Körper aufliegen. Man kann auch ein nasses oder schwitzendes Pferd damit eindecken, da die Feuchtigkeit an die Außenseite weitergeleitet wird und dort verdunstet.

Ein weiterer Deckentyp mit Kreuzgurten wurde in den USA entwickelt, um Pferde gegen die kalten nordamerikanischen Winter zu wappnen. Die Decke ist aus dreifachen Acrylfasern gewebt und hält das Pferd warm.

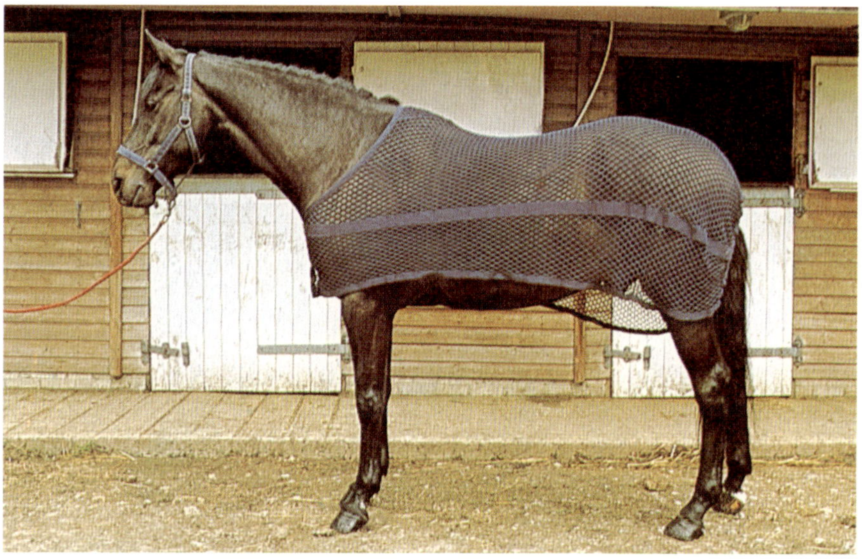

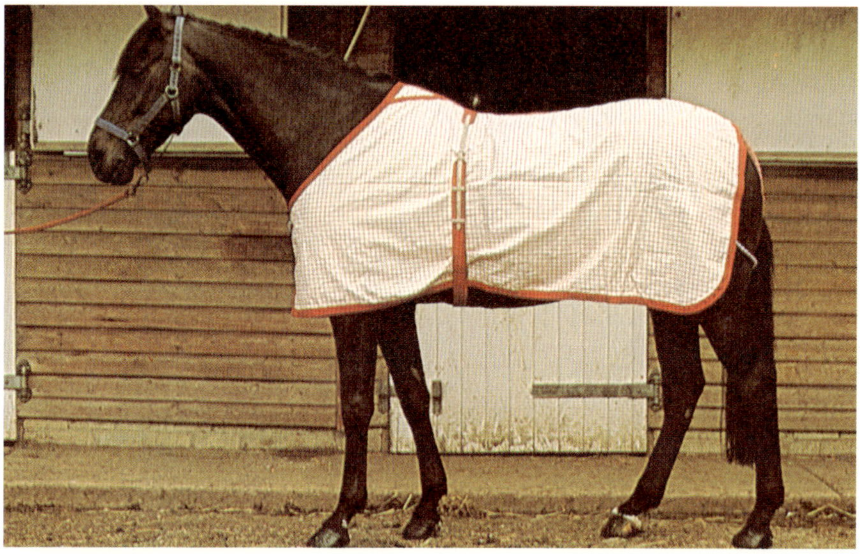

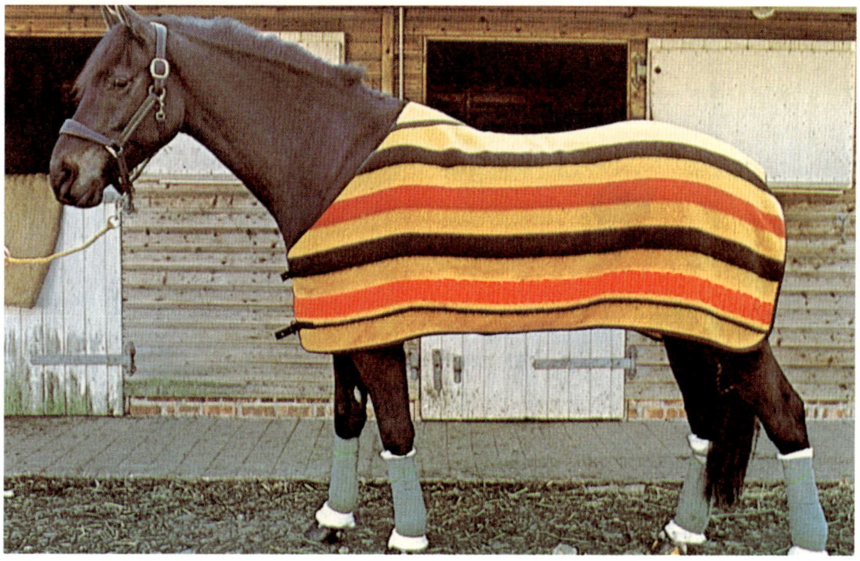

Oben: Baumwoll-Netzdecke.
Mitte: Sommerdecke aus Leinen-Baumwoll-Mischung mit leichtem Deckengurt.
Unten: Diese heute sehr verbreitete gestreifte Decke geht auf ein Modell zurück, das ursprünglich von der Hudson Bay Company im Handel mit den Indianern als Tauschware eingesetzt wurde.

Bandagen

Pferde können oder sollen aus mehreren Gründen Bandagen tragen. Bandagen schützen Beine und Schweif des Pferdes beim Transport; sie verhüten Verletzungen auf der Koppel und bei der Arbeit; sie stützen bei anstrengenden Aufgaben die Beinsehnen; sie wärmen das Pferd im Stall; und sie fixieren Verbände, wenn eine medizinische Behandlung notwendig geworden ist.

Für die Schweifbandage wird gewöhnlich ein Stück Krepp verwendet, das etwa 2,5 m lang und 7,5 cm breit sein sollte; es wird so um den Schweif gewickelt, daß die Haare flach anliegen. Ihr Zweck ist, zu verhindern, daß die Schweifhaare abbrechen, wenn sich das Pferd im Transporter oder in der Box an der Schweifrübe reibt. Bevor man die Bandage anlegt, muß der Schweif angefeuchtet werden, aber die Bandage selbst wird nicht angefeuchtet, weil sie sich beim Trocknen zusammenziehen und dadurch die Durchblutung der Schweifrübe behindern würde. Mit dem Anlegen der Bandage beginnt man am höchsten Punkt der Schweifrübe, wickelt rundum bis zu ihrem Ende und dann nochmals etwa 10 cm hoch, bevor man das Ende feststeckt.

Aus dem gleichen 7,5 cm breiten Kreppmaterial sind auch die Bandagen, die man zum Abstützen der Sehnen verwendet. Unter die Bandage kommt meist eine Lage aus Kunstlamm, Baumwollvlies, Watte, Filz oder ähnlichem Material. Man beginnt beim Bandagieren am oberen Ende des Kanonenbeins unter dem Knie und wickelt abwärts bis zum oberen Punkt des Fesselgelenks. Die Enden der Bandage werden außen am Kanonenbein fest verknotet. Knoten an der Innenseite des Beins gehen bei der Arbeit meist wieder auf, wenn das gegenüberliegende Bein gegen den Knoten schlägt.

Sinn und Zweck der Bandagen ist es, Stöße abzudämpfen und Verstauchungen zu vermeiden. Wenn man ein Pferd bandagiert, das an einem anstrengenden sportlichen Wettkampf teilnimmt, sollte man die Bandagen nach dem Anlegen zusammennähen, um sie zu fixieren, oder aber von oben bis unten mit wasserdichtem Klebeband umwickeln. Somit kann die Bandage nicht aufgehen oder verrutschen; das Klebeband schützt zusätzlich vor Nässe.

Um sie wirksam zu stützen, muß man die Beine immer paarweise bandagieren — entweder beide Vorderbeine oder beide Hinterbeine. Man kann natürlich auch alle vier Beine bandagieren. Bandagen können auch zur Fixierung von Verbänden oder als feuchte, kühle Umschläge anstelle eines elastischen Strumpfes bei Verstauchungen und Schwellungen verwendet werden. Für diesen Verwendungszweck wurde auch ein elastischer «Strumpf» entwikkelt. Es gibt zudem selbstklebende Bandagen, die den Einsatz von Klebeband überflüssig machen.

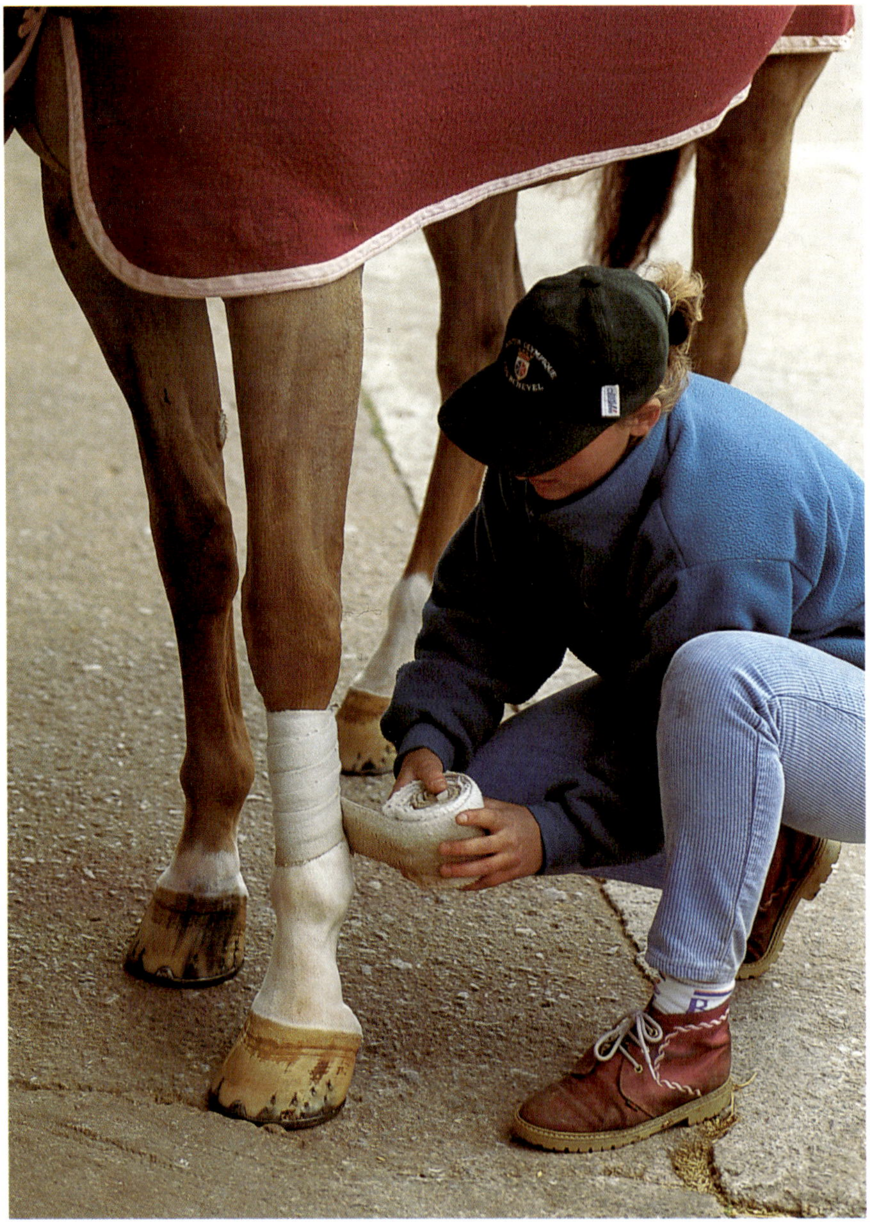

Dieses Springpferd wird zum Schutz und als Stütze an den Vorderbeinen bandagiert. Sicherheitshalber werden die Bandagen mit Klebeband umwickelt. Wasserfestes Klebeband verhindert das Feuchtwerden der Bandagen. Durchnäßte Bandagen ziehen sich zusammen und sind für das Pferd unbequem.

Wollene Stallbandagen, 12,5 cm breit und 2,5 m lang, halten ein aufgestalltes Pferd im Winter warm und schützen die Beine auf Reisen vor Verletzungen. Gerade im letzteren Fall sollte man besonders darauf achten, daß Bandage und Polsterung auch den Kronenrand gut abdecken, damit die Ballen geschützt sind. Es gibt auch Bandagen, bei denen man keine Polster mehr unterlegen muß; sie bestehen aus dicker, gesteppter Wolle mit Trikot-Enden.

Die Bandagen werden zwischen dem Vorderfußwurzelgelenk oder dem Sprunggelenk und dem Fesselgelenk angelegt. So bieten sie mehr Schutz und Wärme als Arbeitsbandagen. Man befestigt sie mit Klettbändern oder mit Klebestreifen. Klettbänder, die bei einigen Bandagenarten angenäht sind, lassen sich schnell und leicht anbringen, sind aber im Gebrauch nicht unproblematisch. Ein junges oder nervöses Pferd kann durch das Geräusch, das beim Öffnen der Klettverschlüsse entsteht, erschrecken. Also Vorsicht beim Öffnen! Klebebänder sollten an der Außenseite des Kanonenbeins geschlossen werden.

Das Einbinden des Schweifes

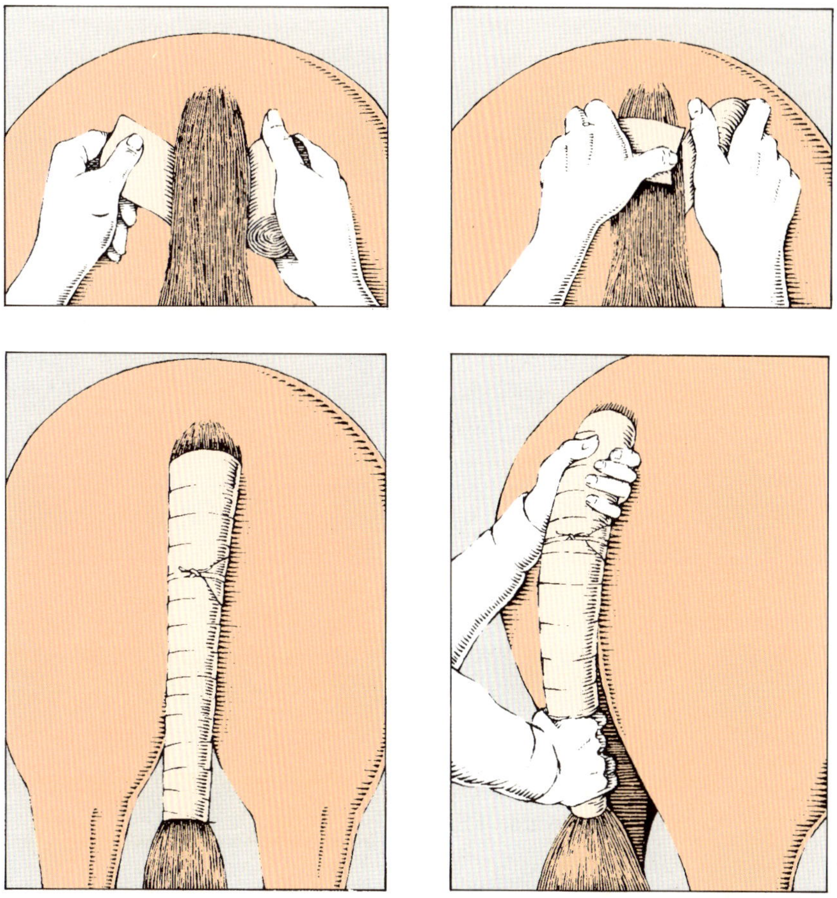

1 Die Schweifhaare werden mit einer Mähnenbürste angefeuchtet. Ein kurzes Stück der trockenen Bandage wird abgerollt und eng an der Schweifrübe unter den Schweif gelegt.

2 Man drückt die Bandage gegen den Schweif und macht eine Wicklung zur Befestigung des Bandes. Dann wird gleichmäßig abwärts gewickelt.

3 Ganz Kurz vor dem letzten Schweifwirbel wickelt man wieder aufwärts, solange die Bandage reicht, und sichert sie dann mit Klebeband.

4 Den Schweif in eine für das Pferd bequeme Lage biegen. Schweifbandagen dürfen nicht über Nacht angelegt bleiben. Man wickelt sie beidhändig nach unten auf.

Anlegen einer Stallbandage. Unter alle Bandagen kommt ein Polster aus Watte oder ähnlichem Material. Wollbandagen werden gleichmäßig vom Knie oder Sprunggelenk zum Kronenrand hin und wieder zurück angelegt. Danach bindet man sie an der Außenseite fest.

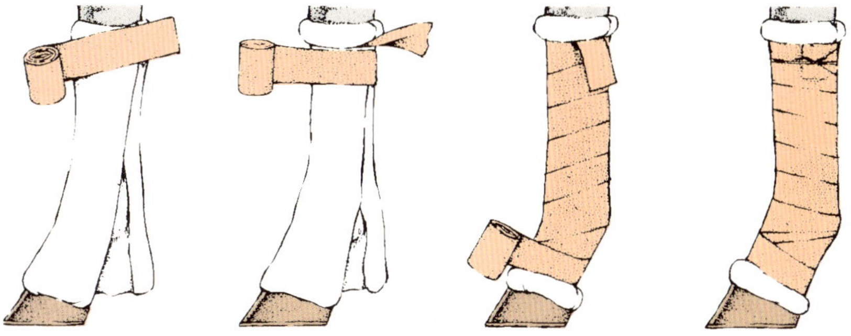

Hier wird eine Arbeitsbandage zur Abstützung der hinteren Sehnen und zum Schutz des Beines angebracht. Diese Bandagen werden fest gewickelt und mehrfach vernäht, damit sie nicht rutschen.

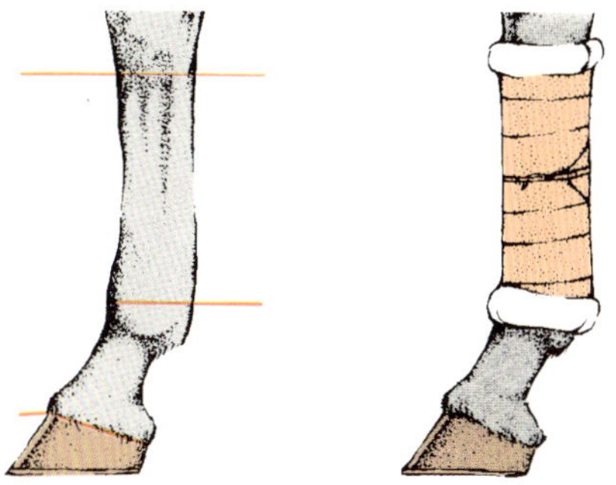

Sattelpflege

Die Pflegeausrüstung: 1 Wildlederlappen; 2 Wurzelbürste; 3 Sattelseife; 4 runder Schwamm zum Einseifen; 5 rechteckiger Schwamm; 6 Eimer mit warmem Wasser; 7 zwei Stofflappen, davon einer zum Polieren; 8 Metallpolitur; 9 zwei Stallhandtücher.
Das Sattel- und Zaumzeug sollte möglichst nach jedem Gebrauch gereinigt, zumindest kurz abgewischt und einmal die Woche gründlich gepflegt werden. Trockenes Leder wird spröde und rissig.

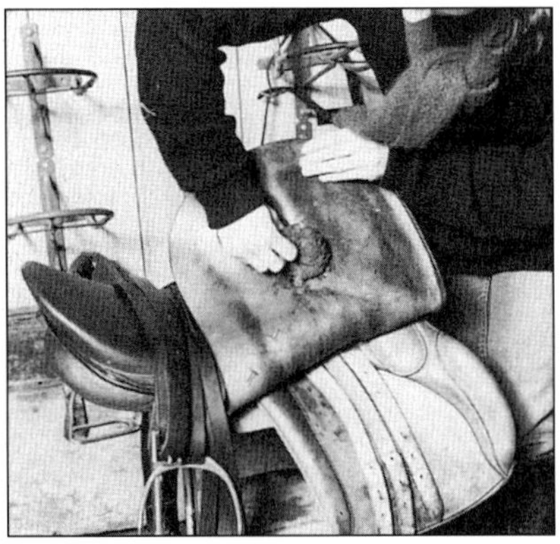

1 Die Fütterung des Sattels wird mit einem feuchten Schwamm abgewischt (nur bei ledergefütterten Sätteln).

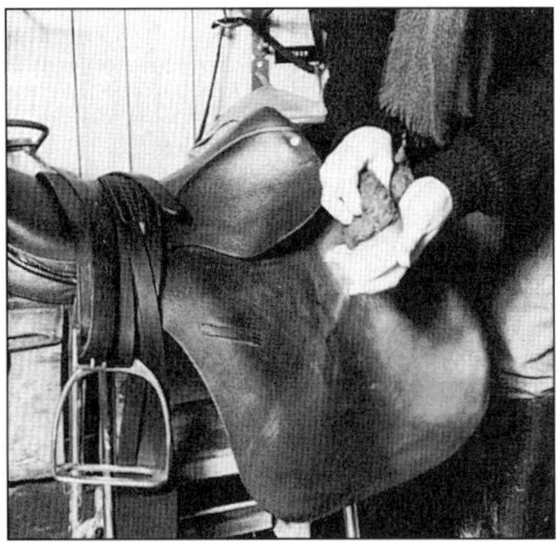

2 Der Sitz wird mit Sattelseife eingerieben. Das Leder darf nicht zu naß werden, damit kein Wasser in die Polsterung eindringt.

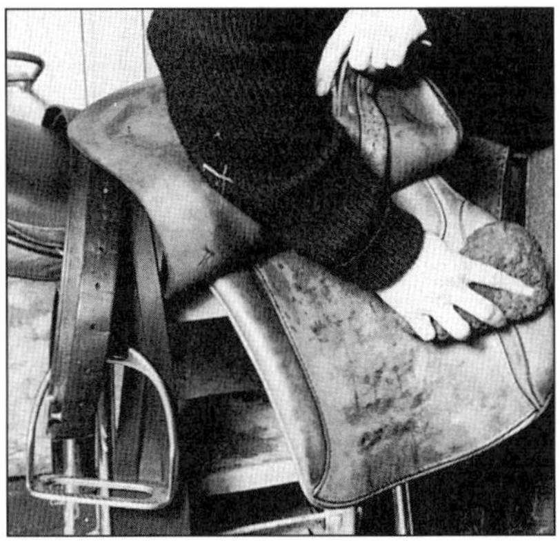

3 Reinigung unter dem Sattelblatt. Hier sammelt sich Schmutz und Schweiß, deshalb mit feuchtem Schwamm gründlich reinigen.

4 Sitz und Sattelblätter werden mit einem feuchten Schwamm abgerieben. Anschließend mit einem Wildlederlappen Seife und Feuchtigkeit aufnehmen.

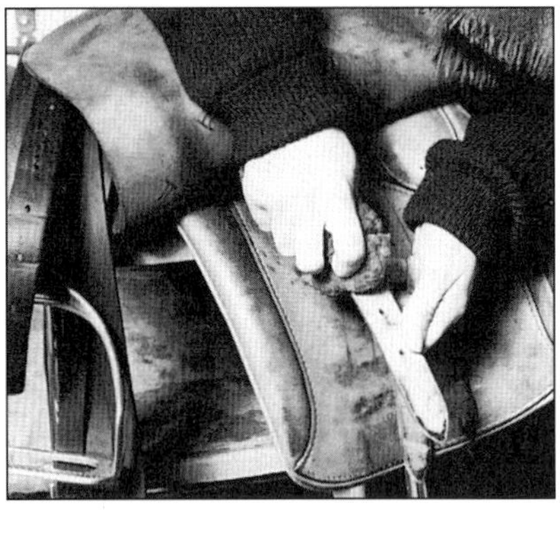

5 Das Waschen der Gurtstrupfen. Sie sollten gründlich nach Abnutzungserscheinungen untersucht werden, da sie für die Sicherheit des Reiters lebenswichtig sind.

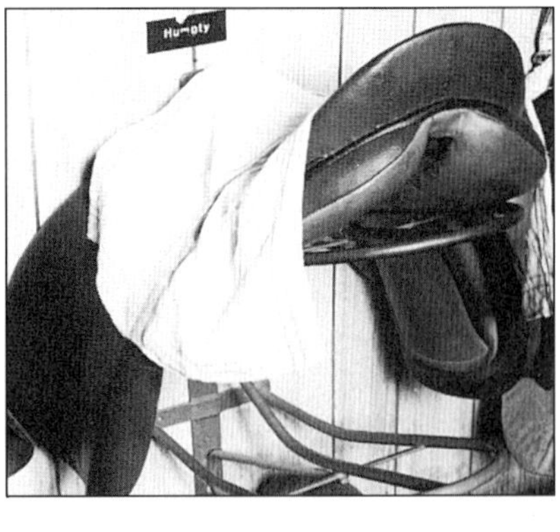

6 Abschließend wird der Sattel poliert, auf einen Sattelhalter oder Sattelbock gelegt und mit einem Stallhandtuch abgedeckt.

Pflege des Zaumzeugs

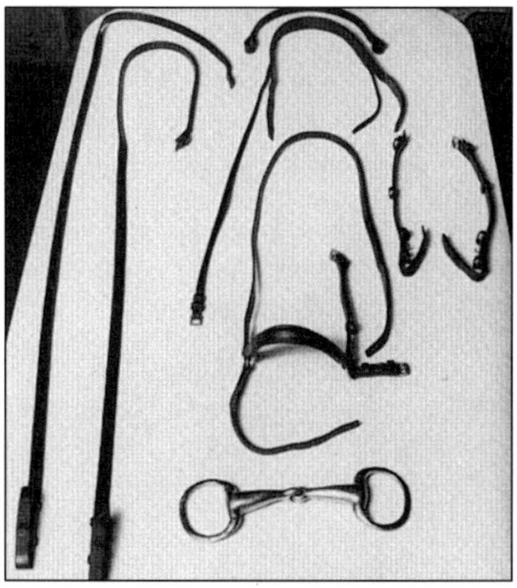

1 Einzelteile des Zaumzeugs: Zügel, Olivenkopftrense, Nasenriemen, Kopfstück, Stirnband, Backenstücke.

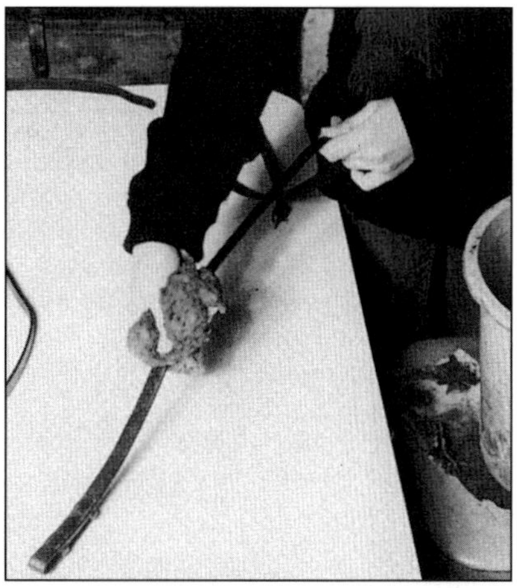

2 Die Zügel und alle Lederteile werden mit einem feuchten Tuch abgerieben und anschließend getrocknet.

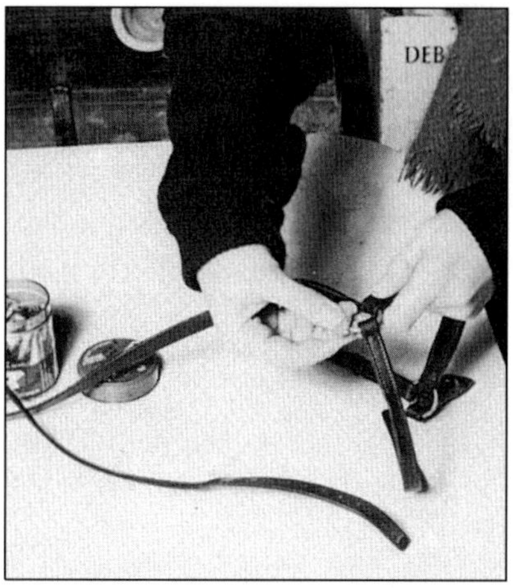

3 Metallringe und -schnallen am Zaumzeug behandelt man mit Metallpolitur.

4 Die Trense wird gründlich gewaschen, um alle Futter- und Speichelreste zu entfernen.

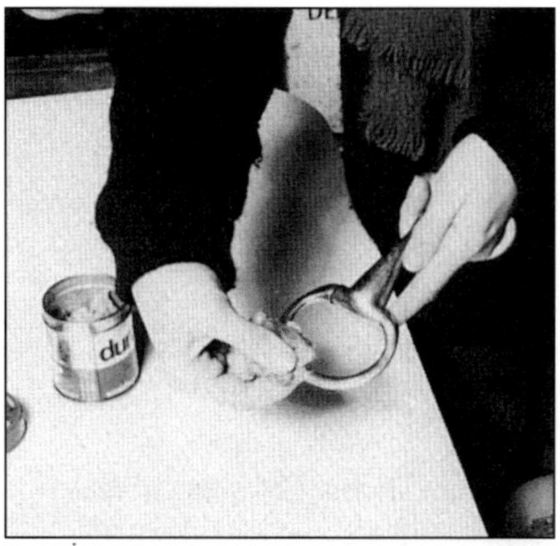

5 Die Gebißringe werden – mit Ausnahme des Mundstücks – mit Metallpolitur behandelt.

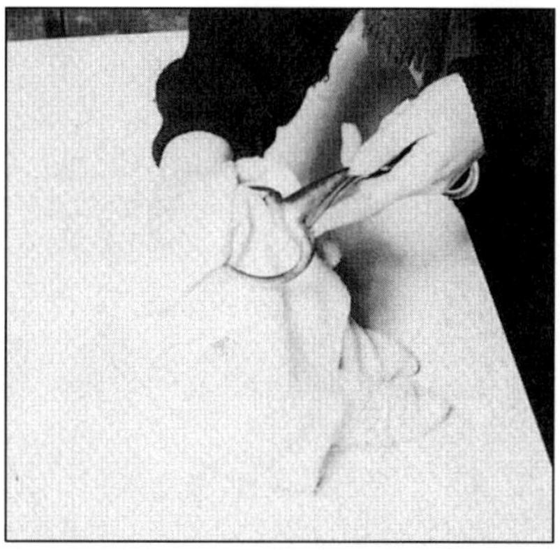

6 Die abschließende Politur. Danach wird das Zaumzeug wieder zusammengesetzt und gebrauchsfertig aufgehängt.

7 Reinigung des Sattelgurts. Gewebte Gurte werden ausgebürstet und abgerieben, Nylon- und Schnurengurte nur abgerieben.

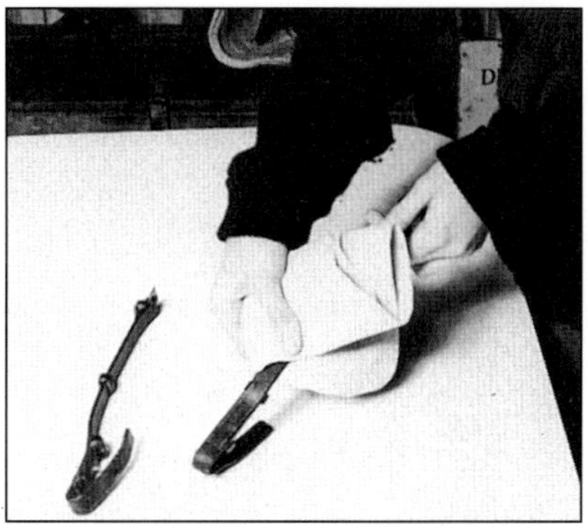

8 Reinigen der Steigbügelriemen wie beim Sattel. Auch hier sollte man auf Abnützungserscheinungen achten.

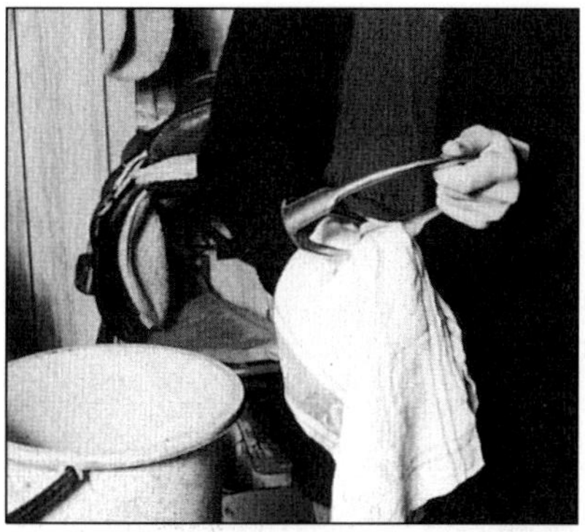

9 Reinigung der Steigbügel. Diese werden zuerst abgewaschen und dann mit Metallpolitur behandelt.

Bekleidung und Ausrüstung

Wer mit dem Reiten erst anfängt, muß nicht gleich eine vollständige Ausrüstung anschaffen. Spezielle Reitkleidung ist teuer, und man sollte vor einer solchen Ausgabe sicher sein, daß man den Reitsport länger betreiben will. Für die ersten Reitstunden reicht normale Freizeitkleidung.

Reithelm: Diesen sollte auch ein Anfänger von der ersten Reitstunde an aufsetzen und stets mit dem Kinnriemen sichern. Nach einem Sturz auf den Kopf muß der Reithelm von einem Sattler auf Schäden überprüft werden!

Jacke: Zum Reiten eignet sich jede gut sitzende, wetterfeste Jacke. Jacken, die an den Armen oder in den Schultern zu knapp sind, schränken die Bewegungsfreiheit ein. In den Reitstunden sollte man aber auch keine zu weiten oder bauschigen Jacken tragen, weil der Reitlehrer sonst die Haltung nicht richtig beurteilen kann.

Rollkragenpullover oder Hemd/Bluse: Je nach Wetter kann man eines dieser Kleidungsstücke wählen, die sich alle gut zum Reiten eignen.

Jeans: Sie sollten robust sein und gut sitzen. Wenn sie an den Beinen zu weit sind, werden sie an den Knien Falten bilden und beim Reiten stören. Auch Stretchhosen eignen sich gut, vorausgesetzt, sie haben am Fuß einen Steg, der verhindert, daß die Hosenbeine beim Reiten nach oben rutschen.

Schuhe: Am besten sind erfahrungsgemäß Schnürschuhe aus festem Leder. Schuhe, die man zum Reiten anzieht, dürfen keine Schnallen oder Verzierungen haben, die in den Steigbügeln hängenbleiben könnten. Sie müssen niedrige Absätze haben und eine durchgehende Sohle, die auch den Absatz mit einbezieht.

Sobald Sie sicher sind, daß Sie ernsthaft beim Reiten bleiben wollen, lohnt es sich, wenigstens einige Teile der richtigen Ausrüstung anzuschaffen; Sie sehen dann nicht nur «professioneller» aus, sondern werden sich auch auf dem Pferderücken wohler fühlen.

Kleidung beim Dressurreiten

Bei Anfängerwettbewerben trägt man eine Reitjacke aus dunklem Stoff, ein weißes Hemd, helle Reithosen, Plastron oder Krawatte, hohe Stiefel und einen Reithelm.
Bei Wettbewerben der Mittelklasse ist die gleiche Bekleidung vorgeschrieben, anstelle der Krawatte ist hier das Plastron üblich.

Fortgeschrittene tragen bei Turnieren einen schwarzen Reitfrack und einen Zylinder oder aber eine schwarze Reitjacke und einen Bowler. Zylinder und Bowler werden gerade aufgesetzt, so daß sie über den Augenbrauen sitzen.

Reitjacke: Sie ist so geschnitten, daß der Reiter Arme und Schultern frei bewegen kann, fällt am Rücken schön gerade und reicht hinten genau über den Sattelkranz.

Hemd oder Bluse und Krawatte: Jedes Hemd und jede Krawatte eignen sich; sie sollten aber nicht zu auffällig gemustert sein. Auch Rollkragenpullover unter der Jacke sind korrekt.

Jodhpur-Hosen: Sie sind speziell fürs Reiten geschnitten, liegen am Bein eng an und verhindern, daß die Steigbügelriemen an den Beinen zwicken.

Jodhpur-Stiefeletten: Sie sind knöchelhoch und haben elastische Einsätze an den Seiten oder werden mit einer Lasche geschlossen. Solche Stiefeletten werden zu Jodhpur-Hosen oder Jeans getragen, aber nicht zu Reithosen.

Handschuhe: Die Experten sind sich uneins darüber, ob Reiter Handschuhe tragen sollten oder nicht. Bei Kälte sind sie sicher angenehm. Nehmen Sie rutschfeste Handschuhe aus Stoff oder Leder. Es ist hoffnungslos, mit Wollhandschuhen reiten zu wollen, besonders wenn die Zügel vom Regen oder Schweiß feucht sind. Reithandschuhe müssen immer gut passen und dürfen nicht zu dick sein, damit sie das Gefühl für den Zügel nicht stören.

Bei Jagden und bei Reiterwettbewerben sollte die passende formelle Kleidung getragen werden. Die unterschiedlichen Disziplinen haben ihre eigenen Kleidervorschriften.

Bekleidung des Springreiters

1 Für die verschiedenen Leistungsniveaus gelten unterschiedliche Bekleidungsvorschriften.

2 Bei nationalen und internationalen Wettbewerben tragen Männer rote Jacken. Nur die Iren haben immer grüne Jacken.

3 Frauen tragen bei nationalen und internationalen Wettbewerben schwarze Jacken und Blusen mit hohem Kragen oder Krawatte.

Bowler: Dieser oder eine «Melone» wirkt etwas formeller als ein Zylinder, wird aber bei den gleichen Anlässen von Männern wie von Frauen getragen.
Schwarze Reitjacke: Ähnlicher Schnitt wie die Reitjacke aus Tweed, ist aber formeller — und schicker.
Plastron: Eine besondere Art von Krawatte, fast immer aus weißem Stoff, die zu einem kragenlosen Hemd getragen wird. Es wird auf besondere Weise gebunden und mit einer einfachen Goldnadel festgesteckt.
Handschuhe: Zu formellen Anlässen trägt man saubere weiße Stoffhandschuhe.
Reithosen: Ebenso wie Jodhpur-Hosen sind auch Reithosen speziell für das Reiten geschnitten. Sie werden immer mit hohen Stiefeln getragen und reichen daher nicht unbedingt bis zu den Knöcheln.
Reitstiefel: Sie reichen bis zum Knie. Früher waren sie immer aus Leder, mittlerweile gibt es zahlreiche Modelle aus Gummi und Kunststoff. Man kann die «Gummistiefel» zu beinahe allen Anlässen tragen, außerdem sind sie beträchtlich billiger als Lederstiefel.

Binden des Plastrons

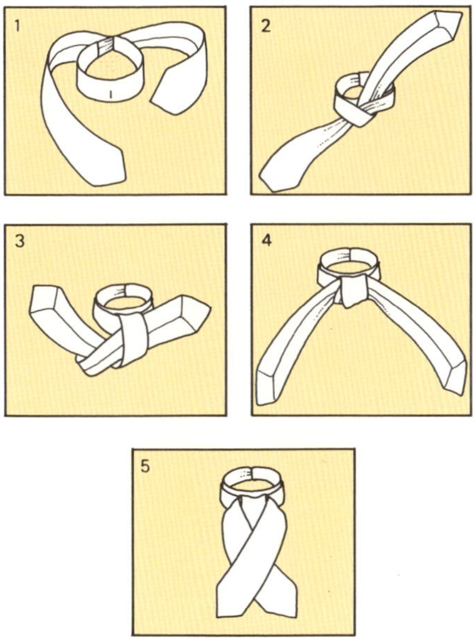

Das Plastron ist eine besondere Art von Krawatte. Es ist meist aus weißem Stoff und wird bei formellen Gelegenheiten mit einem kragenlosen Hemd getragen. Es erfordert beim Binden eine besondere Technik, die zuerst kompliziert erscheint, aber leicht zu lernen ist.

Gerten und Sporen: Ein korrekt gekleideter Reiter hat fast immer eine Gerte oder einen Reitstock bei sich. Er kann auch Sporen tragen. Gerten sind steif, nicht zu lang und sollten nicht aussehen wie Peitschen. Sporen sollten immer stumpf und am besten aus rostfreiem Edelstahl sein.

Eine Militaryweste, unter der Kleidung getragen, beugt Verletzungen bei Stürzen vor.

57

3. KAPITEL

REITLEHRE

Grundlektionen

Der Reitunterricht für den Anfänger sollte so geplant sein, daß die Stunden möglichst regelmäßig stattfinden. Wenn Sie nur einmal die Woche Zeit haben, sollten Sie zunächst einen Kurs von sechs halben Unterrichtsstunden belegen. Das reicht normalerweise, um Ihnen erst einmal ein Gefühl für den Bewegungsablauf zu vermitteln. Danach können Sie dann Lektionen von je einer Stunde Dauer nehmen.

Je häufiger die Stunden stattfinden, desto schneller machen Sie Fortschritte. Besser jede Woche eine halbe Stunde Unterricht als alle vierzehn Tage eine ganze Stunde. Am Anfang ist eine ganze Stunde im Sattel ziemlich anstrengend. Wenn Sie sich im Unterricht redlich bemüht haben, werden Ihnen in den ersten Wochen alle Muskeln wehtun. Ihre Beine werden sich schon vor Ende der ersten halben Stunde anfühlen, als ob sie gleich abfallen. Zum Erlernen der Technik muß man erst die richtigen Muskeln aufbauen; vorher kann man noch keinerlei reiterliche Fähigkeiten entwickeln.

Aufsteigen

Bei Ihrem ersten Reitschulbesuch werden Sie gewiß am meisten Angst vor dem Besteigen des Pferdes haben. Sie sollten sich wirklich keine Sorgen machen: Solange Sie dabei bedacht vorgehen, wird es keine Probleme geben.

Als erstes ergreift man die Zügel. Auch wenn am Anfang noch immer ein Helfer bereitsteht, der das Pferd am Kopf festhält, sollten Sie sich gleich angewöhnen, die Zügel fest genug zu halten, damit das Pferd beim Aufsteigen nicht vorwärts geht. Die Zügel werden mit der linken Hand aufgenommen — anfangs vielleicht vorsichtshalber zusammen mit einem Büschel Mähne —, und der Reiter stellt sich neben die Schulter des Pferdes auf, mit dem Gesicht zum Schweif. Die rechte Hand hält den Steigbügelriemen fest und dreht ihn zum Körper hin. Nun tritt man mit dem linken Fuß in den Steigbügel und hüpft mit dem rechten Bein einen kleinen Schritt auf das Pferd zu, und zwar so, daß man sich mit dem Gesicht zum Pferd dreht. Man legt die rechte Hand über den Sattelsitz, springt mit dem rechten Fuß ab und setzt sich sanft in den Sattel. Wichtig ist, daß man sich nicht in den Sattel plumpsen läßt und das Reittier beim Aufsteigen nicht gegen die Kruppe tritt. Nun schlüpfen Sie mit dem rechten Fuß in den Steigbügel.

Die Steigbügelriemen müssen immer flach an den Beinen anliegen, andernfalls werden sich die Kanten der Riemen schmerzhaft in Ihre Beine graben. Die Riemen lassen sich auf die richtige Beinlänge einstellen. Es gibt keine verbindlichen Regeln darüber, welche Bügellänge richtig ist. Mit wachsendem Vertrauen zum Pferd wird man tiefer im Sattel sitzen und eine andere Bügellänge als passend empfinden. Als Faustregel für den Anfang gilt: Man läßt die Beine gerade herunterhängen und stellt die Steigbügelriemen so ein, daß die Bügel auf Knöchelhöhe sind. Wichtig ist, daß beide Bügel auf gleicher Höhe sind; mit ungleich langen Beinen kann man nicht gerade und im Gleichgewicht im Sattel sitzen.

Die Beinhaltung

Unterschenkel und Knöchel sollten während des Reitens immer am Pferdeleib anliegen. Den Kontakt zum Pferd hält man mit der Innenseite des Beins, nicht mit der Ferse.
Der innere Unterschenkel wird in der Gurtlage angelegt, um das Pferd vorwärts zu treiben oder um als Drehpunkt zu dienen, um den herum das Pferd Wendungen und Zirkel geht.
Der äußere Unterschenkel wird hinter dem Gurt angelegt, damit die Hinterhand nicht ausbrechen kann.

Die Trittfläche des Steigbügels ist unter dem Fußballen; die Ferse ist niedriger als die Fußspitze. Diese Fußhaltung fällt dem Anfänger besonders schwer, doch sie erleichtert es, die Schenkel am Pferdeleib anliegen zu lassen.

Der Sitz im Sattel

Zum einen ist der korrekte Sitz im Sattel von grundlegender Bedeutung; denn nur wer immer in richtiger Haltung im Sattel sitzt, kann ein guter Reiter werden. Zum anderen dauert es immer einige Zeit, bis der Anfänger, der den korrekten Sitz erlernt hat, sich in dieser Position wohl fühlt.

Wenn man gerade im Sattel sitzt und den Kopf dabei hochhält, mag man sich vielleicht schon fühlen, als habe man einen Spazierstock verschluckt oder als würden einem Kopf und Schultern nach hinten gezogen. Wenn man sich aber dabei selbst beobachten könnte, würde man sehen, daß es nur halb so schlimm ist. Wichtig ist es auf jeden Fall, den Kopf hochzuhalten. Der Kopf ist der schwerste einzelne Teil des Körpers; deshalb beeinflußt die Position des Kopfes entscheidend die Haltung des übrigen Körpers. Wenn man nach unten sieht, verlagert sich das Körpergewicht automatisch nach vorne. Das Pferd stützt bereits zwei Drittel seines eigenen Gewichts mit seiner Vorhand ab. Kann man seinen Vorderbeinen da zumuten, sich noch mit dem Gewicht des Reiters abzuplagen?

Das Körpergewicht des Reiters sollte auf seinen Sitzknochen ruhen und gleichmäßig auf beide Seiten des Sattels verteilt sein; so können sich Reiter und Pferd frei und im Gleichgewicht bewegen. Im Sattel hält man sich durch die Balance, nicht durch den festen Griff. Preßt man Knie und Schenkel zusammen, um sich «festzuhalten», so stört man die Bewegungsfreiheit des Pferdes und schiebt seinen Sitz im Sattel nach vorne. Knie und Hüften soll man immer entspannen, auch wenn man sich am Anfang bewußt darum bemühen muß.

Die Reiterbeine sollten gerade unter dem Körper hängen, so daß Schulter, Hüfte und Ferse eine gerade Linie bilden. Diese Haltung erreicht man nicht dadurch, daß man das Knie stärker beugt, so daß der Unterschenkel nach hinten weggedrückt wird, sondern indem man den Unterschenkel direkt unter den Körper bringt. Die Ferse sollte man sich als den schwersten Punkt des Beines denken. Dabei macht man oft den Fehler, die Fußspitzen nach außen zu strecken, was zur Folge hat, daß man mit den Fersen am Pferdeleib «klebt». Anstatt die Fersen nach unten zu pressen, sollte man sich darauf konzentrieren, die Fußspitzen so anzuheben, daß sie geradeaus nach vorne zeigen.

Häufige Fehler

1 Wenn die Zügelhaltung ungleichmäßig ist, liegt das Gebiß nicht richtig im Maul und leitet die Spannung, die durch die Zügelhilfen entsteht, nicht korrekt weiter.

2 Auf einen steifen Arm und eine unnachgiebige Hand reagiert das Pferd, indem es seinen Kopf wegstreckt, auf dem Gebiß kaut, seine Ohren anlegt und lustlos vorwärtsgeht. Das Problem entsteht durch die Steifheit des Reiters. Er sollte sich also bemühen, einen sicheren, unabhängigen Sitz zu entwickeln.

3 Strecken Sie beim Reiten den Unterschenkel nicht vom Pferd weg. Wenn Sie die Schenkelhilfen aus dieser Grundstellung heraus geben, wird sich Ihr Pferd erschrecken.

Die ersten Stunden

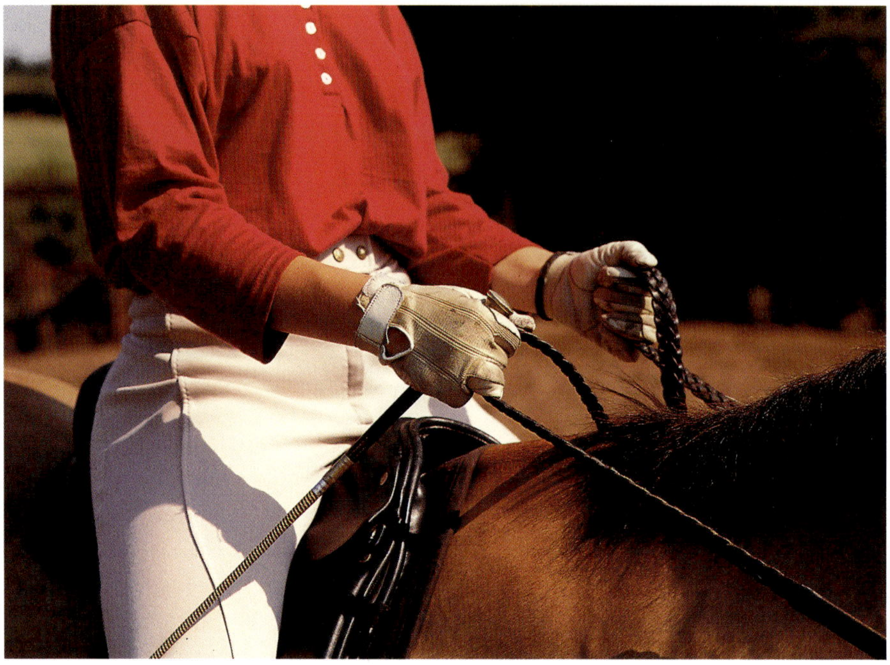

Das Pferdemaul ist sehr empfindlich, und Ihre Hände müssen einfühlsam sein, damit das Pferd nicht «hart im Maul» oder verletzt wird. Halten Sie die Zügel so in der Hand, daß Sie die Finger darüber legen und fast zur Faust schließen. Sie haben nun die Zügel fest im Griff, ohne die Arme anstrengen zu müssen. Die Arme bleiben locker und entspannt. Die Bewegungen des Pferdes werden dadurch kontrolliert, daß die Hände über Zügel und Trense Druck auf das Maul ausüben. Die Stärke des Drucks hängt auch von der Empfindlichkeit des Pferdes ab.

Bevor die Handhabung der Zügel erklärt wird, wird der Reitlehrer vermutlich einen Helfer bitten, das Pferd zu führen, so daß Sie sich an die Schrittbewegung gewöhnen können. Dazu sollte man sich in der Sattelkammer einhalten und die Schenkel am Pferd anliegen lassen; dadurch weiß das Pferd, daß es vorwärts gehen soll.

Wenn ein Pferd im Schritt geht, hebt es alle vier Hufe einzeln an und setzt sie auch einzeln wieder auf, so daß man vier einzelne Hufschläge hören kann. Diese Art der Fortbewegung ergibt eine leicht schwingende oder schaukelnde Bewegung. Da das Ziel des Reitens ist, in der Bewegung des Pferdes mitzugehen, sollte man den Körper leicht mitschwingen lassen. Das ist jedoch keine bewußte Bewegung. Sobald man anfängt, darüber nachzudenken, schwingt man schon zu stark im Sattel hin und her. Deshalb sollte man sich lieber auf einen korrekten Sitz konzentrieren: Die Gesäßknochen tragen das Körpergewicht, der Rücken ist gerade und der Kopf erhoben, so daß man zwischen den Pferdeohren hindurchblickt. Die Beine hängen locker unter dem Körper.

In den ersten Stunden wird das Pferd meist von einem Helfer geführt oder aber vom Reitlehrer longiert. Im letzteren Fall steht er — oder sie — an einem Punkt der Reitbahn, der den Mittelpunkt eines Kreises bildet. Auf diesem Kreis läuft das Pferd, an einer langen Leine, die in das Gebiß eingehängt wird, um ihn herum. Auf jeden Fall hat der Anfänger so die Möglichkeit, sich ganz auf seinen Sitz zu konzentrieren, ohne sich über die Zügelführung Gedanken machen zu müssen.

Zügelführung

Der Reiter hält in jeder Hand einen Zügel so, daß er zwischen kleinem und Ringfinger aufgenommen und zwischen Handinnenfläche sowie Ring-, Mittel- und Zeigefinger gehalten wird. Auf der «Zügelfaust» drückt der Daumen den Zügel gegen den Zeigefinger.

Die Reiterin treibt das Pferd mit dem inneren Schenkel zum fleißigen Vorwärtsgehen an und hält beständig Kontakt zum Pferdemaul. Wissend, daß es nicht im Maul gerissen wird, gibt es sich vertrauensvoll der annehmenden Hand der Reiterin hin.

Die Reiterin läßt die Zügel lang, damit sich das Pferd beim Schrittgehen strecken kann; eine gute Belohnung für das Pferd, das sich so nach anstrengender Arbeit in Schritt und Trab entspannt.

Man hält die «Zügelhände» etwa 10 cm über Widerristhöhe vor sich; die Ellenbogen sind angewinkelt, aber lokker und unverkrampft. Gebiß, Zügel, Hand und Ellenbogen sollten eine gerade Linie bilden. In dieser Haltung sind die Hände ziemlich weit vorne, der Abstand zwischen beiden Händen ist etwa so breit wie das Gebiß. Es hilft vielleicht, wenn man sich vorstellt, man würde ein Buch lesen und mit den Daumen die Seiten festhalten.

Man sollte immer daran denken, daß die Zügel dazu da sind, das Pferd zu lenken, und nicht, um sich daran festzuhalten. Darum muß man mit ihnen umgehen, als wären sie ganz feine Fäden; wenn man zu stark an ihnen zieht, zerreißen sie.

Sobald das Pferd vorwärts tritt — wir erinnern uns, daß es dazu vom Reiter aufgefordert wird, indem er die Schenkel an seinen Leib anlegt —, muß man aufpassen, daß die Hände bei seinen Kopfbewegungen mitgehen. Bleiben die Hände des Reiters starr, so verhindern sie die Kopfbewegung des Pferdes. Dadurch wird es dem Pferd schwerfallen, sein Gleichgewicht zu halten. Es muß den Kopf frei bewegen können. Im Schritt macht das Pferd sehr starke Kopfbewegungen, und die Zügelhände müssen dabei ständig mitgehen. Man sollte nicht versuchen, die eigene Bewegung bewußt zu steuern.

Will man, daß das Pferd langsamer wird oder stehenbleibt, sollte man ihm diese Absicht mitteilen. Zuerst einmal muß man seine Vorwärtsbewegung einschränken. Dies erreicht man, indem man das Pferd mit den anliegenden Schenkeln vorwärts treibt und dann die Zügel sanft annimmt, so daß das Pferd auf Widerstand stößt. Mit anderen Worten, das Pferd wird mit den Schenkeln in die gegenhaltenden Hände hineingetrieben. Man darf nie an den Zügeln zerren und sich dabei nach hinten lehnen; statt dessen spannt man die unteren Rückenmuskeln an, so daß man nicht mehr den Bewegungen des Pferdes folgt. Gleichzeitig nimmt man die Zügel an, daß auch die Hände nicht mehr mitgehen. Das Annehmen sollte so sanft erfolgen, als ob man einen Schwamm ausdrückt.

Häufige Fehler

1 Die Reiterin hat die Zügel losgelassen und dadurch den Kontakt zum Pferdemaul verloren. Sie sitzt schlaff im Sattel und treibt das Pferd nicht mit den Schenkeln vorwärts. Das Pferd trottet mit hängendem Kopf vor sich hin, statt gleichmäßigvorwärts zu gehen.

2 Die Arme der Reiterin sind steif durchgedrückt, ihre Hände sind zu niedrig und gehen nicht in der Bewegung mit. Das Pferd kämpft dagegen an, indem es seinen Kopf hochhebt und zur Seite reckt.

3 Die Reiterin ist zu weit nach vorne gerutscht, so daß ihr Gewicht falsch gelagert ist, und sie hält die Zügel zu kurz. Das Pferd wird dadurch unruhig und fällt in einen unregelmäßigen Trab.

Der Schritt

1
2
3
4

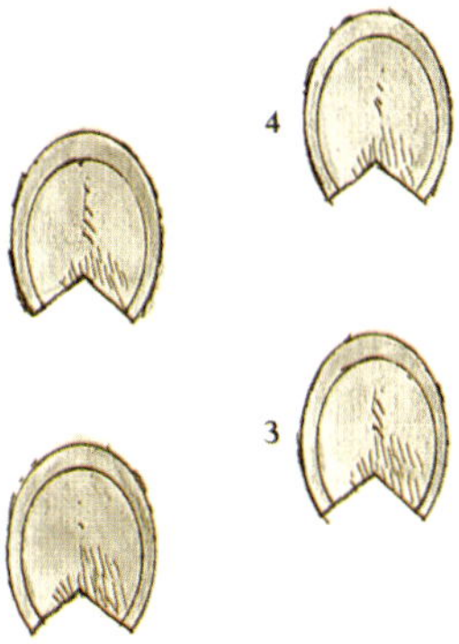

Die Fußfolge beim Schritt: (1) linkes Hinterbein; (2) linkes Vorderbein; (3) rechtes Hinterbein; (4) rechtes Vorderbein: Vierertakt.

Vom Schritt zum Trab

Wenn der Schüler in der ersten Reitstunde im Schritt sicher genug im Sattel gesessen ist, wird der Reitlehrer vorschlagen, es doch einmal mit dem Trab zu versuchen. Trab ist eine Gangart, die völlig verschieden vom Schritt ist. Es ist ein Zweiertakt, bei dem das Pferd seine diagonal entgegengesetzten Beine gleichzeitig bewegt und von einem Diagonalpaar auf das andere springt. Der Reiter empfindet diese Bewegung des Pferdes als «Werfen» — er wird buchstäblich im Sattel hochgeworfen.

Im weiteren Verlauf der Ausbildung lernt man, das Pferd im Trab zu reiten, indem man entweder die Trabbewegung aussitzt oder aber im Rhythmus des Trabes im Sattel aufsteht und sich gleich wieder niedersetzt. Beim allerersten Mal sollte man sich mit beiden Händen fest in der Sattelkammer einhalten. Man legt die Schenkel eng an das Pferd, um ihm klarzumachen, daß man jetzt traben möchte, und versucht dann, das eigene Gleichgewicht zu halten. Will man das Pferd wieder Schritt gehen lassen, sollte man sich im Sattel möglichst «groß» machen — das hilft, bei der Verlangsamung das Gleichgewicht zu halten —, schließt die Schenkel fester und spannt die Kreuzmuskeln an.

Das Leichttraben

Inzwischen sollte man sicher genug im Sattel sitzen, um beim Trab aufstehen zu können. Wie man weiß, ist der Trab eine sehr «holprige» Gangart, so daß man sich vorsichtshalber am Halsriemen des Martingals festhält, um das Pferd nicht im Maul zu stören.

Zuerst übt man am besten am stehenden Pferd (das solange von einem Helfer gehalten wird). Man steht dazu sanft aus dem Sattel auf und setzt sich ebenso sanft wieder hinein. Dabei sollte man sich nicht in den Steigbügeln aufstellen, sondern sich mit den Knien am Sattel abstützen. Wenn man sich die Bewegung als ein ständiges Vor-

Ein guter Trab

Die Reiterin treibt das Pferd mit den Schenkeln, und das Pferd reagiert mit einer schönen Vorwärtsbewegung. Es setzt seine Hinterbeine ein Stück weit unter dem Körper auf, weil seine Hinterhand dank der treibenden Hilfen aktiv mitarbeitet.

Häufige Fehler

Die Reiterin bleibt hinter der Bewegung des Pferdes. Ihre Haltung ist nicht aufrecht, ihre Arme sind steif, und sie versucht, sich an den Zügeln festzuhalten, um ihr Gleichgewicht wiederzuerlangen. Als Reaktion darauf reckt das Pferd Kopf und Hals hoch und zeigt, daß ihm die Haltung des Reiters unangenehm ist.

Die Reiterin hat die Zügel zu lang werden lassen und sitzt zu weit vorne. Der treibende Druck, den sie mit ihren Schenkeln erzeugt, geht verloren, weil sie keinen Kontakt zum Pferdemaul hat und daher die Bewegungen des Pferdes nicht kontrollieren kann. So fällt das Gewicht des Pferdes auf die Vorhand.

Der Trab

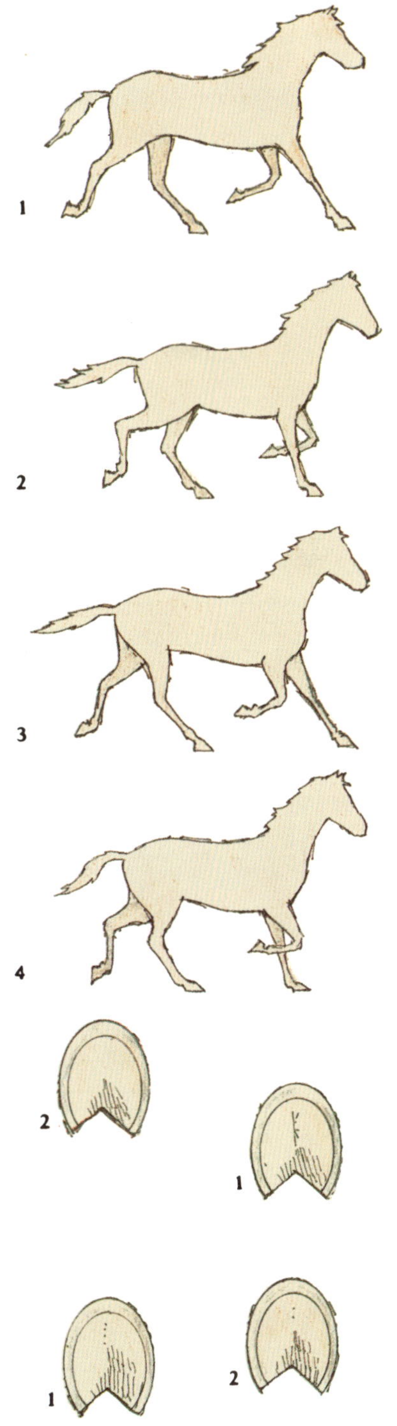

Die Fußfolge beim Trab: (1) und (2) rechtes Vorderbein und linkes Hinterbein zusammen; (3) und (4) linkes Vorderbein und rechtes Hinterbein zusammen: Zweiertakt.

wärts-Rückwärts der Hüften vorstellt, vermeidet man, zu hoch aufzustehen. Beim Aufstehen und Niedersetzen kann man leise «eins, zwei» zählen; das erhöht die Gleichmäßigkeit der Bewegung.

Das hört sich leichter an, als es zunächst ist, aber auch hier macht Übung den Meister. Wenn man feststellt, daß man einige Trabschritte lang immer zur rechten Zeit aufsteht und sich wieder hinsetzt, zeigt es, daß man bereits Fortschritte gemacht hat. In diesem frühen Stadium der Ausbildung sollte man immer nur kurze Strecken im Trab reiten — eine lange Seite der Bahn etwa. Bis man sich daran gewöhnt hat, ist Trab eine sehr anstrengende Gangart, die zudem desto schwerer fällt, je müder man ist.

Absteigen

Am Ende der Reitstunde heißt es absteigen. Dazu nimmt man beide Füße aus den Steigbügeln und hält die Zügel in der linken Hand. Dann stützt man sich mit der rechten Hand vorne auf dem Sattel oder seitlich am Pferdehals ab und schwingt das rechte Bein hinten über den Sattel. Nun läßt man sich langsam hinabgleiten und beugt etwas die Knie, um den Stoß bei der «Landung» abzufedern. Vorsicht! Am Anfang genügt bereits eine halbe Stunde im Sattel, um einem das Gefühl zu geben, daß die Muskeln ein geheimnisvolles Eigenleben führen. Viele Anfänger verlassen die Reitbahn mit schwankendem Gang oder setzen sich erst einmal unfreiwillig auf den Boden.

Nach dem Absteigen (und vor dem Sich-Hinsetzen) bedankt man sich bei dem Pferd, indem man es abklopft. Dann steckt man einen Arm durch die Zügel, damit daß Pferd nicht alleine spazierengeht, und zieht die Steigbügel so hoch, daß sie oben in Höhe der Sturzfedern am Sattel anliegen. Dies soll verhindern, daß sie beim Gehen gegen den Pferdeleib schlagen. Beim Führen zieht man die Zügel über den Pferdekopf und hält sie zusammen.

Absteigen

Beugen Sie sich leicht nach vorne und nehmen Sie beide Füße aus den Steigbügeln.

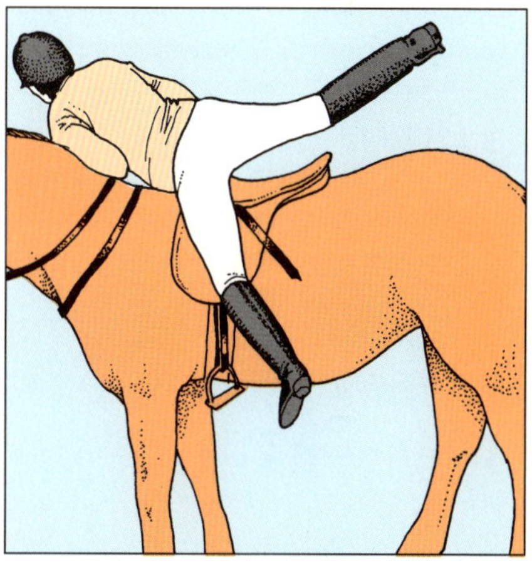

Lehnen Sie sich mit der linken Schulter nach vorne und schwingen Sie das rechte Bein rückwärts nach oben.

Stützen Sie sich am Sattel ab und beugen Sie Ihre Knie, um Stauchungen zu vermeiden.

Das Aussitzen

Sobald ein Reitschüler das Leichttraben beherrscht, kann er sich daranmachen, das Aussitzen zu erlernen. Dabei bleibt man während des Trabens im Sattel sitzen. Das ist schwieriger, als es sich anhört, besonders wenn das Pferd einen sehr harten Trab hat. Daher versucht man zunächst, nur ein paar Trabtritte auszusitzen, und reitet dann wieder im leichten Trab. Wenn man sich sicherer fühlt, steigert man die Dauer des Aussitzens. Beim Aussitzen sitzt der Reiter entspannt und tief im Sattel, der Rücken ist noch gerader als beim Leichttraben. Beim Versuch, sich zu entspannen, läßt man sich gerne im Sattel etwas gehen, dabei wird man aber stärker im Sattel «geworfen».

Aussitzen strengt Reiter und Pferd gleichermaßen an, besonders am Anfang, und sollte deshalb zunächst nur immer auf kurzen Strecken geübt werden. So können Sie zum Beispiel an den langen Seiten der Halle leichttraben und die kurzen Seiten aussitzen. Bei beiden Arten die gleichmäßige Zügelführung nicht vergessen!

Gymnastische Übungen

Wie schon erwähnt, ist der sichere Sitz im Sattel eine Frage des Gleichgewichts. Dies ist sehr wichtig; denn wenn man sich mit Schenkeln und Knien festhält, wird das Pferd automatisch seine Rücken- und Schultermuskeln anspannen, was wiederum seine Bewegungen einengt. Dadurch wird der Reiter aus dem Sattel nach oben geworfen, und seine Gesäßknochen verlieren den Kontakt mit dem Pferd. Um Ihr Gleichgewicht im Sattel zu trainieren, lassen Sie am besten beide Arme seitlich herabhängen. Stellen Sie sich vor, Sie trügen eine schwere Einkaufstasche in jeder Hand und versuchen, sie im Gleichgewicht zu halten, ohne dabei jedoch die Schultern rund zu machen.

Damit Sie ausbalanciert im Sattel sitzen können, muß Ihr ganzer Körper ganz locker und entspannt sein. Die Schwierigkeit besteht darin, Rücken und Schultern gleichzeitig gerade aufzurichten und zu entspannen; gleiches gilt für Kreuz und Becken, für Knie, Hüftgelenke und Ellbogen. Man muß lernen, seine Bewegungen zu koordinieren — das heißt die Bewegungen der einzelnen Körperteile müssen aufeinander abgestimmt sein —, man sollte aber auch jedes Teil unabhängig vom Rest des Körpers bewegen können. Aller Anfang ist schwer: Wenn man die Beine bewegt, zucken die Hände nach oben, oder man lehnt sich unwillkürlich nach hinten; doch mit der Zeit geht es leichter.

Jede Reitstunde sollte auch einige gymnastische Übungen für den richtigen Sitz im Sattel vorsehen. Sie tragen zur Koordination der Körperbewegungen ebenso bei wie zur unabhängigen Bewegung einzelner Körperteile. Und sie helfen Ihnen, sich zu entspannen und die für das Reiten wichtigen Muskeln zu entwickeln.

Hier einige Übungen zur eigenständigen Bewegung einzelner Körperteile. Das Pferd sollte dabei immer von einem Helfer geführt beziehungsweise gehalten werden.

Reiten ohne Steigbügel

Auch Anfänger sollten schon in der Lage sein, ohne Steigbügel zu reiten. Bei dieser Übung lernt man, das Gleichgewicht im Sattel zu finden, ohne die Steigbügel zur Hilfe zu nehmen. Dazu bringt man das Pferd zum Halten, nimmt beide Füße aus den Steigbügeln und legt die Steigbügelriemen über Kreuz vor den Sattel, so daß die Bügel links und rechts am Pferdehals zu liegen kommen. Die entsprechende Anweisung des Reitlehrers lautet meist: «Steigbügel überschlagen!» Nun veranlaßt man das Pferd auf übliche Weise, Schritt zu gehen, und läßt die Beine dabei locker nach unten hängen. Dann bringt man die Beine in die richtige Position, indem man seine Fersen «schwer macht». Anfangs kann man sich in der Kammer des Sattels festhalten. Sobald man sich aber sicherer

Gymnastische Übungen

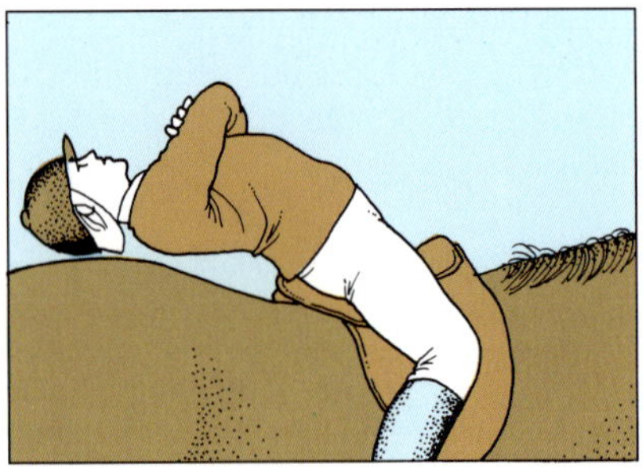

Kreuzen Sie die Arme und beugen Sie sich aus der Taille nach vorn, ohne Ihren Unterkörper zu bewegen. Richten Sie sich langsam wieder auf und lehnen Sie sich auf die gleiche Weise nach hinten. Strecken Sie die Beine dabei nicht nach vorne! Diese Übung verhilft Ihnen zu einer beweglichen Taille.

Halten Sie sich mit einer Hand in der Sattelkammer ein und lassen Sie den anderen Arm aus der Schulter heraus kreisen. Tun Sie beim Anheben des Armes so, als wollten Sie Ihre Hüften ausrenken. Die Beine bleiben bewegungslos in der korrekten Position. Wiederholen Sie die Übung mit dem anderen Arm.

Strecken Sie beide Arme in Schulterhöhe aus und drehen Sie sich aus der Taille zuerst nach rechts und dann nach links, so daß Ihre Hände auf Ohren und Schweif zeigen.

fühlt, sollte man ganz normal die Zügel aufnehmen. Vorsicht! Beim Reiten ohne Steigbügel ist die Versuchung, sich an den Zügeln festzuhalten, noch größer!

Eine gute Übung ist es, beim Reiten ohne Steigbügel die Unterschenkel — einzeln oder beide gleichzeitig — vor und zurück schwingen zu lassen. Man kann auch gleichzeitig ein Bein nach vorne und das andere nach hinten schwingen. Während dieser Übung soll man die Hände ruhig halten und nicht im Sattel hin und her rutschen. Diese Übung lockert die Knie.

Der Großteil der Übungen wird zur Kräftigung der Muskeln beitragen. Deshalb muß man sie auch mit beiden Körperseiten ausführen. Aus dem gleichen Grund ist es wichtig, gleich viel in allen Gangarten und in beide Richtungen zu reiten. Ansonsten entwickeln Pferd und Reiter eine gemeinsame Vorliebe für eine bestimmte Richtung. So zeigen die meisten Schulpferde, die ja von immer wechselnden Reitern geritten werden, eine deutliche Präferenz für die eine oder andere Richtung und bringen dies auch zum Ausdruck. Auf der «schlechten» Hand geht das Pferd wesentlich steifer und ist nur mit Mühe zur Zusammenarbeit zu bewegen.

Leichte Übungen ohne Steigbügel

1 Lassen Sie Ihr Bein aus dem Knie nach vorne und hinten schwingen.

2 Die Arme abwechselnd aus der Schulter heraus kreisen lassen. Beine ruhig halten.

Häufige Fehler

1 Dieser Reiter hält sich an den Zügeln fest.

2 Hier ist er nach rechts gerutscht.

Anhalten

Man versucht, ein junges Pferd möglichst so zum Stehen zu bringen, daß die Vorderbeine genau nebeneinander und die Hinterbeine beinahe nebeneinander auffußen.

Häufige Fehler

1 Die Reiterin ist nach vorne gerutscht. Das Pferd trägt das Gewicht auf der Vorhand, und seine Hinterhand ist nicht gleichmäßig belastet. In dieser Haltung ist es unmöglich, mit dem Pferd zu «kommunizieren».

2 Die Reiterin lehnt sich zurück und zieht an den Zügeln, um das Tempo des Pferdes zu verlangsamen. Das Pferd widersetzt sich ihren Anweisungen; nach diesem Übergang wird der Schritt unregelmäßig werden.

Die Beherrschung des Pferdes

Eine gute Reithaltung für diese Trabübung. Die Reiterin hat ihr Gewicht leicht nach vorne verlagert, ihre Hände haben Kontakt zum Pferdemaul, sie sitzt tief im Sattel und treibt das Pferd mit ihren Unterschenkeln vorwärts.

Hier läßt die Reiterin das Pferd in leichtem Galopp über Stangen gehen. Sie sitzt vorwärtsgeneigt im Entlastungssitz. Ihre Unterschenkel liegen gut am Gurt an. Sie neigt sich mit dem Oberkörper vor, stützt sich aber dabei nicht auf ihre Hände, die aktiven Kontakt zum Pferdemaul halten. Mit ihren Unterschenkeln treibt sie das Pferd vorwärts.

Sobald man über genügend Kraft, einen guten Gleichgewichtssinn und über mehr Vertrauen in die eigenen reiterlichen Fähigkeiten verfügt, sollte man beginnen, das Pferd auch zu beherrschen. Der sichere Sitz, den man so mühsam erworben hat, soll das Pferd auch dazu bringen, dem Reiter zu gehorchen und für ihn zu arbeiten. Die Haltung muß nicht nur stilistisch korrekt sein, sondern auch eine Kontrolle des Pferdes ermöglichen.

Die Signale, die entwickelt wurden, um den Pferden Befehle zu erteilen, nennt man Hilfen. Natürliche Hilfen gibt der Reiter mit den verschiedenen Körperteilen, meist mit Händen und Beinen. Dazu gehören auch die Verlagerung des Körpergewichts und das Anziehen bestimmter Muskelgruppen. Die Stimme zählt ebenfalls als natürliche Hilfe, sie sollte aber immer sparsam und nie im Zorn eingesetzt werden. Künstliche Hilfen nennt man jene Teile der Ausrüstung, die der Reiter zusätzlich verwenden kann, um das Pferd zu ermuntern oder zurückzuhalten: Reitstöcke, Gerten, Sporen und Hilfszügel.

Die Hilfen sollten immer energisch und entschieden, aber nie grob gegeben werden. Eine halbherzig gegebene Hilfe ist nutzlos, denn das Pferd wird nicht verstehen, wie es darauf reagieren soll. Hilfen möglichst im Verbund geben, zum Beispiel Schenkelhilfe und Zügelhilfe gleichzeitig.

Wenn das Pferd schneller oder fleißiger vorwärtsgehen soll, teilt man ihm dies mit, indem man mit den Innenseiten der Unterschenkel gegen seinen Leib drückt. Gleichzeitig müssen die Hände am Zügel leicht nachgeben, damit das Pferd mehr Raum zum Vorwärtsgehen erhält. Soll das Pferd langsamer werden, gibt man treibende Schenkelhilfen, so daß sich das Pferd versammelt, gleichzeitig stoppt man die Vorwärtsbewegung, indem man mit den Händen dagegenhält und das Kreuz anspannt.

In diesem Stadium der Ausbildung sollte der Reitschüler lernen, während der Stunde eine Gerte zu halten. Man wählt am besten eine kurzes, relativ steifes Modell. Die Gerte wird neben dem Zügel so in der Hand gehalten, daß der Knauf zwischen Daumen und Zeigefinger herausschaut. Das Ende der Gerte liegt auf dem unteren Teil des Oberschenkels auf.

Wenn man in einer Halle reitet, sollte man die Gerte in der inneren Hand halten, da das Pferd sich bei ihrem Einsatz automatisch von ihr weg bewegt. Dabei soll es immer zum Rand der Reitbahn und nicht zur Mitte hin tendieren. Aus diesem Grunde wird bei einem Handwechsel auch die Gerte in die andere Hand genommen. Am zweckmäßigsten geschieht das beim Durchqueren der Halle.

Häufige Fehler: Vom Schritt zum Trab

1

2

1 Die Beine der Reiterin stehen so weit ab, daß sie keinerlei Kontakt zum Pferd haben. Das Pferd wird von der Anweisung, die Gangart zu wechseln, überrascht. Die Zügel hängen darüber hinaus auch noch lose durch. Das Pferd reagiert, indem es sich zusammenzieht und seine Schritte verkürzt.

2 Die Reiterin hat den Wechsel vorweggenommen, indem sie sich nach vorne geneigt und den Kontakt zum Pferdemaul aufgegeben hat. Das Pferd findet keine gegenhaltende Hand, in die es hineinlaufen kann. Es springt in die nächsthöhere Gangart, der Übergang ist hastig und überstürzt.

3 Die Reiterin hat es versäumt, vor dem Übergang einen klaren, fleißigen Schritt zu verlangen, und lehnt sich zudem weit nach vorne. Der Übergang ist unsauber.

4 Die Reiterin hat die Zügel durchhängen lassen und so den Kontakt zum Pferdemaul verloren. Die Hinterhand des Pferdes bleibt passiv, mit dem Ergebnis, daß die Vorhand zu stark belastet wird. Der Übergang ist mißlungen.

3

4

Vom Trab zum Galopp

Wenn man das Leichttraben und das Aussitzen wirklich beherrscht, kann man daran gehen, den Galopp zu erlernen. Im Bewegungsablauf unterscheidet sich diese Gangart stark von Schritt und Trab und fühlt sich auch für den Reiter ganz anders an. Der Galopp ist ein Dreiertakt; das Pferd fußt mit einem Hinterbein ab, dann gleichzeitig mit dem anderen Hinterbein und dem diesem diagonal gegenüberliegenden Vorderbein, zuletzt mit dem zweiten Vorderbein. Es folgt eine Schwebephase, während der alle vier Hufe über dem Boden sind, dann wird das Bewegungsmuster wiederholt.

Der Übergang von Trab zu Galopp wird so geritten: Während die Zügel leicht angenommen werden, um zu verhindern, daß das Pferd das Tempo des Trabs nur steigert, preßt man die Schenkel gegen seine Seiten. Der Reiter beugt sich aus der Taille ganz leicht, fast unmerklich, vor, um der Bewegung des Pferdes zu begegnen.

Häufige Fehler: Vom Trab zum Galopp

1 Die Reiterin hält die Zügel zu kurz, und ihre Hände lassen keine angemessene Kopfbewegung des widerstrebenden Pferdes zu.

2 Die Reiterin steht nach vorne geneigt im Sattel. Aus dieser Position kann sie das Pferd nicht vorwärts in den Galopp treiben.

Wenn das Pferd in den Galopp übergeht, setzt man sich sehr tief in den Sattel. Eine bewußte Bewegung mit dem Pferd wird vermieden, man läßt sich einfach vom Rhythmus der Bewegung mittragen. Gerade beim Galopp sollte man sich keinesfalls an den Zügeln festhalten. Die Hände müssen locker bleiben, damit der Kopf des Pferdes die nötige Bewegungsfreiheit hat.

Um wieder zum Trab zurückzukehren, treibt man das Pferd mit den Schenkeln an und hält mit den Zügeln dagegen; gleichzeitig spannt man das Kreuz an. Wenn das Pferd dann trabt, versucht man, sich möglichst rasch in den Rhythmus einzufühlen.

Anfangs sollte man das Pferd immer nur ein paar Galoppsprünge machen lassen und sich auf eine entspannte Haltung konzentrieren.

HUFSCHLAGFIGUREN

Nach internationaler Übereinkunft betragen die Turniermaße einer Reithalle oder -bahn 20 m in der Breite und 40 m in der Länge; entlang den Seiten sind bestimmte Punkte durch Buchstaben markiert. Am Anfang der Ausbildung wird nur auf dem äußeren Hufschlag geritten, Seitenwechsel erfolgen durch die Länge oder die Dreiviertellänge der Bahn. Beherrscht der Schüler aber die Grundgangarten, dann ist es Zeit, sich mit den Hufschlagfiguren vertraut zu machen.

Die erste Figur, die man erlernt, ist der Zirkel; er hat einen Durchmesser von 20 m. Die diesbezügliche Anweisung des Reitlehrers lautet: «Bei C (oder A) auf den Zirkel. Am Ausgangspunkt wieder ganze Hand.» Der Schüler wird dann in der Mitte einer kurzen Seite der Bahn, am Punkt C oder A also, den Hufschlag verlassen und in einem exakten Bogen den Zirkelpunkt anreiten; von da aus reitet er, immer noch auf gebogener Linie, zum X-Punkt in der Bahnmitte, dann zum nächsten Zirkelpunkt und wieder zum Ausgangspunkt zurück.

Unten: Ziel des Reitens auf gebogenen Linien ist es, daß das Pferd in Bewegungsrichtung schaut. Dabei sollte sein Hals nicht stärker gebogen sein als sein Körper.

Es ist nicht einfach, einen perfekten Zirkel zu reiten. Der Reiter muß sich dabei ganz auf seinen Sitz und seine Hilfegebung konzentrieren, damit das Pferd sich auch wirklich entsprechend der Zirkellinie biegt. Mit dem inneren Schenkel, der in Gurthöhe anliegt, wird verhindert, daß das Pferd nach innen läuft. Reitet man den Zirkel auf einem weichen Boden, kann man danach an den Hufspuren sehen, ob man seine Sache gut gemacht hat.

Nach mehreren Runden auf dem Zirkel wird die Hand gewechselt, und nun reitet man im entgegengesetzten Sinn. Um die Übung zu erschweren, kann man danach immer kleinere Zirkel reiten. Dabei sollte man nie vergessen, daß das Pferd seinen Körper biegen soll.

Bei den Schlangenlinien durch die ganze Bahn werden die reiterlichen Fähigkeiten und die Beherrschung des Pferdes unter Beweis gestellt. Bei einer Schlangenlinie durch die ganze Bahn auf fünf Bögen beginnt man in der Mitte einer kurzen Seite, reitet vier einzelne Schlangenlinien quer durch die Bahn und kommt an der dem Ausgangspunkt entgegengesetzten Seite wieder am Hufschlag an. Dabei achtet man auf eine saubere und flüssige Ausführung, die Bewegungen des Pferdes auf den Schlangenlinien dürfen nicht abgehackt und unregelmäßig wirken. Diese Hufschlagfigur wird anfangs nur im Schritt ausgeführt, später kann man

Linke Seite: Die Reiterin treibt mit dem inneren Schenkel, damit das Pferd diesem Schenkel ausweicht. Der äußere Schenkel liegt hinter dem Gurt an, damit das Pferd nicht mit der Hinterhand ausfällt. Mit der inneren Hand veranlaßt sie das Pferd zu einer Wendung und bestimmt den Grad der Biegung mit der äußeren Hand. Sie blickt in die Richtung, in die das Pferd gehen soll. Ihre Hilfengebung ist gut koordiniert. Der Kopf des Pferdes ist leicht in Bewegungsrichtung geneigt, und die Hinterbeine fußen in den Spuren der Vorderbeine.

ZIRKEL UND WENDUNGEN

Stellen Sie sich eine Raute vor, an deren Umrissen sie entlangreiten, wobei Sie aber die Ecken nach innen abrunden. So sollten Sie einen korrekten Zirkel reiten können. Wendungen bestehen aus Segmenten einer Zirkellinie und werden gleich geritten.

EINFACHE SCHLANGENLINIEN

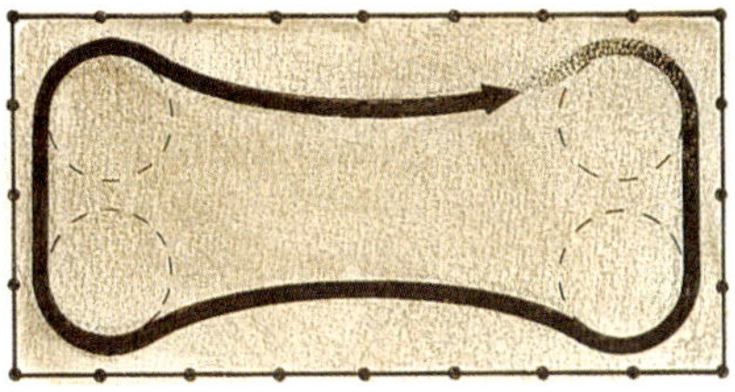

Durch einfache Schlangenlinien an den langen Seiten lernt das Pferd, sich in beide Richtungen zu biegen, und wird insgesamt beweglicher. Am Ende der Schlangenlinie kann man noch eine Volte anfügen.

SCHLANGENLINIEN GANZE BAHN

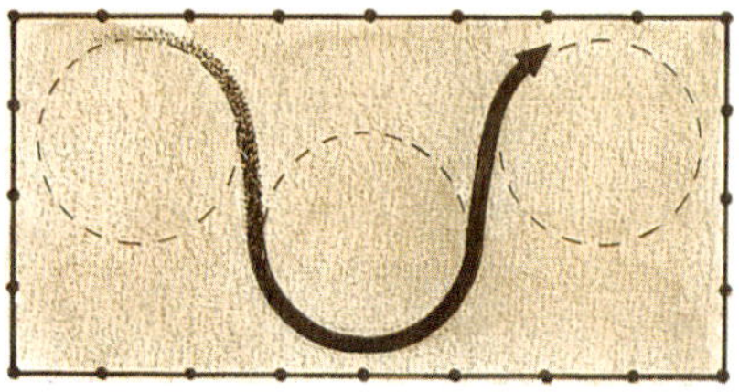

Wenn Sie und Ihr Pferd Zirkel und Schlangenlinien gut beherrschen, können Sie letztere durch die ganze Bahn üben.

sie dann auch im Trab reiten. Auch hier sollte man sich nach der Übung die Spuren des Pferdes ansehen und kontrollieren, ob die Schlangenlinien sauber ausgeführt wurden.

Wenn mehrere Reiter gleichzeitig in der Bahn reiten, kann man bestimmte Übungen zusammen ausführen, um Geschicklichkeit, Kontrolle und Genauigkeit zu verbessern. Zum Beispiel kann der Reitlehrer anordnen, daß die einzelnen Reiter sich jeweils an einem Buchstaben aufstellen und dann auf Kommando miteinander die Plätze tauschen. Je mehr Reiter sich in der Bahn befinden, desto mehr Geschicklichkeit ist nötig. Die Reiter weichen einander immer nach rechts aus.

In diesem Stadium der Ausbildung sollte man auch lernen, einhändig zu reiten; das kann sich eines Tages als sehr nützlich erweisen. Will man beide Zügel in der linken Hand führen, so hält man den linken Zügel wie sonst auch und nimmt den rechten Zügel so auf, daß er von oben nach unten gehalten wird, also durch Daumen und Zeigefinger hindurch entlang der Handinnenfläche verläuft und unterhalb des kleinen Fingers herauskommt. Bei einhändiger Zügelführung spielen die Schenkelhilfen eine noch größere Rolle als bei beidhändiger. Die zügelführende Hand kann beim Lenken des Pferdes wenig helfen. Bei alledem sollte man so wenig wie möglich an seine zügelführende Hand denken. Um sich abzulenken, versuche man, mit der freien Hand etwas anderes zu tun — man kann sich die Nase putzen, sich die Jacke aufknöpfen oder die Länge eines Steigbügels verstellen.

Häufige Fehler

Oben links: Die Reiterin versucht das Pferd zur Biegung zu veranlassen, indem sie mit dem äußeren Zügel das Pferd nach außen zieht, statt die richtigen Schenkelhilfen zu geben. Das Pferd biegt sich deshalb nach außen.
Oben rechts: Das Pferd biegt seinen Hals zu stark nach innen. Bei korrekter Biegung des Pferdes sieht man den hinteren Rand des Auges – hier kann die Reiterin den ganzen Pferdekopf sehen.
Links: Die Reiterin schaut zu weit nach innen in den Zirkel hinein, so daß ihr Kopf und ihr Oberkörper zu stark nach innen gedreht sind. Man sollte immer zwischen den Pferdeohren hindurchblicken, wobei Schultern und Hüften parallel zu denen des Pferdes sein müssen.

Springausbildung

Während man in der Praxis bemüht ist, beim Springen einen kontinuierlichen und fließenden Bewegungsablauf zu erreichen, unterscheidet man in der Theorie beim Überspringen eines Hindernisses das Anreiten, den Absprung, die Schwebephase über dem Hindernis, die Landung und den Auslauf. Während des Anreitens wird das Pferd, sobald es das Hindernis ausgemacht hat, sein Gleichgewicht suchen, das Hindernis taxieren und sich für den Sprung vorbereiten, indem es seinen Hals ausstreckt und den Kopf senkt. Es wird womöglich versuchen, seine Tritte zu verlängern; das Tempo sollte beim Anreiten gleichmäßig bleiben.

Beim Absprung reckt das Pferd seine Vorhand empor und hebt dabei den Kopf an. Die Kraft für den Sprung kommt aber vor allem aus den Sprunggelenken der Hinterhand, die das Pferd für den Sprung weit unter den Körper gebracht hat. In der Phase des Schwebens über dem Hindernis wölbt das Pferd seinen Rücken wie einen Bogen, Kopf und Hals sind dabei nach vorne gestreckt. Zur Vorbereitung auf die Landung streckt das Pferd Vorderbeine, Hals und Kopf nach vorne zum Boden und zieht die Hinterbeine an, um sie über das Hindernis zu bringen. Sobald die Vorderbeine wieder auffußen, findet das Pferd sein Gleichgewicht wieder, indem es den Kopf hebt und den Hals verkürzt. Die Hinterbeine fußen unmittelbar nach den Vorderbeinen auf.

Die ganze Zeit über muß der Reiter sich harmonisch an den Bewegungsablauf des Pferdes anpassen; besonders wichtig ist, daß er die Bewegungsfreiheit des Kopfes nicht behindert. Der leichte Sitz, den wir im folgenden Abschnitt behandeln werden, ist genau zu diesem Zweck entwickelt worden.

Wenn in einer Reitstunde auch gesprungen wird, so sollte dies erst gegen Ende der Stunde geschehen, damit das Pferd zuvor genug Zeit hat, sich aufzuwärmen und zu lockern, und der Reiter selbst tief und sicher im Sattel sitzt.

Die verkürzten Steigbügel tragen dazu bei, daß der Reiter weiter hinten im Sattel sitzt und Unterschenkel und Knie eng am Pferd anliegen. Das Gesäß wird leicht aus dem Sattel angehoben und der Oberkörper aus den Hüften heraus nach vorne geneigt. Der Rücken bleibt in sich gerade, der Blick nach vorne gerichtet. Die Ellbogen sind gebeugt, die Hände folgen den Bewegungen des Pferdekopfes.

Das Gewicht des Reiters muß immer genau über dem Schwerpunkt des Pferdes sein; dazu geht man beim Überspringen eines Hindernisses in den leichten Sitz.

Der leichte Sitz

Das erste, was man bei der Springausbildung lernt, ist der leichte Sitz. Zunächst werden die Steigbügelriemen etwa ein bis zwei Löcher kürzer geschnallt. Wenn man jetzt in den Bügel tritt, sollte er immer noch senkrecht zum Boden sein, das heißt, Ihre Knie und Knöchel sind etwas stärker gebeugt als vorher. So können sie beim Springen als «Scharniere» und «Stoßdämpfer» fungieren.

Im leichten Sitz wird der Oberkörper aus den Hüften heraus nach vorne gebeugt. Der Rücken bleibt in sich gerade und locker — der Reiter darf keinen «Buckel» haben und die Schultern nicht abrunden. Der Blick geht dabei immer noch gerade nach vorne, zwischen den Pferdeohren hindurch; nie darf der Reiter nach unten sehen. Das Gesäß bleibt während des Anreitens in lockerem Kontakt mit dem Sattel, beim Absprung darf es leicht angehoben werden. Das Körpergewicht des Reiters ruht auf Knie, Oberschenkel und Ferse; man darf nie das Knie durchzustrecken und in den Steigbügeln aufstehen. Der gebeugte, am Körper anliegende Ellenbogen sollte mit Arm und Hand eine Linie bilden, die von Zügel und Gebiß fortgesetzt wird.

Wechseln in den leichten Sitz

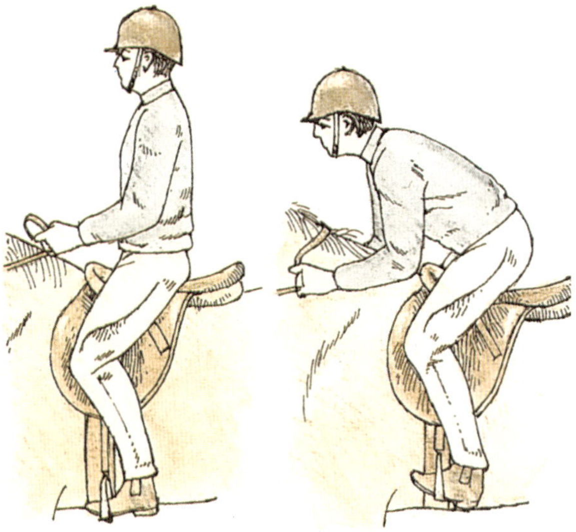

Die Steigbügelriemen werden für das Springen verkürzt. Hüfte, Knie und Knöchel werden stärker angewinkelt. Stellen Sie sich vor, Ihr Körper wäre ein zur Seite gedrehtes «W»: Es verläuft von der Schulter zum Gesäß, vom Gesäß zum Knie, vom Knie zur Ferse, von der Ferse zur Fußspitze. Im korrekten leichten Sitz sollte das «W» möglichst abgeflacht aussehen.

Schultern, Ellenbogen und Finger müssen noch geschmeidiger sein als sonst, um den Bewegungen des Pferdehalses folgen zu können. Die Hände sollten während des Sprunges in der gleichen Position bleiben; man darf sie höchstens nach vorne, aber nie nach hinten bewegen.

Am Anfang sollte man vor der Springstunde einen Lederriemen um den Pferdehals schnallen, an dem man sich zur Not festhalten kann. Das gibt dem Reiter ein Gefühl der Sicherheit, er wird sich nicht am Zügel festhalten und dabei das Pferd im Maul zerren. Der leichte Sitz wird zuerst auf dem stehenden Pferd eingeübt, dann in Schritt und Trab. Wenn man so weit ist, daß man im Trab in den leichten Sitz und dann wieder in den «geraden» Dressursitz zurückgehen kann, ohne dabei das Gleichgewicht zu verlieren, kann man versuchen, im leichten Sitz zu galoppieren. Das Ziel ist ein geschmeidiger, flüssiger Bewegungsablauf.

Häufige Fehler

1 Das Gesäß der Reiterin ist zu weit aus dem Sattel gekommen; daher sind ihre Beine durchgedrückt und nach vorne gestreckt, und ihr Rücken buckelt sich. Ihr Schwerpunkt liegt zu weit hinten, und sie wird im Sprung hinter der Bewegung des Pferdes bleiben.

2 Die Reiterin hat sich zu weit nach vorne gesetzt; ihr Rücken bildet ein Hohlkreuz. So kann sie die Beine nicht in die korrekte Position bringen – der Unterschenkel ist zu weit nach hinten gekommen. In dieser Haltung sind korrekte Hilfen nicht möglich.

3 Die Reiterin hat sich in den Steigbügeln aufgestellt und den leichten Sitz aufgegeben. Sie hält ihre Hände so hoch, daß ihre Position im Sattel sehr unsicher wird.

Stangenarbeit

Die Arbeit mit Stangen eignet sich gut für die Vorbereitung eines jungen Pferdes aufs Springen und für die Verbesserung des Springvermögens eines älteren Tieres. Außerdem kann man damit ausgezeichnet den leichten Sitz üben.

Es ist wichtig, daß die Abstände zwischen den Stangen stimmen. Man kann davon ausgehen, daß ein Galoppsprung zwei Trabtritten entspricht. Werden die Stangen so hingelegt, daß das Pferd jeweils einen Galoppsprung zwischen zwei Stangen machen kann, dann paßt dieser Abstand auch für die Arbeit im Trab. Wenn man also in beiden Gangarten reiten will, muß man nicht zwischendurch absteigen, um die Stangen anders aufzubauen.

Der Abstand zwischen den Stangen hängt von der Größe und der Trittlänge des Pferdes ab. Die Tabelle auf der nächsten Seite gibt Beispiele für die Berechnung der Abstände.

Wenn das Pferd sicher über eine Stange gegangen ist und sich dabei offensichtlich wohl fühlt, kann man auf drei Stangen oder mehr erweitern. Nur zwei Stangen sollte man nicht auflegen, da das Pferd möglicherweise versuchen würde, beide auf einmal zu überspringen.

Man beginnt die Stangenarbeit im Schritt und geht dann zum Trab über, wobei man das Tempo langsam steigern kann. Erst wenn das Pferd die Arbeit im Trab beherrscht, kann man die Übung im Galopp versuchen. Dabei sollte das Pferd mit jedem Sprung eine Stange überwinden.

Häufige Fehler im Trab

1 Der Schenkel der Reiterin ist zu weit nach vorne gekommen, die Knie sind zu stark durchgedrückt, der Rücken ist gekrümmt. So etwas passiert häufig, wenn das Pferd zu hastig über die Stangen geht.

2 Beim Anreiten liegen die Schenkel der Reiterin zu weit hinten, und sie hält sich an den Zügeln fest. Aus dieser Position heraus kann sie dem Pferd keine genauen Anweisungen geben. Das Pferd zeigt sich durch die mangelnde Verständigung beunruhigt: Es hebt den Kopf an und drückt den Rücken weg.

3 Die Reiterin stützt sich auf ihre Hände. Obwohl sie das Pferd mit den Schenkeln vorantreibt, nutzt sie seinen Schwung nicht aus. Das Pferd geht über den Stangen zu kurz.

Abstände bei der Stangenarbeit

Stockmaß	Trittlänge im Trab	Bodengewinn im Galopp
145 cm	1,2 m	2,4 m
160 cm	1,4 m	2,75 m

Linke Seite: Hier sitzt die Reiterin bei der Stangenarbeit im Trab korrekt. Ihr Schwerpunkt ist etwas nach vorne verlagert, ihre Hände haben Kontakt zum Pferdemaul, ihr Gesäß berührt leicht den Sattel, und sie treibt das Pferd mit den Unterschenkeln vorwärts.

Oben: Hier galoppiert die Reiterin im leichten Sitz über Stangen. Ihr Körper bildet die «richtigen» Winkel. Ihre Unterschenkel liegen in der Gurtlage an und halten stetigen Kontakt mit dem Pferd. Sie stützt sich nicht auf die Hände, so daß sie Verbindung zum Pferdemaul halten können. Sie treibt das Pferd mit den Unterschenkeln vorwärts.

Häufige Fehler im Galopp

1 Obwohl die Position der Schenkel stimmt, ist der Oberkörper zu weit nach vorne und auf eine Seite gesunken. Die Reiterin stützt sich auf ihre Hände und blickt nach unten. Das Pferd ist dadurch in seiner Bewegungsfreiheit eingeschränkt.

2 Die Reiterin sitzt zu aufrecht, wodurch ihr Körper hinter die Bewegung des Pferdes kommt. Diese Haltung beeinträchtigt das Gleichgewicht und das Abschätzungsvermögen des Pferdes, das deshalb nicht mehr sauber über die Stangen geht: Eines seiner Vorderbeine ist bereits über die Stange getreten, das andere ist noch dahinter.

Der erste Sprung

Der nächste Schritt ist der erste Sprung — der anfangs aber nicht höher als 25 cm sein sollte. Um ihn aufzubauen, kann man eine Stange in die unterste Befestigungsmöglichkeit an den Hindernisständern oder auf niedrige Holzkisten legen. In manchen Reitschulen stehen Cavalletti (auch Bodenricks genannt) zur Verfügung. Hindernisse aus Stangen sollten schwer und stabil sein und keine rauhen Stellen oder hervorstehende Nägel aufweisen. Pferde akzeptieren solide aussehende Hindernisse eher und überspringen diese auch kraftvoller als dünn und zerbrechlich wirkende Aufbauten.

Obwohl Pferde durchaus in der Lage sind, im Trab über Cavalletti zu gehen, ziehen sie es meist vor, darüber zu springen. Der erste «Sprung» bringt den Reiter meist aus dem Gleichgewicht. Man sollte sich dann am Halsriemen festhalten statt an den Zügeln, so daß man dem Pferd nicht im Maul weh tut. Das Springtraining wird zuerst im Trab absolviert; sind Pferd und Reiter sicher genug, kann man mit der Cavalletti-Arbeit im Galopp beginnen. Auch in dieser Gangart sollte das Tempo ruhig und der Bewegungsablauf flüssig bleiben, so daß der Reiter sein Pferd nicht beim Springen stört.

Nach einiger Zeit kann man ein weiteres, möglicherweise auch höheres Cavalletti aufbauen. Der Abstand sollte so berechnet sein, daß der Reiter zwischen den Sprüngen wieder in die normale Stellung geht und den leichten Sitz erst vor dem nächsten Hindernisses einnimmt. Wenn das erste Hindernis ruhig und sauber angeritten und übersprungen wurde, besteht keine Notwendigkeit, die Zügelhaltung zu verändern. Am besten greift man anfangs nicht mit den Zügeln ein, um das Gleichgewicht nicht zu gefährden.

Stangenarbeit und Sprung

1 Das Pferd bewegt sich kraftvoll und gelassen und taxiert aufmerksam das Hindernis. Die Reiterin hält mit den Unterschenkeln die Verbindung zum Pferd aufrecht.

2 Die Reiterin winkelt Oberkörper, Knie und Knöchel stärker an und bereitet sich auf den Absprung vor. Das Pferd reagiert auf ihre deutlichen Anweisungen, indem es sich mit Schwung und Konzentration dem Hindernis nähert.

3 Die Reiterin ist zu einem korrekten leichten Sitz übergegangen und schaut geradeaus. Das Pferd belastet seine Sprunggelenke und hebt die entlastete Vorhand an.

4 Das Pferd nimmt das Hindernis in gleichbleibendem Tempo.

Wenn man mehrere in einiger Entfernung voneinander aufgestellte kleine Hindernisse, ohne Rhythmus und Balance zu verlieren, übersprungen hat, kann man die Hindernisse enger zusammenstellen, so daß immer nur ein paar Galoppsprünge dazwischen liegen. Wieder muß das Pferd zuerst Gelegenheit haben, die Absprungpunkte und die Entfernungen zwischen den Sprüngen zu taxieren. Sie sollten sich auf Ihr Gleichgewicht konzentrieren und das Pferd nicht in der Bewegung stören.

Häufige Fehler

Ganz oben: Die Reiterin steht mit durchgedrücktem Rücken in den Steigbügeln. Sie hält ihr Gleichgewicht, indem sie sich mit den Händen am Pferdehals abstützt. Ihre Haltung ist kraftlos und unsicher. Würde das Pferd jetzt abdrehen oder plötzlich stehenbleiben, wäre sie kaum in der Lage, es daran zu hindern.

Oben, von links nach rechts: Ein Fall von fehlender Kommunikation zwischen Reiter und Pferd. Die Reiterin steht mit aufrechtem Körper in den Steigbügeln; damit schränkt sie ihre Möglichkeiten zur Hilfengebung stark ein. Sie hält ihre Hände zu hoch, der Zügel ist zu lang. Ohne ganz klare Anweisungen verliert das Pferd seinen Schwung. Seine Hinterhand wird passiv, und es scheint sich noch nicht ganz zum Springen entschlossen zu haben. Das Tier nimmt das Hindernis schließlich mit zurückgelegten Ohren und durchgedrücktem Rücken; der Absprung ist unsauber.

Einzelne Sprünge

Wenn die Kombinationen aus Stangen und niedrigen Hindernissen keine Probleme mehr bereiten, kann man sich an höhere Einzelsprünge heranwagen.

Beim Aufbauen höherer Hindernisse sollte man eine Stange als Absprunghilfe quer vor das Hindernis legen. So kann das Pferd den optimalen Absprungpunkt besser bestimmen.

Das korrekte Anreiten erfolgt in einem rhythmischen, schwungvollen Galopp; der Reiter sollte das Hindernis «auf sich zukommen lassen». Es darf zu keiner Stockung im Tempo und in der Bewegung kommen. Man sollte das Pferd beim Anreiten nicht noch korrigieren müssen.

Vor dem Hindernis müssen die Schenkel des Reiters eng am Pferdeleib anliegen. Die untere Wade und der Knöchel treiben das Pferd an, damit es weiß, daß es weiter vorwärts gehen soll. Wenn das Pferd dem Reiter vertraut und weiß, daß die Hände an den Zügeln seine Bewegungen nicht behindern werden, wird es springen, ohne daß man es zusätzlich antreiben muß. Der Reiter sollte beim Sprung entspannt und im Gleichgewicht bleiben.

Wenn das Pferd nicht gut springt, kann es dafür zahlreiche Gründe geben. Es könnte zum Beispiel sein, daß die als Absprunghilfe gedachte Stange den falschen Abstand zum Hindernis hat; dies sollte überprüft werden. Vielleicht hat das Pferd auch schlechte Erfahrungen gemacht. Oder es hat zu wenig Vertrauen zu seinem Reiter. Wie bei allen anderen Reitproblemen sollte man sich zuerst selbst fragen, ob man auch alles richtig gemacht hat.

Die Reiterin behält über dem Sprung ihr Gleichgewicht. Ihr Sitz ist korrekt. Unterschenkel und Knöchel liegen eng am Pferd an und nehmen in der Gurtlage die richtige Stellung ein. Sie hat die Hände nach vorne genommen, so daß das Pferd Kopf und Hals über das Hindernis strecken kann.

Die Reiterin hat sich in den Steigbügeln aufgestellt, bevor sie das Hindernis erreichte, und kann nun ihre Beine nicht korrekt einsetzen. Gleichzeitig hat sie den Kontakt zum Pferdemaul verloren. Das Pferd könnte ihre mangelnde Kontrolle ausnützen und das Hindernis verweigern.

Verschiedene Hindernisse

Beherrscht man die Grundlagen des Springens, sollte man sein Können an möglichst vielen verschiedenen Hindernissen und unter unterschiedlichsten Bedingungen üben.

Es gibt im Grunde zwei Kategorien von Sprüngen. Zur einen gehören die Hochsprünge, also alle aufrecht stehenden Hindernisse wie etwa Mauern, Tore, Hürden, schmale Hecken und übereinander liegende Stangen sowie die Hochweitsprünge, für die man breitere Hindernisse, Oxer, aufbaut. Zur anderen Kategorie gehören Gräben oder Wälle. Es ist immer besser, niedrige Hindernisse gut zu überspringen, als die Stangen immer höher zu legen und die Sprünge schlecht auszuführen. Übungssprünge — die man mit ein bißchen Phantasie sehr abwechslungsreich gestalten kann — sollten nicht höher als 90 cm sein, möglichst viele sogar niedriger. Es ist sinnvoller, ein Hindernis zu verbreitern, so daß das Pferd sich beim Überspringen stärker strecken muß, als nur immer mehr Stangen aufzulegen, um auszutesten, wie hoch es springen kann.

Eine quer vor den Sprung gelegte Stange hilft Reiter und Pferd besonders bei Hochsprüngen, den besten Punkt für den Absprung zu finden. Der Abstand zwischen Absprungpunkt und Hindernis sollte in etwa so lang sein, wie das Hindernis hoch ist. Doch hängt der Abstand auch von der Geschwindigkeit des Pferdes ab. So wird ein Pferd, das sich einem niedrigen Hindernis sehr schnell nähert, an einem Punkt abspringen, der vom Hindernis weiter entfernt ist als vorher beschrieben.

Auf einem Springplatz oder in einer Halle kann man folgende Übung machen: Man springt mit verschränkten Armen über eine Reihe kleiner Hindernisse. Die Zügel sind um den Hals des Pferdes verknotet. Dabei kann man testen, wie sehr man ansonsten die Zügel zum Balancehalten braucht. Am Ende der Hindernisreihe nimmt man rasch wieder die Zügel auf. Als nächstes springt man dieselbe Reihe nochmals, wobei man versucht, gleichzeitig die Jacke zuzuknöpfen oder einen Knoten in eine Schnur zu machen. Zweck der Übung ist es, das unbewußte, instinktive Reiten zu fördern.

Noch schwieriger ist es, mit übergeschlagenen Steigbügeln oder ohne Zügel zu reiten, so daß man für den korrekten Sitz einzig und allein auf das eigene Gleichgewicht angewiesen ist. Diese Übung ist sinnvoll, da fast jeder Reiter schon einmal mitten auf einem Springparcours seine Steigbügel verloren hat. Es ist beruhigend zu wissen, daß man in der Lage ist, Situationen dieser Art zu meistern.

Häufige Fehler

Oben links und Mitte: Es kann leicht passieren, daß der Reiter über dem Sprung «verlorengeht». Das Pferd springt überraschend früher als erwartet ab oder es macht ungeahnt einen höheren beziehungsweise weiteren Satz. Diese Reiterin reagiert geistesgegenwärtig, indem sie die Zügel freigibt. Sie läßt sie durch die Finger gleiten, so daß das Pferd bei einem großen Sprung nicht in seinen Bewegungen eingeschränkt und im Maul gestört wird.

Oben: Die Reiterin hat nach unten auf eine Seite geschaut und so ihr Gleichgewicht verloren. Außerdem ist ihr Schenkel zu weit nach hinten gekommen, so daß die Schenkelhilfen weniger Wirkung haben. Da sie nach unten sieht, wird sie dem Pferd bei der Landung keine Anweisungen geben können.

Kombinationen

Die Kombinationen bestehen aus zwei hintereinander aufgebauten Hindernissen, deren Abstand meist der Länge eines einzigen Galoppsprungs entspricht. Wenn man zwei Sprünge hintereinander in relativ kurzer Zeit bewältigen muß, ist der korrekte Sitz noch wichtiger als sonst, damit man dem Pferd rasch und deutlich klarmachen kann, was man von ihm will.

Beim Anreiten lenkt man das Pferd genau auf die Mitte des ersten Hindernisses zu und schaut dabei auf das zweite. Dadurch vermeidet man, beim Überspringen des ersten zur Seite oder nach unten zu blicken.

Der Reiter muß bei Kombinationen ganz genau berechnen, wieviel Schwung nötig sein wird. Mit zuviel Elan wird das Pferd beim ersten Mal sehr weit springen und am zweiten Hindernisteil Schwierigkeiten haben. Wenn man es anderseits zuläßt, daß das Pferd «im Schneckentempo» über das erste Hindernis klettert, wird es aus der Kombination nicht mehr sauber herauskommen. In beiden Fällen wird das Pferd verunsichert und vermutlich versuchen, vor dem zweiten Sprung zu «kneifen».

Bei einer Kombination aus einem Hochweit- und einem Hochsprung wird das Ganze noch schwieriger. Der Hochweitsprung wird das Pferd zu einem kraftvollen Sprung verleiten, und es wird möglicherweise nicht mehr in der Lage sein, sich zu versammeln und das Tempo so zurückzunehmen, daß es gut über den Hochsprung kommt.

Bei einem Übungsparcours sollte das erste Hindernis aus gekreuzten Stangen bestehen. Das erleichtert das Überspringen des ersten Teils der Kombination sowie das korrekte Anreiten des zweiten.

Kombinationssprünge

1 Der Schenkel der Reiterin liegt am Gurt an, und sie ist in den leichten Sitz gegangen. Ihre Hände halten einen guten Kontakt zum Pferdemaul.

2 Die Reiterin treibt das Pferd mit ihren Unterschenkeln weiter. Beim ersten Teil der Kombination darf man sich nicht auf die Hände stützen, da man sie beim Anreiten auf den zweiten zum Lenken braucht.

3 Die Schenkel der Reiterin liegen in der Gurtlage an und geben dem Pferd genaue Anweisungen, wie es sich dem zweiten Hindernis zu nähern hat. Das Pferd bewegt sich ohne zu zögern auf den Hochweitsprung zu.

4 Die gekreuzten Stangen des zweiten Hindernisses helfen, das Pferd auf die Mitte des Sprungs hin zu lenken. Es springt korrekt, indem es seine Schultern hebt und seine Hinterbeine anzieht. Die Reiterin sieht dabei immer nach vorne.

5 Die Reiterin hat den Oberkörper noch weiter nach vorne gebeugt, ihr Unterschenkel ist an der richtigen Stelle geblieben, und sie schaut nach vorne. Ihre Hände sind entspannt, halten aber Kontakt zum Pferdemaul. Das Pferd hat über dem Sprung genug Bewegungsfreiheit für Kopf und Hals.

Häufige Fehler

Beim Anreiten des zweiten Teils der Kombination beugt sich die Reiterin zu weit nach vorne; ihr Gesäß ist nicht mehr im Sattel.
In dieser Stellung wird es ihr kaum möglich sein, dem Pferd genaue Anweisungen für den zweiten Sprung zu geben.

Verweigern

Im allgemeinen gibt es zwei Gründe dafür, daß Pferde schlecht springen oder verweigern — entweder sind sie schlecht ausgebildet, oder sie werden schlecht geritten. Bei Reitschülern trifft meist der zweite Punkt zu. Deshalb sollte man sich immer überlegen, was man falsch gemacht hat, und daran arbeiten, den Fehler zu verbessern. Vielleicht hat man das Pferd beim Anreiten in seinem Rhythmus oder beim Absprung im Maul gestört. Oder man hat sich bei der Landung zu schnell wieder aufgerichtet. Jeder dieser Reiterfehler kann zu einer Verweigerung führen. Es könnte auch verweigern oder ausbrechen, weil der Reiter unsicher war und dem Pferd den Eindruck vermittelte, er selbst wolle gar nicht über das Hindernis.

Nach einer Verweigerung reitet man eine Volte und geht dann das Hindernis abermals direkt an. Manchen Pferden kann man das Ausbrechen vor Sprüngen abgewöhnen, indem man hohe, respekteinflößende Fänge auf beiden Seiten des Hindernisses aufbaut.

Man sollte eine Springstunde immer mit einem gelungenen Sprung beenden — gleichgültig, wie niedrig das Hindernis ist. An diesen Sprung werden sich Reiter und Pferd bis zur nächsten Stunde erinnern.

Das Pferd erspürt die Gefühle des Reiters; ein schlechter Sprung kann auch mangelndes Selbstvertrauen als Ursache haben. Seien Sie geduldig und versuchen Sie es noch einmal!

Ausritte

Wenn man das Aussitzen, das Leichttraben und den Galopp beherrscht und auf seine reiterlichen Fähigkeiten vertrauen kann, darf man getrost hin und wieder mit dem Pferd ins Gelände gehen, um sich von den Strapazen des Reitunterrichts zu erholen. Dabei sollte man sich aber im klaren darüber sein, daß man sich in eine völlig andere Situation begibt. Eine Stunde in der Halle unter Aufsicht des Reitlehrers ist etwas ganz anderes als ein Ritt auf Straßen, Wegen oder über Felder — auch wenn man sich in Begleitung eines erfahrenen Reiters befindet.

Eigentlich kann man die meisten Probleme mit dem erlernten Wissen und einem gesunden Menschenverstand bewältigen. Aber gerade letzterer scheint vielen abhanden zu kommen, sobald sie im Sattel sitzen.

Ab und zu sollte man mit seinem Pferd ins Gelände gehen. Man vermeidet dadurch, daß sich das Pferd beim Üben in der Reitbahn zu sehr langweilt.

Wichtigster Grundsatz beim Geländereiten: immer konzentriert und aufmerksam bleiben. Das soll nicht bedeuten, daß man sich dabei nicht entspannen darf, man muß jedoch immer auf Überraschungen gefaßt sein. Jederzeit kann jemand aus einem nicht einsehbaren Seitenweg kommen, oder es raschelt plötzlich in einer Hecke, so daß das Pferd beiseite springt oder scheut. Dann muß man es sanft aufnehmen, beruhigend auf das Tier einreden und es so wenden, daß es selbst sehen kann, was es erschreckt hat.

Wenn man durch Tore oder an parkenden Autos vorbeireitet, darf man die Größe seines Pferdes nicht unterschätzen. Hindernisse am Straßenrand sollte man weiträumig umgehen, ohne schließlich in der Straßenmitte zu landen. Auch Kanaldeckel sollte man vermeiden, weil sie rutschig sein können und eine potentielle Gefahr für das Pferd darstellen. Man muß das Reittier zu jeder Zeit beherrschen und lenken; es wird das tun, was der Reiter von ihm verlangt. Versäumt man es aber, es um einen parkenden Lastwagen herum zu dirigieren, wird es entweder dagegen laufen oder einfach stehenbleiben. Auf keinen Fall darf man dem Pferd das Gefühl geben, es müsse selber mit den Schwierigkeiten fertig werden; es ist immer der Reiter, der entscheidet, was gemacht wird.

Stürze

Jeder Reiter wird im Laufe seiner Karriere einmal unsanft zu Boden gehen. Vielleicht ist diese «Schmach» dem einen oder anderen bereits in einer Reitstunde passiert, oder es geschieht bei einem Ausritt. In neun von zehn Fällen ist es jedenfalls nur der eigene Stolz, der dabei verletzt wird.

Stürze können sehr unterschiedlich verlaufen. Man kann relativ sanft an einer Seite hinunterrutschen, wenn man das Gleichgewicht im Sattel unwiederbringlich verloren hat. Man kann stürzen, weil man sich vor einem niedrig hängenden Ast nicht tief genug

geduckt hat. «Schwungvoller» wird das Ganze, wenn das Pferd gestolpert ist, unerwartet stehenbleibt oder den Reiter einfach aus Übermut abwirft.

Nach jedem Sturz sollte man jedenfalls sofort aufstehen, um seinen Begleitern zu zeigen, daß man nicht ernsthaft verletzt ist — vorausgesetzt natürlich, man ist noch dazu in der Lage. Anschließend besteigt man gleich wieder das Pferd. Das ist zum einen sehr wichtig für das eigene Selbstvertrauen, zum anderen aber auch, um dem Pferd zu demonstrieren, wer der Herr ist. Wenn es merkt, daß der Reiter zögert aufzusteigen, wird es sich von seiner schlimmsten Seite zeigen. Die Gründe für den Sturz zu analysieren mag hilfreich sein: War es das verlorene Gleichgewicht oder ein anderer Fehler, der sich in Zukunft vielleicht vermeiden läßt?

Öffnen und Schließen eines Tores

1 Reiten Sie so an das Tor heran, wie das Bild zeigt. Nehmen Sie Zügel und Gerte in die dem Tor abgewandte Hand und öffnen Sie das Tor mit der anderen.

2 Treiben Sie mit dem Schenkel, der dem Tor zugewandt ist, das Pferd leicht vom Tor weg, so daß es eine halbe Vorhandwendung ausführt.

3 Öffnen Sie das Tor weit genug, um bequem hindurchreiten zu können. Denken Sie daran, daß manche Pferde sich hindurchzwängen wollen, bevor es weit genug offen steht. Dabei können Sie sich böse am Torpfosten stoßen oder abgeworfen werden.

4 Auf der anderen Seite stellen Sie das Pferd wieder parallel zum Tor, schließen es und schieben den Riegel vor. Achten Sie dabei darauf, daß das Perd nicht mit den Zügeln am Schloß hängenbleibt.

Zur Frage, ob man im Sturz die Zügel festhalten soll oder nicht, gibt es verschiedene Lehrmeinungen. Oft hat man keine Wahl, weil sie einem aus der Hand gerissen wurden. In der Reitschule ist es immer besser, die Zügel loszulassen: das Pferd kann nicht weglaufen, und die Gefahr, einen Tritt zu bekommen, ist geringer.

Wenn bei einem Gruppenausritt einer der Reiter zu Boden geht, sollten alle warten, bis der Gestürzte aufgestanden ist, sich wieder etwas gefaßt hat und aufgestiegen ist. Wenn nötig, fängt man das Pferd ein und hält es, bis der Reiter wieder im Sattel sitzt. Wenn ein lediges Pferd seine Eskapaden fortzusetzen gedenkt und sich nicht einfangen lassen will, sollte man ihm nicht nachjagen. Dadurch würde es nur noch aufgeregter werden und sich erst recht entziehen. Wenn man ihm dagegen die Fluchtwege verstellt, wird es bald aufgeben.

Ein Ausritt ist zwar etwas ungezwungener als die Arbeit in der Bahn, dennoch sollte man dabei seinen Reitstil nicht vernachlässigen. Man muß sich auf den richtigen Sitz konzentrieren, damit das Pferd sauber geht. Es gibt genug Gelegenheit, ordentliche Übergänge von Schritt zu Trab, von Trab zu Galopp und wieder zurück zu Trab und Schritt zu üben. Das Pferd muß zu jeder Zeit alles tun, was von ihm verlangt wird. Will es seine eigenen Vorstellungen einbringen — etwa, indem es an einer Stelle angaloppiert, an der es das normalerweise tut —, muß es vom Reiter korrigiert werden. Er allein trifft die Entscheidungen.

Regeln für das Reiten im Gelände

Wie für das Reiten auf der Straße gibt es auch im Gelände bestimmte Regeln. Ein anständiges Benehmen gegenüber Reitgefährten und Fußgängern sollte selbstverständlich sein.

Weidetore, die man zum Durchreiten geöffnet hat, muß man wieder schließen, selbst wenn sich gerade kein Vieh auf der Weide befindet. In einer Gruppe reitet man einzeln durch ein Tor. Achten Sie auf den Abstand zwischen Ihren Knien und dem Torpfosten. Das Anstoßen kann sehr schmerzhaft sein. Es ist einfacher, wenn einer der Reiter das Tor für die anderen aufhält. Die Gruppe sollte dann höflicherweise auf der anderen Seite warten, bis das Tor wieder verschlossen ist und alle bereit sind weiterzureiten.

Im Gelände ist man oft der «Gast» des Bauern, über dessen Grund man reitet. Verhalten Sie sich wirklich wie ein Gast und beachten Sie die grundlegenden Regeln des Anstands. Über ein eingesätes Feld darf man nicht traben oder galoppieren. Man sollte überhaupt nicht schnell über Felder reiten, insbesondere wenn der Boden sehr naß ist und der Bewuchs beschädigt werden könnte. Sollte man aus Versehen einen Zaun niederreißen oder ein Weidetier herauslassen, muß man dem Besitzer den Schaden unverzüglich melden. «Reiterflucht» ist unverzeihlich. Bis jemand den Schaden entdeckt hat, kann er sich beträchtlich vergrößert haben.

Nehmen Sie Rücksicht auf andere! Das Tempo sollte immer nach dem unerfahrensten und ängstlichsten Reiter ausgerichtet sein. Man darf von seinen Mitreitern nichts erwarten, was sie weder tun wollen noch können. Ein Anfänger kann noch nicht über Hecken oder Tore springen. Ohnehin sollte man nicht über jedes vorhandene Hindernis springen. So macht man sich nur jeden Bauern in der Umgebung zum Feind. Man springt grundsätzlich nur über solche Hindernisse, an denen man keinen großen Schaden anrichten kann. Darunter fallen gewiß keine

Sportliches Bergab- und vor allem Bergaufreiten fördern die Kraft und Ausdauer eines Pferdes.

Wenn man einen Hang hinaufgaloppiert, muß man sein Gewicht nach vorne verlagern, um dem Pferd möglichst viel Bewegungsfreiheit zu gewähren.

Weidezäune, die eine Viehherde zurückhalten.

Bei einem Ritt durch den Wald beugt man sich nach vorne — nicht nach hinten —, um niedrigen Ästen auszuweichen. Diese Regel scheint selbstverständlich, jedoch nicht wenige Reiter vergessen sie einfach. Ebenso selbstverständlich sollte es sein, daß man einen beweglichen Ast, den man beim Durchreiten zur Seite schiebt, nicht so zurückschnellen läßt, daß er den folgenden Reiter oder sein Pferd trifft. Begegnet man auf einem schmalen Weg Fußgängern, so verlangsamt man sein Tempo und reitet im Schritt an ihnen vorbei.

Sollte das Pferd plötzlich lahmen, steigt man sofort ab und sieht nach. Meist ist es nur ein Stein, der sich im Huf verkantet hat. Wenn man ihn entfernt hat, wird das Pferd wahrscheinlich wieder sauber gehen. Lahmt das Pferd ohne erkennbare Ursachen weiterhin, zieht man die Steigbügel an der Innenseite der Riemen hoch, nimmt die Zügel über den Pferdekopf und führt das Tier heim.

All die hier genannten Regeln basieren auf gesundem Menschenverstand und anständigem Benehmen — Dinge, die man nicht außer acht lassen sollte.

Für Pferde sind Ausritte in der freien Natur immer eine willkommene Gelegenheit zur Entspannung.

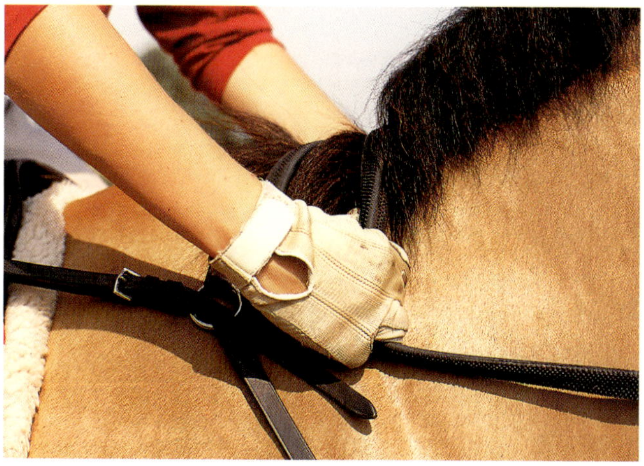

Ein unruhiges Pferd kann man besser halten, wenn man eine Zügelbrücke bildet, die auf dem Widerrist aufliegt. Wenn das Pferd am Zügel zieht, kann es dem Reiter die Riemen nicht aus den Händen reißen.

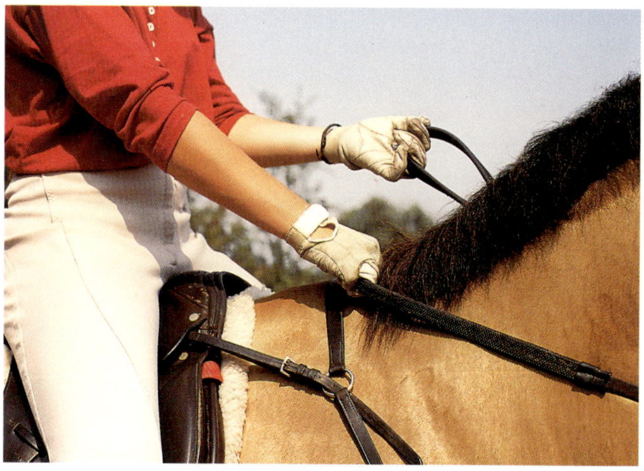

Wenn Ihr Pferd zu schnell wird, können Sie das Tempo zurücknehmen, indem Sie sich mit einer Hand in der Mähne festhalten und mit der anderen den Zügel mehrmals kurz und scharf anziehen. Wenn Sie anhaltend ziehen, wird das Pferd nur noch stärker gegen die Hand gehen.

Westernreiten

Bei dem Begriff «Westernreiten» denken die meisten Leute an die Cowboys im Film, die in wilder Hatz mit abgespreizten Beinen und rudernden Armen über die Prärie galoppieren. In Wirklichkeit aber unterscheidet sich die klassische amerikanische Reitweise nur in Nuancen vom englischen oder klassisch europäischen Reitstil. Amerikanische und europäische Reitweise haben die gleichen Wurzeln, denn bevor die Spanier als erste Europäer im 16. Jahrhundert in Mexiko landeten, hatten die amerikanischen Indios noch nie ein Pferd zu Gesicht bekommen. Der Reitstil, den die Spanier in Amerika praktizierten und der zu dieser Zeit in ganz Europa verbreitet war, wurde von den dortigen Einwohnern kopiert und weiterentwickelt.

Die Unterschiede zwischen den Reitstilen ergaben sich aus praktischen Gründen. Die frühen Siedler in Amerika fanden ein weites, nahezu unbewohntes und unbebautes Land vor — ohne Zäune, nur mit natürlichen Hindernissen. Neue Lebensbedingungen machen neue Überlebensstrategien erforderlich, und so änderte sich auch die Reitweise. Die Siedler mußten Stunden, wenn nicht gar Tage im Sattel verbringen, um die Arbeit mit dem Vieh zu erledigen oder ihr Farmland zu kontrollieren. Daher wurde ein Satteltyp entwickelt, der sehr bequem war und gleichzeitig eine genaue Hilfengebung ermöglichte. Von den Indianern, die das Reiten auf den Pferden, die den Siedlern weggelaufen waren, schnell lernten, übernahmen die Ankömmlinge das Lasso. Sie nutzten es, um Rinder einzufangen. Heute ist die Arbeit mit dem Lasso ein wichtiger Bestandteil des Westernreitens.

Der klassische Westernstil hat auch heutzutage noch viel mit der Reitweise der Cowboys gemeinsam. Nur ist für diesen das Pferd ein Werkzeug, der wichtigste Teil seiner Ausrüstung. So lange ein Pferd dem Cowboy dabei hilft, seine Arbeit schnell, angenehm und wirksam zu erledigen, wird er mit dem Tier zufrieden sein. An einer im klassischen Sinne korrekten Vorführung wird ein Cowboy normalerweise nicht interessiert sein.

Reitstile und Unterschiede

Es gibt heute in den USA zwei verschiedene anerkannte Reitstile — den South-Western- oder California-Style und den Texas-Style. Der kalifornische Stil gleicht mehr der klassischen Reitweise. Er verlangt vom Pferd eine verfeinerte, präzise Ausführung der gestellten Aufgaben. Der Kontakt mit dem Pferdemaul ist nachdrücklicher als beim Texasstil, obwohl immer noch sehr leicht. Aus diesem Grund sind an den kalifornischen Zügeln in der Nähe des Gebisses leichte «Gewichte» angebracht, die diesen Teil der Zügel etwas schwerer machen sollen; allerdings bestehen sie nur aus einer geflochtenen Verzierung. Die texanische Schule fordert vom Pferd in allen Gangarten nur wenig Versammlung, so daß das Pferd insgesamt «länger» erscheint.

Der auffälligste Unterschied zwischen europäischer und Western-Reitweise ist, daß der Westernreiter nach vollendeter Ausbildung die Zügel nur in einer Hand hält, damit er die andere Hand frei hat — um beispielsweise das Lasso zu führen. Das bedeutet, daß das Pferd in der Lage sein muß, auch einhändige Zügelhilfen — sogenanntes Neck-Reining — zu verstehen. Der Westernanfänger hält die Zügel aber besser in beiden Händen. Dadurch sitzt er stabiler und sicherer im Sattel. Durch das einhändige Reiten wird man anfangs leicht aus dem Sattel gezogen und verdirbt sich den mühsam angelernten Sitz.

Der weitverbreitete Glaube, der Westernreiter reite mit ganz geraden Beinen, ist völlig falsch. Er hätte in dem Fall keine Elastizität in den Knien und keine Kontrolle über seine Unterschenkel. Beide Funktionen sind aber essentieller Bestandteil jeglicher Reitweise.

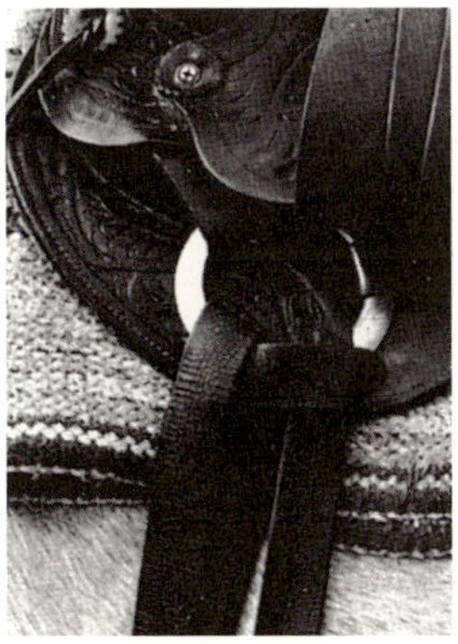

Oben: Der Frontgurt eines Westernsattels, korrekt zu einem Krawattenknoten geschlungen.

Links: Die Westernreitweise unterscheidet sich im Grunde nur geringfügig von der englischen oder europäischen. Sie wurde eher aus praktischen Anforderungen heraus entwickelt als aus ästhetischen Überlegungen.
Die typischen, unverwechselbaren Merkmale der Westernsättel sind das hohe Sattelhorn, der tiefe, breite Sitz und das hohe Cantle, die Lehne.

Kleidung und Ausrüstung

Die Ausstattung des Westernreiters unterscheidet sich wesentlich von der seiner europäischen Kollegen. Wie die Reitweise selbst ist auch die Ausrüstung oft Gegenstand falsch verstandener Kritik. Oft heißt es, die Kleidung der Westernreiter sei so unordentlich und schlampig wie ihr Reitstil. Das muß aber nicht so sein. Neben der hier beschriebenen traditionellen Kleidung tragen immer mehr Westernreiter, besonders bei Veranstaltungen, eigens entworfene Reitanzüge. Diese Anzüge sind vorteilhaft geschnitten und sorgfältig verarbeitet. Sie folgen dem traditionellen Kleidungsstil der Westernreiter, zeigen aber auch Eleganz und geschmackvolle farbliche Abstimmung. Anders als die konventionelle europäische Reitkleidung sind sie oft sehr auffallend — sehr zum Mißfallen einiger Traditionalisten in der Reiterzunft.

Die Ausrüstung des *Western horse* unterscheidet sich stark von dem klassischen europäischen Pferdezubehör. Sie hat sich ebenfalls aus der Ausstattung entwickelt, wie sie in den nordamerikanischen Prärien üblich war. Für die Arbeit der Cowboys war sie zweckmäßig und bequem. Das Zaumzeug ist eigentlich nur ein «Skelett» — mit einem Minimum an Riemen und anderen Teilen. Ein Grund dafür ist, daß sich Leder und Metall in glühendheißem Klima nicht gut miteinander vertragen, sondern sich gegenseitig ruinieren. Die traditionell im Westernreiten eingesetzten Zäumungen sind entweder gebißlos oder haben als Mundstück eine Stange mit Zungenfreiheit oder Zungenlöffel. Manche Westernreiter bevorzugen *snaffle bits*, Trensen mit gebrochenem Mundstück, die von der Form her an Pelham-Trensen erinnern.

Eine Kandare mit Zungenlöffel darf nur dann verwendet werden, wenn Pferd und Reiter sehr gut ausgebildet sind. Dieses Gebiß hat in der Mitte des Mundstücks einen löffelförmigen Aufsatz, der Bewegungen der Zügel in das Innere des Mauls weiterleitet. Das Pferd spürt diese Bewegung auf der Zunge und, in abgeschwächter Form, am Gaumen. Gebisse dieser Art werden meist zusammen mit einem ledernen Kinnriemen verpaßt und nicht mit einer Kinnkette wie bei europäischen Kandaren, um das Zusammentreffen von Leder und Metall weitgehend zu vermeiden.

Es gibt viele Typen von Westernsätteln, die je nach ihrem Verwendungszweck unterschiedlich aufgebaut sind. Wohl am häufigsten benutzen Freizeit-Westernreiter heutzutage den Western-Pleasure-Sattel. Er ist leichter als die meisten Arbeitsstocksättel, besitzt aber auch das traditionelle hohe Sattelhorn.

Der Westernreiter unterscheidet sich auch durch seine Kleidung von den europäischen Kollegen. Er trägt einen breitkrempigen Hut, der ihn vor der Sonne schützt, ein buntes Hemd, Jeans, Chaps aus Glatt- oder Wildleder und hochhackige, vorne spitz zulaufende Stiefel. Die Bekleidung der Westernreiter wird von Gegnern dieses Reitstils oft als allzu lässig oder gar schlampig kritisiert. Sie erinnert auch heute noch an die Arbeitskleidung der Cowboys und paßt zu dieser Reitweise.

Das Aufsteigen

Wie bei allen Reitweisen sollte man sich auch beim Westernreiten zuerst mit dem Pferd bekannt machen, das einen durch die Reitstunden tragen wird. Vor dem Aufsteigen erkundigt man sich deshalb nach dem Namen des Pferdes, streichelt und klopft es und versucht auch sonst, sich bei ihm beliebt zu machen. Dann führt man es auf den Reitplatz oder in die Halle und vergewissert sich noch, daß der Sattel fest genug verschnallt ist und nicht verrutschen kann.

Das Aufsteigen beim Westernreiten unterscheidet sich kaum von der europäischen Methode. Man stellt sich neben das Pferd und hält die Zügel in der linken Hand fest, damit das Pferd nicht vorwärtsgehen kann. Das sollte man sich von Anfang an angewöhnen, auch wenn in den ersten Stunden noch ein Helfer den Kopf des Pferdes festhält. Man steht so, daß man schräg auf die Hinterhand schaut — und nicht gerade auf den Schweif, wie beim Aufsteigen nach der englischen Reitweise. Mit einem Blick über die linke Schulter kann man gleichzeitig auch den Kopf des Pferdes beobachten. Mit der rechten Hand dreht man sich den Steigbügel so hin, daß man bequem mit dem linken Fuß hineintreten kann. Die Hand geht jetzt über den Sattel und stützt sich auf der abgewandten Seite am *swell* auf. Dann stößt man sich mit dem rechten Bein vom Boden ab und schwingt es über den Pferderücken und den Sattel. Da der amerikanische Sattel sehr hoch ist, muß man das Bein dabei auch höher anheben als normalerweise. Nun setzt man sich in der Mitte des Sattels zurecht und tritt mit dem rechten Fuß in den Steigbügel.

Wenn man sich mit der rechten Hand auf der abgewandten Seite am *swell* aufstützt, verhindert man, daß der Sattel zur Seite rutscht. Das passiert, wenn man sich mit der Hand am *cantle* festhält. Zudem kann man die Hand an dieser Stelle lassen, bis man im Sattel sitzt. Würde man die Hand weiter hinten aufstützen, müßte man sie nach vorne bringen, wenn man das Bein über die Sattellehne schwingt, und würde so einen Augenblick lang buchstäblich in der Luft hängen.

Vorsichtsmaßnahmen wie das Festhalten der Zügel oder das richtige Abstützen der rechten Hand am Sattel stammen aus den frühen Tagen des Westernreitens. Damals war wohl das Schlimmste, was einem Reiter in der Prärie passieren konnte, daß ihm das Pferd weglief. Stürmte es davon, während er aufstieg, so daß er das Gleichgewicht verlor und die Zügel losließ, war er schon so gut wie tot. Mit dem Pferd hatte er nicht nur sein Fortbewegungsmittel verloren, sondern auch seine Wasserflasche und seine Lebensmittelration.

Der Sitz des Westernreiters ähnelt dem der europäischen oder englischen Reitweise. Der Reiter sitzt ausbalanciert in der Mitte des Sattels, wobei sein Körpergewicht vom Sattel gleichmäßig auf beide Seiten des Pferderükkens verteilt wird. Die Ferse bildet den tiefsten Punkt. Damit einen das Pferd nicht aus dem Sattel wirft, sind die Steigbügel nur etwas länger eingestellt als beim normalen Dressurreiten. Der Kopf wird gerade und hoch gehalten, der Körper ist aufrecht, die Beine liegen locker am Pferd an. Die Hände ruhen auf dem Horn oder halten die Zügel.

Aufsteigen

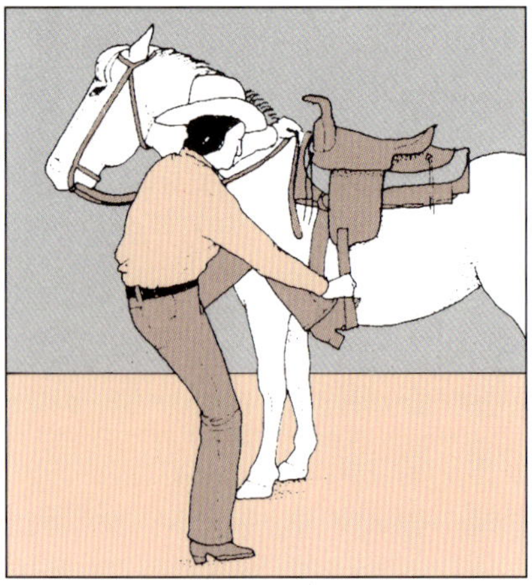

1 Steigen Sie mit dem linken Fuß in den Bügel, mit Blick schräg auf die Hinterhand. Halten Sie dabei die Zügel gut fest.

2 Drehen Sie sich auf dem rechten Fuß zum Pferd hin und legen Sie die rechte Hand auf die abgewandte Seite des Sattels.

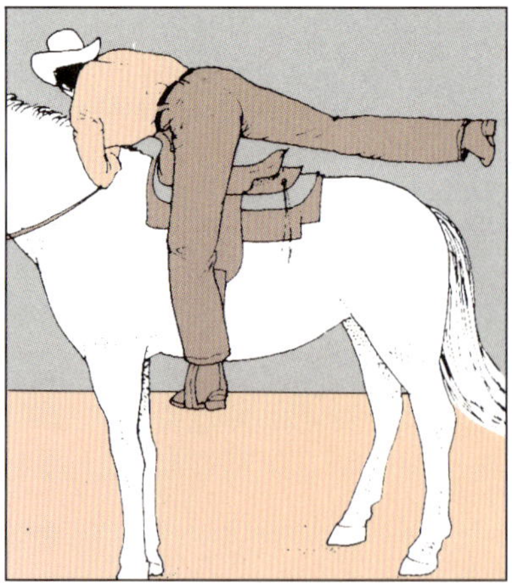

3 Stoßen Sie sich vom Boden ab und schwingen Sie Ihr rechtes Bein über den Pferderükken. Setzen Sie sich sanft in den Sattel.

Der Sitz des Westernreiters

Wie bei der europäischen Reitweise sitzt der Westernreiter in der Mitte des Sitzes, so daß sein Körpergewicht vom Sattel gleichmäßig auf die Seiten des Pferderückens verteilt wird und genau über dem Schwerpunkt des Pferdes liegt. Auch hier soll der Reiter seinen Kopf hochhalten, sein Körpergewicht ruht auf den Gesäßknochen, das Gewicht der Beine sinkt in die Knie und die Fersen. Mit anderen Worten, das Gewicht des Reiters ist abwärts gerichtet. Man sollte die Füße nicht in die Steigbügel einstemmen, da sonst das Gesäß aus dem Sattel gehoben würde.

Wie bereits erwähnt, denken viele, daß Westernreiter mit ganz gerade herabhängenden Beinen reiten. In der Praxis des Westernreitens aber sind die Steigbügel etwa so lang wie beim europäischen Dressurreiten, also etwas länger als beim gängigen europäischen Freizeitreiten. Sie sind aber nicht so lang, daß das Gesäß im Sattel bleibt, wenn man sich in den Steigbügeln aufstellt. Es gibt eine Übung, die am Anfang hilft, die richtige Steigbügellänge herauszufinden: man tritt mit den Füßen in die Bügel und verlängert die Bügelriemen, bis die Beine zu beiden Seiten des Sattels gerade herabhängen. Dabei darf man allerdings nicht die Fußspitzen nach unten strecken. Dann verkürzt man die Bügelriemen um ein Loch — bei den meisten Westernsätteln ist zwischen den Löchern jeweils 5 cm Abstand. Stehen sie enger beieinander, sollte man um zwei Löcher verkürzen. Leider ist es unmöglich, die Steigbügelriemen eines Westernsattels vom Sattel aus einzustellen.

Absteigen

Wenn man auf Westernart absteigen will, nimmt man die Zügel in die linke Hand und legt die Hand ein Stück vor dem Sattel auf den Pferdehals. Während man den rechten Fuß aus dem Steigbügel nimmt, liegt die rechte Hand am Sattelhorn. Dann lehnt man sich nach vorne und schwingt das rechte Bein hintenherum über den Sattel und den Pferderücken. Wenn man den rechten Fuß wieder auf den Boden setzt, schaut man zum Pferdekopf. Sobald der Fuß den Boden berührt, nimmt man den linken Fuß aus dem Bügel.

Absteigen

1 Nehmen Sie ihren rechten Fuß aus dem Steigbügel. Halten Sie dabei die Zügel gut fest und stützen Sie sich auf dem Pferdehals auf.

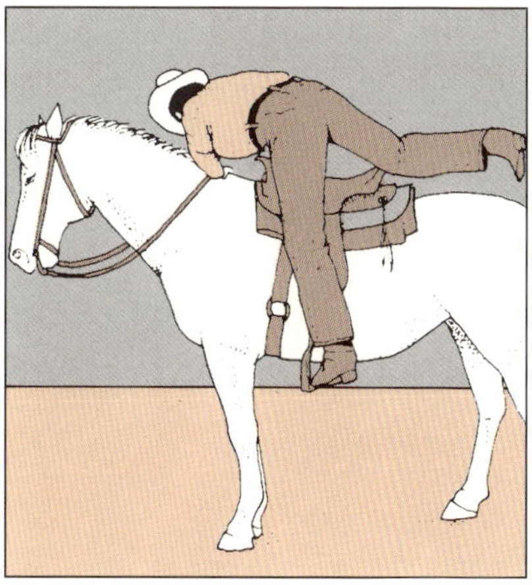

2 Die rechte Hand auf der rechten Seite des Sattels, lehnen Sie sich nach vorne und schwingen Sie das rechte Bein über den Sattel.

3 Nehmen Sie den linken Fuß erst dann aus dem Steigbügel, wenn der rechte wieder auf dem Boden steht.

Schritt und Jog

Der Schritt beim Westernreiten verlangt die gleichen Hilfen wie der europäische Reitstil. Um das stehende Pferd zum Gehen zu bewegen, drückt man die Innenseiten der Schenkel und Fersen sanft an und geht mit den Händen leicht nach vorne, um die Vorwärtsbewegung zuzulassen. Das Pferd sollte mit freien, flüssigen Bewegungen vorwärts gehen und dabei ein gleichmäßiges Tempo einhalten.

Wie bei allen anderen Reitweisen ist es auch beim Westernreiten wichtig, sich zuerst in die Bewegungen des Pferdes einzufühlen — zu erspüren, wie man richtig im Sattel sitzt und wie sich die Beine des Pferdes unter einem bewegen. Das ist schwer zu erklären und noch schwieriger zu lehren. Die einzige Möglichkeit, sich in den Bewegungsablauf des Pferdes einzufühlen, besteht darin, oft und ausgiebig zu reiten. Man sollte sehr lange im Schritt üben, bevor man zum *jog* übergeht, und dabei versuchen, schöne und präzise Wendungen und Zirkel auszuführen. Die Hilfen für die Wendungen und das Biegen werden auf die übliche Weise gegeben, wobei man sanft mit den Zügelhänden die Richtung andeutet, in die das Pferd gehen soll. Dabei liegt das innere Bein eng in der Gurtlage an, der äußere Schenkel etwas weiter hinten. Der Zug über den Zügel darf nur sehr leicht sein. Ziel der Übung sind glatte, fließende Bewegungen. Wenn man fest am Zügel zieht, wird das Pferd unweigerlich heftig und ruckartig reagieren.

Der Westernreiter treibt das Pferd in gleicher Weise aus dem Stehen in den Schritt wie jeder europäische Reiter. Er übt mit den Schenkeln einen sanften Druck auf den Pferdeleib aus und lockert die Zügel, damit das Pferd vorwärts gehen kann. Sobald das Pferd Schritt geht, folgt der Reiter der Bewegung, indem er seinen Körper im Rhythmus der Pferdeschritte mitgehen läßt.

Der *jog* des Westernreitens entspricht dem Trab. Der korrekte *jog* erfordert die vermehrte Aktion der Sprunggelenke, so daß das Pferd mit untergesetzter Hinterhand energisch und rhythmisch vorwärts geht. Man gibt ihm die üblichen Hilfen, sollte das Pferd aber erst dann in den *jog* bringen, wenn es zuvor einen sauberen Schritt gegangen ist und aufmerksam und gehorsam auf die Hilfen reagiert hat. Beim *jog* bleibt der Reiter wie beim Aussitzen entspannt im Sattel sitzen und folgt der Bewegung des Pferdes. Stemmen Sie nicht den Körper gegen den Sattel, sonst werden Sie unweigerlich hochgeworfen; man darf aber auch nicht zu lässig werden. Sitzen Sie aufrecht und nehmen Sie die Bewegung mit Kreuz und Hüften auf.

Wie beim Schritt muß man auch den *jog* stetig üben. Man versucht zunächst, drei oder vier ganze Bahnen lang einen gleichmäßigen und fleißigen *jog* zu reiten, um diese Übung dann auf dem Zirkel fortzusetzen; zuletzt reitet man Achter. Das ist zuerst schwierig, stellt aber eine ausgezeichnete Übung dar. Der *jog* ist eine Gangart, bei der das Pferd versammelt geht, wobei es mit seinen Hinterbeinen unter den Körper tritt und sich schwungvoll bewegt.

Der jog *entspricht dem Trab. Obwohl der Bewegungsablauf der gleiche ist wie bei europäischen Reitweisen, fühlt sich der* jog *für den Reiter etwas holperiger an. Der Reiter sollte tief im Sattel sitzen und versuchen, Kreuz und Hüften sehr locker und geschmeidig zu halten, um in der Bewegung weich mitgehen zu können.*

Beim traditionellen Westernreiten wird der *jog* immer ausgesessen. Auf langen Wander- oder Distanzritten, bei denen man viele Stunden im Sattel verbringt, bringt das Leichttraben indes Vorteile, da das Aussitzen auf langen Strecken für Pferd und Reiter gleichermaßen ermüdend ist. Außerdem stellt das Leichttraben eine gute Übung dar, um sich mit dem Bewegungsablauf des Pferdes vertraut zu machen. Es zwingt den Reiter dazu, bewußt auf die Bewegung der Beine in Diagonalpaaren zu achten.

Zurücknehmen des Tempos und Halten

In der Hilfengebung zum Anreiten und zum Übergang von Schritt zum *jog*, beim Zurücknehmen des Tempos und beim Halten unterscheidet sich das Westernreiten nicht von europäischen Reitweisen. Beim Übergang vom *jog* zum Schritt legt man die Unterschenkel fester an und hält mit den Zügeln dagegen, um das Pferd von einer weiteren Vorwärtsbewegung abzuhalten. Dabei sollte man daran denken, daß man jetzt Schritt gehen will. Wenn man bewußt an das denkt, was man vom Pferd fordert, fällt einem die unmißverständliche Hilfengebung nämlich leichter. Der Grundgedanke dahinter ist der gleiche wie beim Blick in die Richtung, in die das Pferd gehen soll, insbesondere bei Wendungen. Denkt man dann auch noch an die gewünschte Gangart und das Tempo, hat man schon halb gewonnen.

Der Galopp oder Lope

Westernreiter nennen den Galopp *lope*. Es handelt sich dabei um die gleiche Gangart. Wenn allerdings ein Pferd in dieser Gangart korrekt geht und seine Bewegungen sehr flüssig erscheinen, wirkt der *lope* etwas leichter und entspannter als die europäische Version. Obwohl die Hinterhand dabei sehr viel Kraft einsetzen muß, ist es eine leichte Gangart, bei der die Zügel sehr feinfühlig eingesetzt werden müssen. Die sanfte Zügelführung kann das Pferd aber auch dazu verleiten, in den *jog* zurückzufallen. Der Reiter muß das verhindern, indem er das Pferd die ganze Zeit über mit Schenkelhilfen weitertreibt.

Die Hilfengebung für den *lope* ist die gleiche wie für den europäischen Galopp. Wenn man entgegen dem Uhrzeigersinn auf dem Hufschlag einer Bahn reitet, gibt man die Galopphilfe so, daß das linke Vorderbein beim Galopp am weitesten vorgestreckt wird. Reitet man auf der rechten Hand oder im Uhrzeigersinn, bringt man das Pferd in den Rechtsgalopp; das rechte Vorderbein wird dabei weiter vorgestreckt werden als das linke.

Beim *lope* sitzt der Reiter genau so wie beim Galopp: Er bleibt tief im Sattel und hält Kreuz und Hüften entspannt, so daß sein Körper in der Bewegung mitgeht. Auch hierbei sollte man gerade aufgerichtet sitzen, den Kopf hoch halten und in die Richtung schauen, in die das Pferd zu gehen hat. Der *lope* ist eine Gangart, bei der die gleichmäßige, «runde» Bewegung des Pferdes den Reiter zur Nachlässigkeit verleiten kann. Wenn man in den *jog* zurückkehren will, denkt man an den *jog* und gibt die Hilfen für den Übergang in die nächst niedrigere Gangart.

Häufige Fehler

1 Nach dem Horn greifen, wenn man sich unsicher fühlt. Da ist es ist sogar noch besser, sein Gleichgewicht mit Hilfe der Zügel wiederzuerlangen, auch wenn das an sich verkehrt ist.
2 Das eigene Gewicht im Sattel ungleichmäßig verteilen. Anfänger bitten am besten einen Helfer, sich hinter das Pferd zu stellen und anzugeben, ob man in der Sattelmitte oder zur Seite geneigt sitzt.
3 Den Galopp mit geraden, nach vorne durchgedrückten Beinen reiten. Oft verleitet die Form des Westernsattels zu diesem Fehler.
4 Mit der zügelführenden Hand anzunehmen, anstatt nachzugeben. Schenkel- und Zügelhilfen müssen einander unbedingt ergänzen.

Beim lope *sollte der Reiter in der Bewegung des Pferdes mitgehen. Das ist nur möglich, wenn er tief im Sattel sitzt und Kreuz und Hüften entspannt.*

Übungen

Links: Die Zügelführung beim kalifornischen Stil. Die Zügel werden unter dem kleinen beziehungsweise dem Ringfinger in die Hand genommen und kommen zwischen Zeigefinger und Daumen wieder heraus. Die Enden der beiden Zügel laufen zu einem geflochteten und geknotetem romal *zusammen. Die rechte Hand ruht auf dem rechten Oberschenkel und hält dabei die freien Zügelenden.*

Rechte Seite: Die Zügelführung beim texanischen Stil. Die Zügel sind geteilt. Sie werden zwischen Daumen und Zeigefinger aufgenommen und kommen am Handballen aus der Zügelfaust heraus. Manchmal, wie hier, trennt der Zeigefinger die Zügel. Anders als bei der kalifornischen Reitweise hält die freie Hand die Zügel nicht fest, obwohl sie auch hier auf dem Oberschenkel ruht.

Viele der weiter vorne beschriebenen Übungen verhelfen dem Westernreiter zu einem unabhängigen Sitz. Außerdem entwickelt und trainiert er so die für das korrekte Reiten wichtigen Muskeln und lernt dabei, die Bewegungen seiner einzelnen Körperteile zu koordinieren oder aber unabhängig voneinander auszuführen. Hier noch ein paar Tips für die Reitergymnastik: Die Schultern hochziehen und kreisen lassen, löst Verspannungen im Schulter-Nacken-Bereich, für die gerade Anfänger besonders anfällig sind, und die oft verhindern, daß der Reiter korrekt sitzt; die Unterschenkel einzeln und abwechselnd aus dem Knie heraus vor- und rückwärts pendeln lassen, dann die Arme einzeln und abwechselnd aus der Schulter heraus vor- und zurückschwingen; all diese Übungen im Rhythmus der Bewegungen des Pferdes ausführen.

Zuerst macht man die Gymnastik im Schritt, später dann auch im jog *und im* lope*. Wenn man versucht, die Bewegungen des eigenen Körpers dem Rhythmus der Pferdebewegungen anzugleichen, entwickelt man leichter ein Gefühl für die Gangarten.*

In diesem frühen Stadium — wenn man die Zügel noch mit beiden Händen hält — sollte man auf geraden und gebogenen Linien in allen Gangarten ohne Steigbügel reiten. Dabei muß man die ganze Zeit über die korrekte Position im Sattel beibehalten, so als ob man die Füße in den Steigbügeln hätte.

66

105

4. KAPITEL

TURNIERREITEN

DRESSUR

Der Begriff «Dressur» bezeichnet alle Übungen, die man mit dem Pferd in der Bahn, dem Dressurviereck, macht. Dieses Training ist ein wichtiges Element der Ausbildung aller Pferde, unabhängig davon, in welchem Bereich des Reitsports sie eingesetzt werden. Sinn der Dressur ist es, das Pferd zu kräftigen, seine Muskeln zu trainieren und geschmeidig zu machen und seine Rittigkeit, also seine Geschicklichkeit und seinen Gehorsam gegenüber dem Reiter, zu fördern.

Dazu bringt man dem Pferd bei, in verschiedenen Gangarten und in verschiedenen Tempi zu gehen, wobei man immer einen Schritt auf dem vorangegangenen aufbaut. Wie gut ein Pferd seine Sache dabei macht, hängt immer von seinem Ausbildungsstand ab. In diesem Abschnitt werden die meisten Übungen anhand eines jungen Pferdes demonstriert, das noch einiges zu lernen hat, sowie am Beispiel eines fertig ausgebildeten Pferdes, um zu zeigen, was man von Pferden in den verschiedenen Stadien der Ausbildung erwarten kann. Das ausgebildete Pferd zeigt auch die Selbsthaltung, die von Dressurpferden erwartet wird. Es ist wichtig, die Dressurausbildung schrittweise aufzubauen, da das Pferd für die korrekte Ausführung jeder Übung erst einmal die dafür notwendigen Muskeln ausbilden muß. Man kann ein Pferd verderben, wenn man allzu früh zuviel von ihm verlangt.

Auch der Reiter muß sich einem intensiven Trainingsprogramm unterziehen. Er muß an seinem Sitz arbeiten und lernen, Schenkelhilfen, Gewichts-, Kreuz- und Zügelhilfen unabhängig voneinander einzusetzen, und zwar so, daß sie auf die jeweilige Übung abgestimmt sind und er das Pferd die ganze Zeit über vollständig beherrscht. Außerdem muß der Reiter lernen, eine entspannte, positive Einstellung bei der Arbeit mit dem Pferd zu entwickeln, da es innere Spannungen und Unsicherheiten beim Reiter sofort erspürt. Mit einem jungen Pferd wird etwa eine halbe Stunde pro Tag gearbeitet. Das Trainingsprogramm sollte auch Reiten im Gelände, besonders

Blenheim Palace in Großbritannien bietet eine ideale Kulisse für Dressurwettbewerbe.

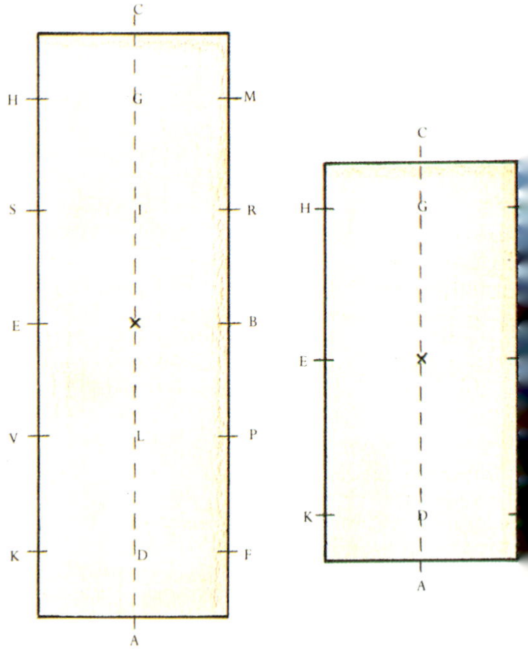

Das kleinere Viereck wird für Prüfungen bis zum mittleren Niveau benützt, das große Viereck für internationale Veranstaltungen. Dressurvierecke sind mit Buchstaben markiert, die Wende-, Anfangs- und Endpunkte der Hufschlagfiguren anzeigen.

Bergaufreiten, und Springgymnastik vorsehen, um die allgemeine Kondition des Tieres aufzubauen und ihm etwas Abwechslung zu bieten. Man darf nie vergessen, daß ein Pferd keine Maschine ist. Man sollte es also nicht drillen, aber auch nicht versuchen, es zu bezwingen. Das Pferd muß Spaß an der Sache haben und sich darauf freuen, mit dem Reiter zusammenzuarbeiten; nur so kann man erreichen, daß es sein Bestes gibt.

Links: Wenn Ihr Pferd sehr lebhaft ist, sollten Sie es vor Beginn einer Dressurstunde eine halbe Stunde auf die Koppel lassen oder es vor dem Reiten an der Longe führen.
Unten: Beim Dressurtraining lernen Pferd und Reiter zusammenzuarbeiten.

Der Schritt

Im Schritt muß das Pferd eine gute Vorwärtsbewegung zeigen, in sich gerade gehen und aufmerksam auf die Hilfen reagieren. Seine Bewegungen sollen symmetrisch sein, die Kraft für die Bewegung kommt aus der Hinterhand. Der Reiter sitzt im Schritt so ruhig und entspannt wie nur möglich und erlaubt dem Pferd durch die Zügelhaltung einen ausgreifenden Schritt.

Beim Schritt unterscheidet man vier Tempi: freier Schritt am langen Zügel, versammelter Schritt, Mittelschritt und starker Schritt. Beim freien Schritt am langen Zügel geht das Pferd mit gestrecktem Hals entspannt und ausgreifend.

Beim versammelten Schritt strebt der Reiter eine vermehrte Beugung der Hinterbeine des Pferdes in den Hüft- und Kniegelenken an, die sogenannte Hankenbiegung, so daß die Schritte kurz und erhaben werden. Das Pferd erscheint «verkürzt», und die Hinterhufe fußen in die Spuren der Vorderhufe oder ganz kurz dahinter. Der versammelte Schritt wird durch kurze halbe Paraden aus dem freien aufgebaut.

Der Mittelschritt ist zwischen freiem und starkem Schritt angesiedelt. Das Pferd verlängert seine Schritte, wobei die Hinterhufe etwas vor den Spuren der Vorderhufe auffußen. Zur gleichen Zeit streckt es seinen Körper, wobei seine Körperform aber kompakt und gerundet bleibt. Es sollte jetzt frei und energisch vorwärts gehen; der Reiter hält Kontakt zum Pferdemaul.

Beim starken Schritt streckt das Pferd seinen Körper etwas weiter als beim Mittelschritt und erscheint länger und niedriger. Jeder Schritt sollte so raumgreifend wie nur möglich sein, der Takt bleibt dabei gleichmäßig. Man treibt das Pferd in den starken Schritt, indem man auf den Pferderücken mehr Druck mit dem Gesäß ausübt und gleichzeitig mit den Schenkeln vermehrt treibt. Dabei läßt man dem Pferd längere Zügel, so daß es den Hals weiter ausstrecken kann.

Das Pferd geht mit ausgestrecktem Kopf und Hals am langen Zügel.

Mit Kreuz- und Schenkelhilfen fordert die Reiterin das Pferd dazu auf, seine Schritte etwas zu verlängern. Sie hält leichten Kontakt zum Pferdemaul. Die Körperform des Pferdes bleibt gerundet.

Die Reiterin versammelt das noch junge Pferd im Schritt, indem sie mit Schenkelhilfen die Hinterhand zu vermehrter Aktivität anregt. Gleichzeitig bringt sie das Pferd mit mehreren halben Paraden zu einem kürzeren und erhabeneren Schritt.

Die Reiterin bringt durch Treiben mit den Schenkeln das Pferd dazu, sich zu strecken und seine Schritte zu verlängern; gleichzeitig läßt sie dem Pferd mehr Zügel. Das junge Pferd hat beim Ausstrecken seinen Körper zu lang werden lassen.

Beim Mittelschritt macht dieses fertig ausgebildete Pferd kürzere Schritte als das junge. Es müßte aber noch seinen Kopf etwas senken und seinen Körper stärker strecken.

Das ausgebildete Pferd setzt sein Hinterbein gut unter, es tritt über die Spur des Vorderbeines. Es sollte aber auch seinen Körper und seinen Hals etwas stärker strecken. Dann würde sein Hinterbein noch weiter übertreten und der Schritt wäre raumgreifender, was man von einem guten starken Schritt erwartet.

Der Trab: Arbeitstrab und versammelter Trab

Im Trab muß der Reiter das Pferd zu gelösten, aktiven und taktklaren Tritten veranlassen. Das Tier muß dabei elastisch und geschmeidig wirken und seine Hinterhand fleißig einsetzen. Es ist keine leichte Gangart, besonders nicht für junge Pferde, die dann zur Hast neigen. Dabei bringen sie sich und den Reiter oft aus dem Gleichgewicht.

Man unterscheidet vier verschiedene Tempi: Arbeitstrab, versammelter Trab, Mitteltrab und starker Trab. Beim starken und beim versammelten Trab muß sich der Reiter besonders bemühen, in der Bewegung mitzugehen. Wenn sein Sitz nicht tief genug ist, wird er aus dem Takt kommen.

Den Arbeitstrab reitet man, wenn das Pferd noch nicht für das Erlernen der Versammlung bereit ist. Man kann dabei sehr gut beurteilen, ob es unter dem Reiter im Gleichgewicht ist, seine Hinterhand aktiv einsetzt und am Zügel geht.

Wie alle versammelten Gangarten erfordert auch der versammelte Trab viel Schubkraft aus der Hinterhand. Der Reiter fängt diesen Schub, der von hinten nach vorne kommt, mit halben Paraden ab, um federnde, erhabene Tritte zu erzielen. Das Pferd sollte seine Hinterhand jetzt bei starker Hankenbiegung sehr energisch einsetzen, so daß die Hinterbeine gut untertreten.

Wie gut ein Pferd den versammelten Trab gehen kann, hängt bis zu einem gewissen Grad von seinem Gebäude und seiner Veranlagung sowie von seinem Ausbildungsstand ab. Ein Pferd, das von Natur aus nur eine gerade, flache Aktion hat, wird kaum je einen hohen Grad von Biegung und Aufrichtung erreichen.

Bei diesem Arbeitstrab ist das Pferd aufmerksam und veranschaulicht eine gute Haltung sowie einen erfreulichen Raumgriff.

Auf dem Weg in die Versammlung zeigt dieses Pferd eine gute Hankenbiegung und beginnt mit dem Aufrichten. Seine Schritte werden kürzer und energischer, seine Körperhaltung runder.

Die Reiterin belastet die Steigbügel wenig und hat ihre Schenkel eng an den Pferdeleib angelegt. Sie sitzt entspannt und unabhängig von den Zügeln und hebt sich im Rhythmus der Pferdebewegungen im Sattel.

Hier sitzt die Reiterin zu steif und lehnt sich zu weit zurück. Sie hält die Hände zu hoch und die Zügel zu lang, so daß sie den Kontakt zum Pferd verloren hat.

Die Reiterin hat das Pferd mit vermehrten Schenkelhilfen und halben Paraden in einen sehr erhabenen, versammelten Trab gebracht. Das Pferd ist durchlässig und geht rund, mit einer sehr schönen Aktion.

Häufige Fehler

1 Der Tritt ist verkürzt, aber das Pferd trägt zuviel Gewicht auf der Vorhand. Die Reiterin sitzt etwas zu weit vorne. Sie sollte gerader sitzen und halbe Paraden geben, um die Hinterhand anzuregen und die Vorhand zu entlasten.

2 Das Pferd kämpft mit dem Gebiß. Die Reiterin beginnt, Versammlung zu fordern, und setzt dabei möglicherweise die Zügelhilfen zu stark ein, anstatt den Schritt durch den Einsatz von Rücken und Gesäß aufzubauen. Sie sollte aufrechter sitzen und das Pferd stärker vorwärtstreiben.

Mitteltrab und starker Trab

Von der Trittlänge her liegt der Mitteltrab zwischen Arbeitstrab und starkem Trab. Die Schubkraft der Hinterhand sollte sehr stark sein: energische Tritte bei leicht gestrecktem Hals. Das Pferd muß übertreten, und die Tritte der Hinter- und der Vorderbeine sollten gleich lang sein. Ungleiche Tritte sind ein Hinweis darauf, daß das Pferd die Hinterhand nicht genug einsetzt.

Beim starken Trab streckt sich das Pferd so weit wie möglich und verlängert so seinen Raumgriff. Die Vorbereitung in den Übergang zum starken Trab erfolgt durch halbe Paraden. Dann gibt man energische Kreuz- und Schenkelhilfen und läßt die Bewegung nach vorne durch nachgebende Zügelhilfen heraus. Der Reiter muß mit der Bewegung, die er vom Pferd verlangt, mitgehen. Ansonsten kommt er hinter die Bewegung und wird schließlich nur noch am Zügel ziehen.

Die Reiterin fordert das Pferd auf, die Tritte zu verlängern, um zum Mitteltrab überzugehen. Dazu treibt sie es mit dem Gesäß und den Schenkeln an und hält eine leichte Verbindung zum Maul aufrecht. Das Pferd arbeitet aktiv mit, die Tritte von Hinter- und Vorderbeinen sind gleich lang.

Die Reiterin bleibt eine Idee hinter der Bewegung des Pferdes zurück. Da sie sich trotzdem im Rhythmus des Pferdes bewegt, stört sie seinen Raumgriff nicht.

Bei diesem starken Trab ist der Raumgriff gut. Das junge Pferd muß Gangart und Tempo erst noch erlernen; deshalb geht es zu stark vorwärts, wobei es die Vorhand belastet. Bei dem Versuch, ihm zu einer besseren Haltung zu verhelfen, ist die Reiterin im Sitz zu weit nach vorne gekommen, läßt aber die Bewegung gut von hinten nach vorne durchkommen. Das Pferd geht sehr fleißig vorwärts, ist aber dabei nicht ganz im Gleichgewicht.

Die Reiterin hat ihr ausgebildetes Pferd mit einer halben Parade auf den Übergang zum starken Trab vorbereitet, indem sie das Pferd vorwärts getrieben und dann den Vorwärtsschub durch Nachgeben mit den Händen nach vorne herausgelassen hat. Sie behält leichten Kontakt zum Pferdemaul. Das Pferd reagiert mit einem flüssigen, fleißigen und raumgreifenden Trab.

Häufige Fehler

Das Pferd hat im Genick nicht nachgegeben, es geht gegen den Zügel und belastet die Vorhand. Es «rennt», und die Reiterin muß es mit den Händen ausbalancieren. Sie hätte, als sie den Übergang forderte, ihre Schenkel stärker einsetzen müssen, um die Hinterhand anzuregen und das Pferd vorwärts zu treiben; dann hätte sie mit nachgebender Hand die Bewegung herauslassen können.

Der Galopp

Ein gelungener Galopp zeichnet sich durch gleichmäßige Sprünge aus. Das Pferd geht dabei leicht, rund und am Zügel. Die Vorhand ist unbelastet, so daß die Schultern des Pferdes leicht und beweglich bleiben; die Hinterhand wird recht energisch eingesetzt. Der Rücken des Pferdes ist rund und schwingt mit, und der Reiter sitzt entspannt im Sattel und macht die Bewegung mit. Dabei geht das Pferd so, daß der innere Hinterhuf auf gerader Linie hinter dem inneren Vorderhuf auffußt.

Die vier Tempi des Galopps sind: Arbeitsgalopp, versammelter Galopp, Mittelgalopp und starker Galopp.

Der Arbeitsgalopp wird in den Anfangsstadien der Ausbildung geritten. Das Pferd sollte ihn ungezwungen und ausbalanciert gehen.

Der versammelte Galopp sollte einen klaren Dreiertakt haben. Das Pferd muß mit erhobenem, gewölbtem Hals am Zügel gehen. Dabei ist die Hinterhand untergesetzt und trägt das Gewicht, so daß die Vorhand unbelastet ist und kurze, federnde Sprünge hervorbringt.

Auch im Mittelgalopp sollte der Dreiertakt klar erkennbar sein. Das Pferd erscheint etwas länger und tritt mit seinen Hinterbeinen gut unter den Körper. Die Galoppsprünge sind fleißig und kraftvoll.

Beim starken Galopp kommt das Hinterbein am weitesten unter den Körper, um den Galoppsprung so raumgreifend wie möglich zu machen; auch das Pferd wird länger. Dabei muß man darauf achten, die treibenden Hilfen relativ sanft zu geben, damit es keine ruckhaften Sätze nach vorne macht. Die Schwierigkeit des starken Galopps rührt daher, daß Pferde von Natur aus eher zu rascheren als zu längeren Sprüngen neigen.

Es ist nicht ganz einfach, ein Pferd im Galopp gerade zu halten. Dabei sollte man zuerst seinen eigenen Sitz überprüfen. Wenn der Reiter nicht genau in der Sattelmitte sitzt, wird das Pferd einen Bogen gehen. Als nächstes

Das Pferd beginnt sich zu versammeln. Der Hals ist erhoben, die Hanken sind gebeugt und «gerundet», die Hinterhand beginnt sich zu senken. Die Reiterin geht leicht gegen die Bewegung des Pferdes und zieht und dreht dabei am Innenzügel.

Die Reiterin sitzt gut; das Pferd macht im starken Galopp schöne Sprünge. Leider geht es ein bißchen auf der Vorhand, weil seine Hinterhand nicht genügend am Bewegungsablauf beteiligt ist. Es hat sich korrekt gestreckt, dürfte aber seinen Kopf nicht so tief nach unten fallen lassen, sondern sollte sich eigentlich ebenso selbst aufrichten wie das fertig ausgebildete Pferd.

sollte man über die Hilfengebung nachdenken. Wenn sie nicht ausgewogen ist, kann das Pferd nicht geradeaus galoppieren. Liegt der äußere Schenkel zu weit hinten an, wird die Hinterhand des Pferdes nach innen ausweichen. Bleibt die innere Hand zu starr, so daß sich das Pferd zu stark im Genick biegen muß, verliert der Reiter die Kontrolle über die Schultern, und die äußere Schulter fällt nach außen.

Rechts: Bei diesem versammelten Galopp erscheint der Körper des Pferdes verkürzt, die Hinterhand ist gerundet. In der Mitte eines Galoppsprungs ist sein Körper wie eine aufgezogene Feder, die im nächsten Moment nach vorne schnellen wird.

Der Raumgriff ist bei diesem Mittelgalopp etwas kürzer als beim starken Galopp. Die Reiterin ist im Sitz mit der Bewegung des Pferdes nach vorne gegangen. Sie treibt das Pferd mit den Schenkeln an und sitzt korrekt im Sattel.

Das Pferd hat bei diesem starken Galopp eine schöne Aktion, wirkt aber hinter dem Sattel etwas zu flach. Es müßte seine Hinterhand stärker untersetzen und sein Hinterbein weiter übertreten lassen.

Häufige Fehler

1 Das Pferd setzt seine Hinterhand nicht aktiv genug ein, so daß sie nicht gut abgerundet ist. Das kann man auch daran sehen, daß die Partie hinter dem Sattel flacher erscheint als auf dem Bild S. 114 oben.

2 Das Pferd galoppiert auf der Vorhand, wobei es gegen den Zügel geht. Die Reiterin sollte ihre Schenkel einsetzen, um die Hinterhand zu vermehrter Arbeit anzuregen.

Übergänge: 1

Übergänge zwischen den Gangarten und innerhalb einer Gangart zwischen den verschiedenen Tempi sollten immer genau, flüssig und schwungvoll ausgeführt werden. Ein unsauberer Übergang zeugt von schlechter Vorbereitung und mangelndem Gleichgewicht.

Einen guten Übergang kann man nur dann reiten, wenn das Pferd aufmerksam auf die Hilfen reagiert und die Anweisungen des Reiters gut vorbereitet und eindeutig sind.

Eine gute Übung für das Ausführen sauberer Übergänge ist es, wenn man die Schritte, Tritte und Sprünge des Pferdes zählt. Dazu reitet man auf einem Zirkel jeweils 10 Schritte in jeder Gangart. Man zählt beim Reiten mit und wechselt nach dem zehnten Schritt in die nächste Gangart: 10 Tritte im Trab, 10 Galoppsprünge, wieder 10 Trabtritte, 10 Galoppsprünge. Das Pferd wird dadurch aufmerksamer auf die Anweisungen des Reiters. Der Reiter lernt dabei, den Übergang für jeden zehnten Tritt vorzubereiten.

Vom Schritt zum Trab

1 Die Reiterin bereitet das Pferd darauf vor, in den Trab überzugehen. Sie treibt das Pferd mit Kreuz und Schenkeln an und verkürzt die Zügel. Die Hinterhand des Pferdes wird runder.

2 Der Übergang zum Trab ist flüssig, und die Reiterin geht dabei gut mit, so daß sich das Pferd nicht gegen den Zügel vorwärtsbewegen muß.

Mangelhafte Vorbereitung

1 Die Reiterin unternimmt nichts, um das Pferd vorzubereiten. Es geht am langen Zügel und leistet leichten Widerstand.

2 Jetzt ist das Pferd zum Trab übergegangen und hat den Rücken weggedrückt. Da die Reiterin nicht in der Bewegung mitgegangen ist, stört sie nun das Pferd im Maul.

Vom Trab zum Galopp

1 Die Reiterin nimmt vorsichtig den inneren Zügel an, damit das Pferd das Bein, das im Galopp weiter vortreten soll — in diesem Fall das rechte (innere) —, stärker beugt. Ihren äußeren Schenkel legt sie ein Stück weit hinter dem Sattelgurt an.

2 Das innere Hinterbein des Pferdes tritt gut unter den Körper. Die Reiterin geht in der Bewegung mit, und beide zeigen einen gelungenen Übergang in den Galopp.

Die Reiterin hat sich im Sattel zurückgesetzt und fordert den Übergang zurück in den Trab, indem sie mit den Schenkeln treibt und die Zügel annimmt, um die Vorwärtsbewegung einzufangen.

Die Reiterin hat den Übergang nicht vorbereitet. Das Pferd belastet die Vorhand und fällt förmlich in den niedrigeren Gang hinein. Sie hätte den Übergang mit halben Paraden einleiten sollen.

Die Reiterin hat sich im Sattel zurückgesetzt, ihre Schenkel angelegt und den Zügel angenommen, um das Pferd zum Übergang vom Trab zum Schritt aufzufordern. Sie geht zusammen mit dem Pferd zur Schrittbewegung über.

Die Reiterin steht beinahe im Sattel und zieht mit erhobenen Händen die Zügel nach hinten. Als Reaktion darauf hat das Pferd seinen Kopf gehoben; es drückt den Rücken weg und geht gegen den Zügel.

Übergänge: 2

Vom Galopp zum Schritt: junges Pferd

Der Übergang vom Galopp zum Schritt, der hier gezeigt werden soll, ist der schwierigste von allen. Das Pferd muß besonders feinfühlig auf die Hilfen reagieren und zur Vorbereitung des Übergangs seine Hinterhand aktiv einsetzen. Bleibt die Hinterhand passiv, wird das Pferd seinen Rücken wegdrücken, Kopf und Hals nach oben strecken und gegen die Hand des Reiters gehen.

1 Die Reiterin hat den Übergang nicht vorbereitet, und das Pferd belastet die Vorhand. Weil es zu wenig im Gleichgewicht ist, ziehen Reiter und Pferd gleichzeitig am Zügel.

2 Die Reiterin muß ihre Hände zu sehr einsetzen, um das Pferd zurück in den Schritt zu bringen. Das Pferd gibt dem Druck, den die Zügel in seinem Maul erzeugen, nicht nach, sondern zieht seinerseits am Zügel und versucht, vor dem unangenehmen Druck wegzulaufen.

3 Das Pferd fällt förmlich in den Schritt und gleichzeitig auf die Vorhand. Während der ganzen Phase des Übergangs geht es gegen die Bewegung.

Vom Galopp zum Schritt: ausgebildetes Pferd

1 Das Pferd galoppiert im Gleichgewicht und versammelt, die Hinterbeine kommen unter den Körper.

2 Die Reiterin zieht das Kreuz an, um dem Pferd mitzuteilen, daß es in den Schritt übergehen soll.

3 Das Pferd geht in den Schritt über; die Hinterhand ist immer noch gut untergesetzt und trägt das Gewicht.

Vorhandwendung

Die Vorhandwendung ist eine Lektion aus der Grundausbildung des Pferdes. Sie löst das Pferd und lehrt es Gehorsam gegenüber den reiterlichen Hilfen. Diese Lektion ist auch für den Reiter wertvoll, weil er lernt, das Pferd völlig zu beherrschen.

Mit den Zügelhilfen bedeutet man dem Pferd, seine Schultern nicht zu bewegen. Mit dem Schenkel in der Gurtlage regt man die Hinterhand des Pferdes dazu an, um die Vorhand herumzutreten. Das Pferd läßt einen Hinterhuf quer vor dem anderen auffußen, so daß die Hinterhand einmal im Kreis um die Vorhand tritt.

Die Vorhandwendung wird aus dem Stand ausgeführt. Da das Pferd dafür Platz braucht, geht man dazu auf den inneren Hufschlag der Bahn, auf dem man genug Abstand von der Bande hat.

Wie das Pferd sich dreht

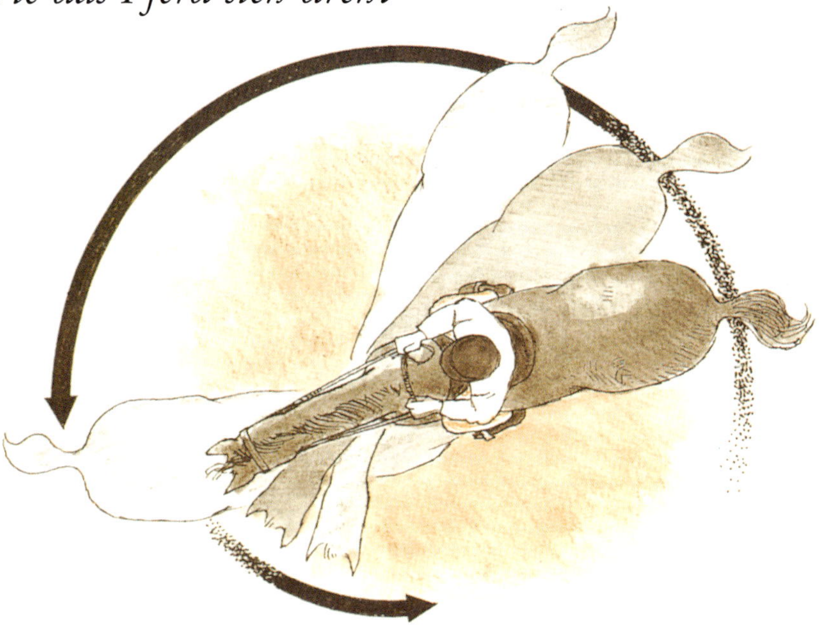

Das Pferd dreht sich 180 Grad um seine Vorhand. Diese Übung wird aus dem Stand ausgeführt; das Pferd entwickelt dabei keine Schubkraft oder Vorwärtsbewegung.

Vorhandwendung: ausgebildetes Pferd

1 Im Stand legt die Reiterin ihren linken Schenkel am Gurt an, um das Pferd zum Seitwärtstreten anzuregen. Gleichzeitig hält sie das Pferd mit angenommenen Zügeln zurück, damit die Vorhand stehenbleibt.

2 Bei der Drehung treten die Hinterhufe jeweils vor- und übereinander. Die Reiterin gibt die Schenkelhilfe weiterhin im Rhythmus der Bewegung, während ihre Hände an den Zügeln die Schultern des Pferdes daran hindern auszufallen.

3 Das Pferd hat sich um 180 Grad gedreht, ohne daß die Vorhand ihren Ausgangspunkt verlassen hat.

Außengalopp

Beim Außengalopp, auch Kontergalopp genannt, tritt das Pferd mit seinem äußeren Vorderbein am weitesten vor; sein Körper ist dabei leicht nach außen gebogen. Der Außengalopp sollte genau so flüssig und kontrolliert geritten werden wie der richtige Galopp.

Die Hilfen für den Außengalopp werden genau umgekehrt zu den Hilfen des Innengalopps gegeben. Der äußere Schenkel liegt am Gurt an und fordert den Sprung heraus. Der innere Schenkel liegt hinter dem Gurt an, um zu treiben und ein Ausfallen zu verhindern. Der äußere Zügel gibt dem Pferd die Richtung vor und hält die Biegung nach außen aufrecht, während der innere dem Pferd hilft, sein Gleichgewicht zu behalten.

Am Anfang übt man den Außengalopp auf einer einfachen Schlangenlinie an der langen Seite der Bahn. Dabei behält man die Biegung in Richtung des führenden Beines bei. Danach kann man die beiden hier beschriebenen Übungen durchführen.

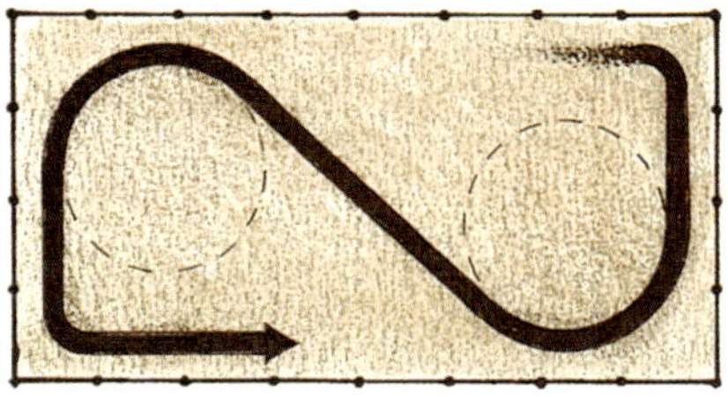

Reiten Sie eine große Volte und kommen Sie im Außengalopp auf den Hufschlag zurück. Parieren Sie dann das Pferd zum Schritt durch oder gehen Sie durch einen einfachen Wechsel wieder in den richtigen Galopp über. Wenn das Pferd dies auf beiden Händen beherrscht, setzen Sie den Außengalopp auch in den Ecken der Bahn fort. Wenn das Pferd den Außengalopp auf ganzer Bahn durchhält, reiten Sie eine Acht und bleiben auf der ganzen Hufschlagfigur im Außengalopp.

Außengalopp: ausgebildetes Pferd

1 Die Reiterin hat das Pferd mit ihrem äußeren Schenkel am Gurt dazu veranlaßt, im Außengalopp anzuspringen.

2 Die Reiterin legt ihr inneres Bein etwas hinter dem Gurt an, um das Tempo zu halten; ihr äußeres Bein bleibt am Gurt.

3 Die innere Zügelhand gibt dem Pferd die Richtung vor, während die äußere Hand weiterhin die Biegung fordert.

4 Die Fußfolge beim Außengalopp: Das äußere Vorderbein fußt in dem Augenblick ab, in dem das innere Hinterbein unter dem Körper auffußt.

Schulterherein

Beim Schulterherein bewegt sich das Pferd auf dem Hufschlag vorwärts-seitwärts. Seine Vorhand geht nicht auf dem Hufschlag, sondern etwas weiter innen auf dem zweiten Hufschlag. Die Schultern des Pferdes sind leicht der Bahnmitte zugewandt, während die Hinterhand auf dem Hufschlag bleibt. Der Körper des Pferdes ist um den inneren Schenkel des Reiters und gleichzeitig gegen die Bewegungsrichtung gebogen. Denkt man sich eine Linie, die genau zwischen den Schultern des Pferdes verläuft, so würde diese Linie mit dem Hufschlag einen 30°-Winkel bilden. Der innere Hinterhuf fußt in die Spur des äußeren Vorderhufs.

Schulterherein ist eine lösende Übung; sie macht das Pferd besonders in den Schultern geschmeidiger und ist damit auch eine gute Vorbereitung auf das Springen. Darüber hinaus lernt das Pferd, auf die Schenkelhilfen zu achten.

Am Anfang macht man am besten zuerst in einer Ecke der Reitbahn eine Volte, die man so beendet, als wolle man gleich die nächste Volte gehen. Wenn die Schultern des Pferdes nicht mehr über dem Hufschlag sind, weil es jetzt in die zweite Volte geht, nimmt man den inneren Zügel etwas an oder gibt eine halbe Parade. Mit dem äußeren Zügel begrenzt man die Biegung, damit das Pferd nicht zu weit herum geht. Man behält nun diesen Biegungswinkel bei und treibt das Pferd auf dem Hufschlag vorwärts, wobei der innere Schenkel am Gurt treibt und der äußere Schenkel, der hinter dem Gurt anliegt, die Hinterhand am Ausfallen hindert. Beim Schulterherein ist die seitliche Stellung gering. Mit etwas Erfahrung wird man den Winkel korrekt ausführen.

Der richtige Winkel

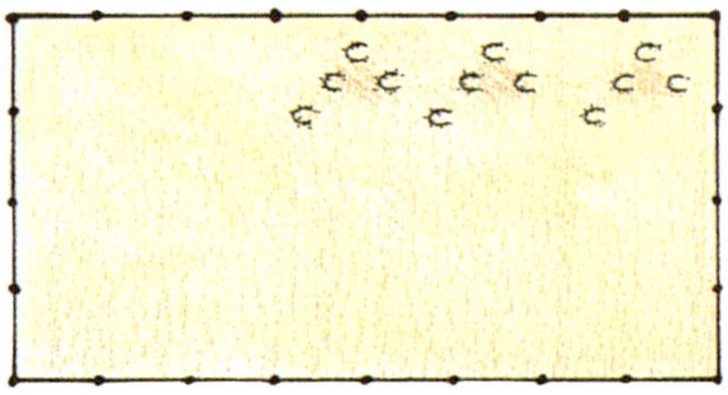

Um das Pferd in den richtigen Winkel zum Hufschlag zu stellen und um sicherzugehen, daß sich das Pferd auf zwei Hufschlägen bewegt, sollte man kontrollieren, ob der äußere Hinterhuf in der Spur des inneren Vorderhufs auffußt.

Korrektes Schulterherein: junges Pferd

1 Die Reiterin treibt das Pferd mit dem inneren Schenkel auf dem Hufschlag vorwärts. Ihr äußeres Bein liegt etwas hinter dem Gurt an, um die Hinterhand am Ausfallen zu hindern. Ihre innere Hand fordert die Biegung des Pferdekörpers, während ihre äußere Hand den Grad der Biegung und die Bewegungsrichtung kontrolliert.

2 Der innere Hinterhuf fußt in die Spur des äußeren Vorderhufs. Dieses junge Pferd macht seine Sache gut und geht auch im richtigen Winkel zum Hufschlag, aber es sollte sich noch etwas mehr biegen.

Der Beginn der Lektion

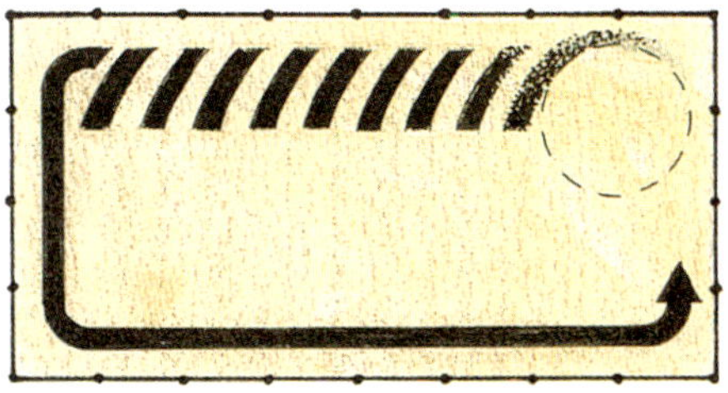

Wenn Sie mit dieser Lektion beginnen, dann stellen Sie sich vor, daß Schulterherein das Segment einer Volte ist. Treiben Sie das Pferd den Hufschlag entlang und behalten Sie dabei den gleichen Biegungswinkel bei.

Häufige Fehler

1 Diese Reiterin setzt ihre Hände und Schenkel nicht so ein, wie sie sollte, um das Pferd zur Biegung aufzufordern.

2 Der Winkel ist zu groß, das Pferd setzt zu viele Spuren. Die Reiterin sollte den Winkel verkleinern, indem sie die Schultern des Pferds durch Zügelhilfen kontrolliert.

Um später die schwierigeren Lektionen der Dressur zu beherrschen, müssen Pferde in ihrer Jugend immer wieder Grundlektionen wie Schulterherein üben und dabei den Gehorsam gegenüber den Schenkelhilfen erlernen.

Traversalen

Bei dieser Lektion bewegt sich das Pferd vorwärts-seitwärts auf zwei Hufschlägen quer durch die Bahn. Der Körper des Pferdes sollte stets parallel zur Bande bleiben, wobei er leicht in Bewegungsrichtung gebogen ist — umgekehrt also zum Schulterherein, wo der Pferdekörper entgegen der Bewegungsrichtung gebogen ist. Die in sich relativ gerade Hinterhand darf weder hinter der Vorhand zurückbleiben noch vor die Schultern kommen. Bei dieser Lektion zeigt sich, ob das Pferd biegsam in den Hüftgelenken ist.

Um die Traversale zu üben, fordert man das Pferd mit dem inneren Zügel auf, sich in Bewegungsrichtung zu biegen. Der äußere Schenkel geht hinter den Gurt, um das Pferd vorwärts-seitwärts zu treiben, das innere Bein liegt am Gurt an und verhindert, daß die Hinterhand die Bewegung dominiert. Der Reiter blickt in die Bewegungsrichtung.

Beim Gehen von Traversalen ist darauf zu achten, daß das Pferd aktiv vorwärts und über Kreuz tritt und die Hinterhand fleißig einsetzt. Die gesamte Bewegung muß durchgehend schwungvoll und rhythmisch bleiben.

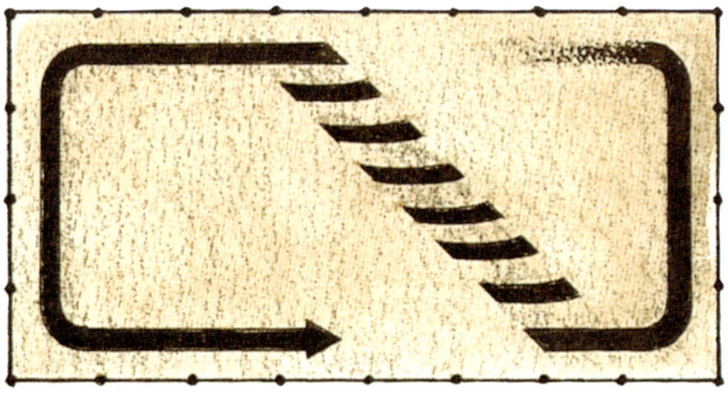

Wenn Sie nach der Ecke auf die lange Seite kommen, lassen Sie das Pferd in der Traversale weg vom Hufschlag zur Bahnmitte und zur gegenüberliegenden langen Seite gehen.

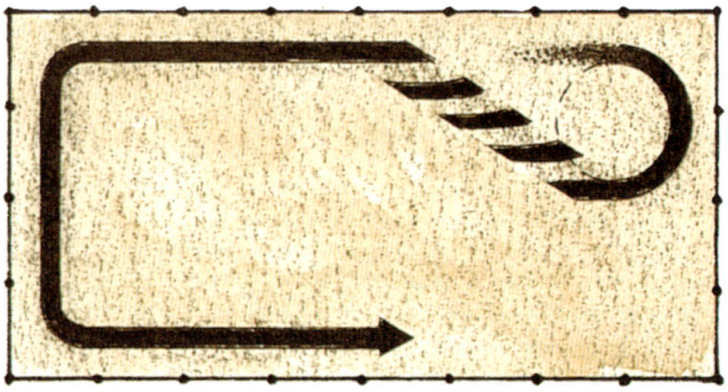

Reiten Sie die Ecke als Wendung und kehren Sie in Traversalen nach links oder rechts zum Hufschlag zurück. Auf dem Hufschlag sollte das Pferd wieder in sich gerade sein.

Traversalen: junges Pferd

1 Die Reiterin treibt das Pferd mit dem äußeren (linken) Schenkel am Gurt vorwärts-seitwärts; ihr inneres Bein hält die Hinterhand vom Ausfallen ab.

2 In Anbetracht seines Ausbildungsstandes führt das Pferd die Lektion gut aus, es ist jedoch in den Schultern noch nicht beweglich genug, um sie wirklich korrekt zu gehen.

3 Dieses Pferd muß noch lernen, die Vorderbeine über Kreuz treten zu lassen, auch muß es insgesamt mehr «Ausdruck» entwickeln.

Dieses Pferd zeigt bei der Lektion eine schwungvolle, durchgehende Aktion und läßt seine Vorderbeine gut vor- und übereinander treten. Auch das äußere Hinterbein fußt korrekt auf.

Häufige Fehler

Die Hinterhand des Pferdes geht bei der Traversale leicht vor den Schultern. Die Reiterin hat die Hinterbeine nicht genügend mit dem inneren (rechten) Schenkel unter Kontrolle.

Wenn ein Pferd durch das Training Kraft und Elastizität erworben hat, entwickelt es die sogenannte «Selbsthaltung», die Fähigkeit, Gangarten und Lektionen mit «Ausdruck» auszuführen, wie man bei diesem und dem Pferd oben links sehen kann.

Schenkelweichen

Auch hierbei geht das Pferd in der Bahn vorwärts-seitwärts. Es sollte dabei gegen die Bewegungsrichtung gebogen sein. Wie bei der Traversale sollte sein Körper immer parallel zur Reitbahnbegrenzung bleiben. Die Hinterhand darf die Bewegung weder anführen noch dahinter zurückbleiben.

Der äußere Schenkel des Reiters bleibt am Gurt, so daß er die Schultern des Pferdes am Ausfallen hindert. Kommt dieser Schenkel zu weit nach hinten, so wird er die Hinterhand zu weit abdrängen. Der äußere Zügel wird ganz leicht, nahezu tastend, angenommen, um dem Pferd eine leichte Biegung gegen die Bewegungsrichtung zu geben. Der innere Zügel grenzt die Biegung ein.

Korrektes Schenkelweichen

1 Die Reiterin setzt den äußeren (linken) Schenkel ein, um das Pferd seitwärts zu treiben, während ihr inneres (rechtes) Bein am Gurt bleibt und die Schulter des Pferdes daran hindert auszufallen.

2 Gleichzeitig fordert der äußere (linke) Zügel das Pferd zur Biegung entgegen der Bewegungsrichtung auf. Der innere (rechte) Zügel liegt am Hals des Pferdes an und hilft, die Bewegung der Schultern zu unterstützen und den Grad der Biegung zu kontrollieren.

Schenkelweichen: Schlangenlinien

Hierbei reiten Sie von der Ecke zur Mitte der langen Seite eine halbe einfache Schlangenlinie, wobei Sie das Pferd dem einen Schenkel weichen lassen. Dann geht es ein paar Schritte geradeaus, bevor es in Richtung auf den Hufschlag zurück dem anderen Schenkel weicht.

Schenkelweichen: Volten

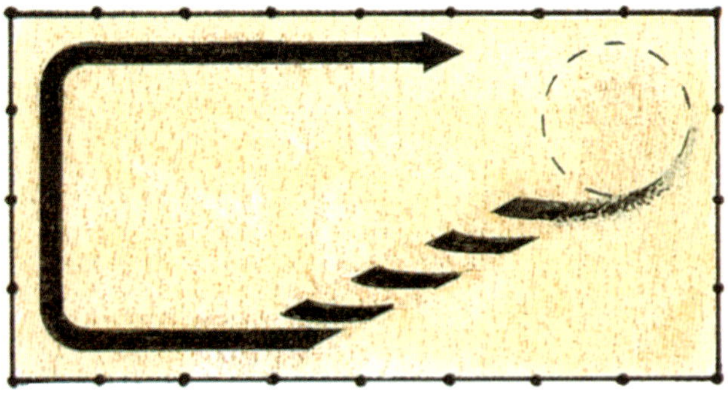

Hierbei reitet man eine Volte und beginnt mit dem Schenkelweichen, wenn man den Ausgangspunkt auf der Voltenlinie erreicht hat. Das Pferd weicht dem Schenkel in Richtung auf den Hufschlag der gegenüberliegenden langen Seite.

Hinterhandwendung aus dem Schritt

Bei der Hinterhandwendung aus dem Schritt dreht sich das Pferd um die Hinterhand. Man treibt es dazu wie beim Anreiten an und veranlaßt es gleichzeitig zur Drehung. Diese Lektion wird aus dem Schritt geritten. Nach der Drehung sollte das Pferd wieder, ohne zu zögern, im Schritt weitergehen. Bei der Wendung treten die Hinterbeine im Takt um den Drehpunkt herum, während sich die Vorderbeine überkreuzen. Das Pferd muß sich um den inneren Schenkel des Reiters biegen und eine gleichmäßige Biegung in Bewegungsrichtung beibehalten; es ist wichtig, daß das Pferd die Hinterbeine beim Herumtreten deutlich anhebt.

Man bereitet das gut versammelte Pferd mit einer halben Parade auf diese Lektion vor und beginnt sie in dem Augenblick, in dem das innere Hinterbein nicht mehr vortritt. Der äußere Schenkel liegt vorwärtstreibend hinter dem Gurt, der innere Schenkel direkt am Gurt an. Der innere Zügel fordert die Drehung, während der äußere Zügel den Winkel und die Geschwindigkeit der Wendung kontrolliert.

Eine gelungene Hinterhandwendung

1 Die Reiterin treibt das Pferd mit Schenkeln und Gesäß vorwärts. Mit dem inneren Zügel weist sie ihm den Weg in die Wendung, während der äußere Zügel am Pferdehals anliegt.

2 Die Reiterin gibt die Hilfen im Rhythmus der Schritte des Pferdes. Das Pferd ist korrekt gebogen und blickt in Bewegungsrichtung.

3 Das Gewicht des Pferdes ruht auf der Hinterhand, die Vorderbeine treten sauber über Kreuz.

4 Mit dem verwahrenden Schenkel hinter dem Gurt verhindert die Reiterin das Ausfallen der Hinterhand.

Ganze Parade und Rückwärtsrichten

Wenn das Pferd feinfühliger und gehorsamer auf die Hilfen des Reiters reagiert und saubere Übergänge von einer Gangart zur anderen ausführt, bereitet auch die ganze Parade kaum noch Schwierigkeiten.

Ein junges Pferd lernt zwar schnell, auf die entsprechenden Hilfen hin anzuhalten und stehenzubleiben, kann aber eine ganze Parade aus dem Schritt oder Trab erst dann ausführen, wenn es die Hilfen vollständig annimmt. Bei einer korrekt ausgeführten ganzen Parade ist das Gewicht des Pferdes gleichmäßig auf alle vier Hufe verteilt. Das Pferd steht am Zügel und ist jederzeit bereit, auf Aufforderung vor- oder zurückzutreten.

Beim Rückwärtsrichten bewegt sich das Pferd auf diagonalen Beinpaaren rückwärts, wobei es die Hufe aufheben und nicht über den Boden schleifen lassen sollte. Das Gewicht des Pferdes wird von der Hinterhand getragen, ohne daß das Pferd dabei Hinterhand oder Vorhand absenkt. Es darf sich nicht der Hand widersetzen und soll auf einer geraden Linie zurücktreten. Man darf ein Pferd nicht zum Rückwärtstreten auffordern, bevor sein Rücken nicht kräftig genug ist und es die ganze Parade beherrscht. Wenn es soweit ist, richtet man es vorsichtig rückwärts, indem man das Gesäß leicht aus dem Sattel hebt. Die Schenkel werden wie beim Anreiten angelegt, die Vorwärtsbewegung jedoch mit dem angenommenen Zügel abgefangen. Sobald das Pferd rückwärts tritt, lobt man es zur Belohnung und gibt den Zügel leicht nach. Am Anfang sollte man nie mehr als einen oder zwei Tritte rückwärts verlangen.

Hilfen

Für die ganze Parade nimmt man sein Gewicht leicht aus dem Sattel, legt die Schenkel enger an und treibt das Pferd in eine zunächst annehmende, jedoch sofort wieder leicht nachgebende Hand. Beim Zurücktreten hält man nur noch leichten Kontakt und gibt bei jedem Tritt etwas nach.

Nach ein paar Tritten gibt man eine ganze Parade und treibt das Pferd dann mit den Schenkeln vorwärts.

Das Rückwärtsrichten

Die Reiterin macht sich im Sattel etwas leichter. Die Unterschenkel liegen hinter dem Gurt an. Die Hände halten sanft zurück, geben aber nach jedem Rückwärtstritt leicht nach. Das Pferd tritt im Zweiertakt auf diagonalen Beinpaaren rückwärts.

Das Pferd sollte nur dann rückwärts gerichtet werden, wenn es auf die Hilfen reagiert. Widersetzt es sich den Zügelhilfen, treibt man es mit Gesäß und Unterschenkeln, bis es merkt, daß die Hand nicht nur zurückhält, sondern auch nachgibt. Man sollte das Rückwärtsrichten nie übertreiben, weil der Rücken des Pferdes ermüdet, wenn die Übung zu lange und zu oft durchexerziert wird. Es genügt, wenn man jeden Tag ein paar Schritte rückwärts richtet. Wenn das Rückwärtsrichten beendet ist, fordert man das Pferd mit leichten, vibrierenden Schenkelhilfen und nachgebender Hand zum Vorwärtsgehen auf. Das Pferd muß die ganze Zeit am Zügel bleiben.

Der Reiter muß darauf gefaßt sein, daß das Pferd versucht, sich den Hilfen durch Rückwärtslaufen zu entziehen. Er sollte darauf ruhig, aber bestimmt mit vorwärtstreibenden Hilfen und, wenn es sein muß, mit touchierender Gerte reagieren. Das Zurücklaufen ergibt sich aus dem Versuch, das Gebiß loszuwerden, daher sollte die Lektion durchgängig mit etwas energischeren Schenkelhilfen und leichtem Zügelkontakt geritten werden.

Beim Einüben des Rückwärtsrichtens sollte man stets vorsichtig und geduldig vorgehen. Sehr sensible oder hochblütige Pferde muß man für diese Lektion dazu bringen, einen beträchtlichen Teil ihres Körpergewichts nicht mit dem Rücken, sondern mit den Vorderbeinen und «Knien» (Vorderfußwurzelgelenken) zu tragen, ohne daß man sich selbst dabei im Sattel nach vorne beugt. In hartnäckigen Fällen kann man dem Pferd zunächst beibringen, ohne Belastung durch den Reiter rückwärts zu treten, indem man es an langen Zügeln führt. Wenn der Bewegungsablauf eingeübt ist, kann man das Rückwärtstreten unter dem Reiter versuchen.

Wenn das Pferd nicht auf gerader Linie zurücktritt, wirkt man mit gegenhaltendem Schenkel oder Zügel auf der Seite, nach der das Pferd ausweicht, dagegen.

Ganze Parade und Rückwärtsrichten

1 Hier steht das Pferd korrekt auf allen vier Hufen, sein Gewicht ist gleichmäßig verteilt. Es steht am Zügel und wartet gelassen auf die Befehle seiner Reiterin.

2 Nun macht es die ersten Tritte rückwärts. Man kann gut sehen, wie seine Beine in diagonalen Paaren nach hinten treten und wie es die Hufe beim Zurücktreten deutlich anhebt.

3 Jetzt geht das andere diagonale Beinpaar nach hinten, dieses Mal hält das Pferd aber den Zweiertakt nicht mehr so ganz genau ein: Das Vorderbein hat vor dem Hinterbein aufgefußt.

4 Hier ist das Pferd besser im Gleichgewicht, wobei es seine Hinterbeine etwas stärker belastet. Nun fußt der Hinterhuf beinahe im gleichen Moment auf wie der Vorderhuf.

5 Das Pferd hat den vierten Tritt fast abgeschlossen und wird, eventuell erst nach einer Pause, ruhig vorwärts geritten.

Travers

Travers und Renvers sind Lektionen, bei denen der Körper des Pferdes in Bewegungsrichtung gebogen ist. Beim Travers ist das Pferd so um den inneren Schenkel gebogen, daß die Vorhand in Bewegungsrichtung auf dem äußeren Hufschlag und die Hinterhand, die leicht zur Bahnmitte hin weist, auf dem zweiten Hufschlag geht. Beim Renvers ist das Pferd so um den äußeren Schenkel gebogen, daß das Pferd mit der Vorhand in Bewegungsrichtung auf dem inneren Hufschlag geht und mit der Hinterhand auf dem äußeren. Von vorne betrachtet ist der Winkel zwischen der Längsachse des Pferdes und dem äußeren Hufschlag größer als beim Schulterherein, so daß der Betrachter alle vier Hufe des Pferdes sehen kann und nicht bloß drei. Travers und Renvers stellen mehr Anforderungen an die Beweglichkeit des Pferdes als Schulterherein und werden recht häufig als gymnastische Übungen mit anderen Lektionen wie Schulterherein und Traversalen verbunden.

Für Travers an der langen Seite der Bahn gibt man folgende Hilfen: vor der Ecke eine halbe Parade; dann reitet man die Ecke mit Einsatz des inneren Schenkels und einer Gewichtsverlagerung nach innen aus. Wenn man aus der Ecke kommt, wird der innere Schenkel passiver, während der hinter dem Gurt anliegende Schenkel das Pferd zum Seitwärtstreten veranlaßt. Die innere Hand hält die Biegung aufrecht, während die äußere Hand die Biegung unterstützt und dem Pferd hilft, sein Gleichgewicht zu halten. Der innere Schenkel liegt verwahrend am Gurt an und gibt dem Pferd Stabilität. Nur wenn die Hinterhand zu weit nach innen kommt, wird der innere Schenkel energischer eingesetzt.

Wie Schulterherein sollte auch Travers gelegentlich auf der Mittellinie der Bahn geritten werden. Besonders sinnvoll ist er in Verbindung mit Schulterherein. Eine gute Übung ist es, Schulterherein zu reiten, dann eine Volte von acht bis zehn Metern zu gehen, anschließend einen Travers, dann einen halben Zirkel und zum Schluß eine Traversale.

Häufige Fehler

1 Die Hinterhufe fußen nicht auf dem zweiten Hufschlag, sondern weiter außen auf.

2 Das Pferd ist nicht korrekt gebogen, es bleibt in sich gerade und biegt nur den Hals.

3 Der Reiter hat seinen inneren Schenkel nicht am Gurt, so daß das Pferd sich nicht korrekt biegen kann.

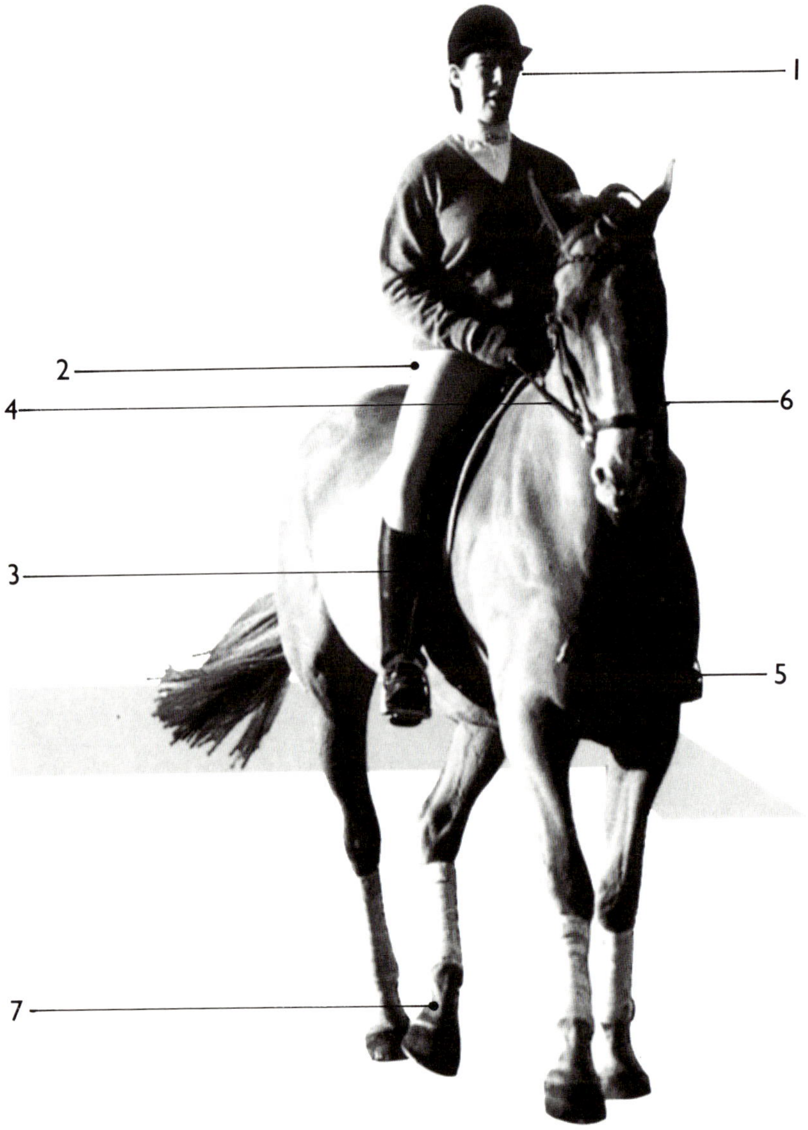

Travers

1 Die Reiterin blickt nach vorne in Bewegungsrichtung.
2 Die Reiterin sitzt fest, aber leicht entlastend im Sattel, um das Pferd vorwärts in die Bewegung hinein zu reiten.
3 Der innere (rechte) Schenkel liegt am Gurt an und fordert die Biegung ein, gleichzeitig treibt er das Pferd vorwärts in Bewegungsrichtung.
4 Der rechte Zügel fordert die Biegung nach innen (rechts).
5 Der äußere (linke) Schenkel liegt hinter dem Gurt an, um die Hinterhand in die Bewegung hineinzutreiben.
6 Der linke Zügel unterstützt das Gleichgewicht und reguliert die Biegung.
7 Das äußere (linke) Hinterbein des Pferdes tritt vorwärts und unter den Körper und damit vor und über das linke Hinterbein.

Travers im Trab

1 Auf diesen Fotos ist deutlich erkennbar, daß Travers eine Bewegung auf vier Hufschlägen ist. Hier fußen gerade das äußere Hinterbein und das innere Vorderbein auf. Das Pferd biegt den ganzen Körper korrekt.

2 Weil jetzt das innere Hinterbein und das äußere Vorderbein belastet sind, erscheint das Pferd auf dem Foto stärker gebogen. Es handelt sich aber um eine Täuschung, die durch die Gewichtsverlagerung hervorgerufen wird.

3 Hier kann man sehen, wie das Pferd das äußere Hinterbein nach vorne bringt und so unter dem Körper aufsetzt, daß es vor dem inneren Hinterbein auffußt.

Übungen für Travers

Travers werden oft auf der Mittellinie geritten, aber die hier gezeigten Übungen eignen sich gut für das tägliche Training.

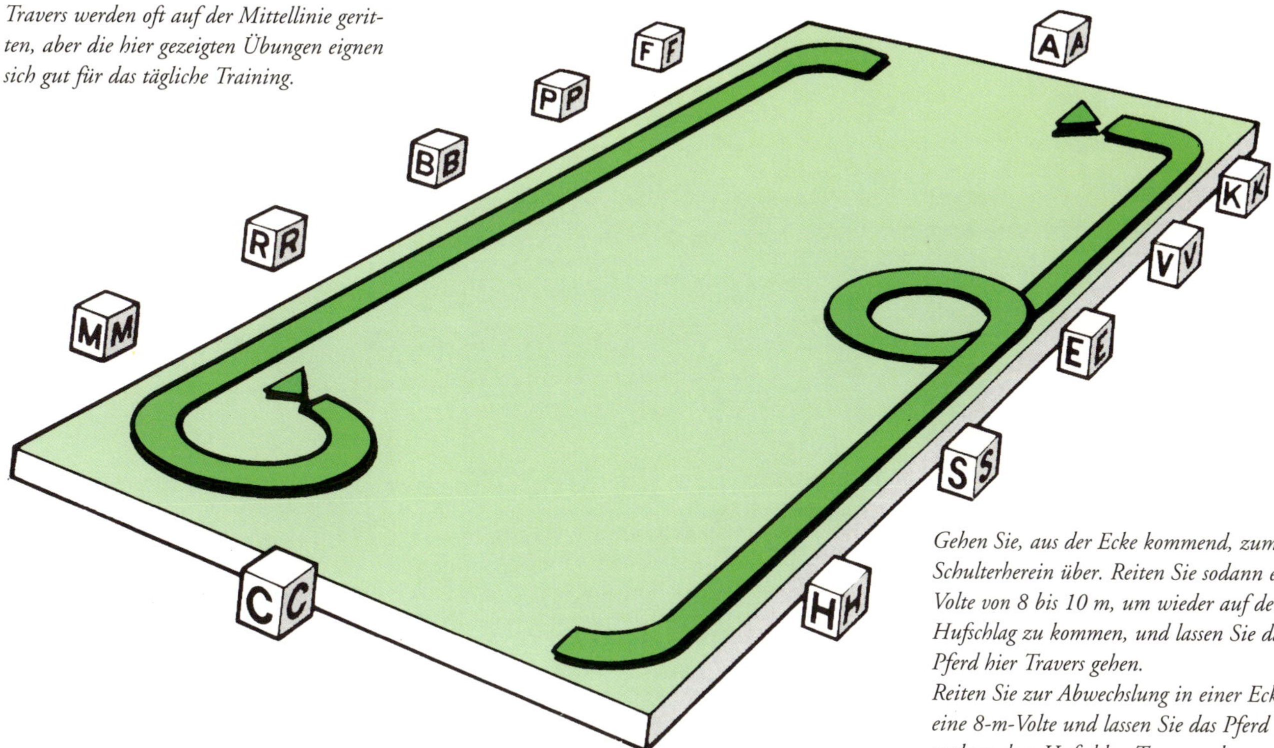

Gehen Sie, aus der Ecke kommend, zum Schulterherein über. Reiten Sie sodann eine Volte von 8 bis 10 m, um wieder auf den Hufschlag zu kommen, und lassen Sie das Pferd hier Travers gehen.
Reiten Sie zur Abwechslung in einer Ecke eine 8-m-Volte und lassen Sie das Pferd dann entlang dem Hufschlag Travers gehen.

Renvers

Der Renvers ist möglicherweise eine schwierigere Lektion als der Travers, weil man auf dem Hufschlag die Schultern in Stellung bringen und die Biegung verlangen muß. Es ist leichter, auf der Mittellinie Renvers zu reiten, besonders, wenn man, aus einer 10-m-Volte kommend, die Hinterhand des Pferdes bei geraden Schultern auf der Mittellinie hält und Biegung verlangt.

Die Hilfen für Renvers sind folgende: Nach drei Vierteln der Volte gibt man eine halbe Parade, wobei man den inneren Gesäßknochen etwas stärker belastet als den äußeren. Der innere Schenkel bleibt passiv am Gurt, während der äußere hinter dem Gurt liegt, das Pferd vorwärts treibt und um den Innenschenkel biegt. Die Hände sollten die Biegung in Bewegungsrichtung regulieren.

Um auf dem Hufschlag Renvers zu reiten, beginnt man wie beim Schulterherein. Dann biegt man das Pferd in Bewegungsrichtung, indem man sein Gewicht auf den anderen Gesäßknochen verlagert und die entsprechenden Zügelhilfen anwendet.

Renvers

1 Die Reiterin blickt in Bewegungsrichtung.
2 Das Pferd biegt die Hinterhand um den Innenschenkel, der am Gurt anliegt.
3 Die linke Hand fordert zur Biegung nach links auf.
4 Der rechte Schenkel liegt hinter dem Gurt an.
5 Die rechte Hand kontrolliert die Schultern und die Längsbiegung und reguliert die Vorwärtsbewegung.

Renvers im Trab

1 Das Pferd kommt gerade aus der Ecke der Reitbahn und wird von seiner Reiterin zur Biegung nach links für Renvers aufgefordert. Das Foto entstand, als sich das Pferd noch fast in der Schwebephase des Trabs befand.

2 Die Längsbiegung des Pferdes und der Winkel der Bewegung zum Hufschlag sind jetzt richtig. Der äußere Hinterhuf fußt genau vor dem inneren Hinterhuf auf, und der innere Vorderfuß kreuzt vor dem äußeren.

3 Inneres (rechtes) Hinterbein und äußeres (linkes) Vorderbein treten nach vorne und unter den Körper.

Übungen für Schulterherein und Renvers

Renvers übt man, wenn ein Pferd die Traversale unvollständig geht. Dazu reitet man in der Traversale bis fast zum Hufschlag, behält die Biegung bei und treibt die Hinterhand so vorwärts, daß sie auf dem Hufschlag ist; nun läßt man das Pferd einige Tritte Renvers gehen. Bei der Kombination Traversale, Renvers, eine halbe Volte im Renvers und dann Traversale lernt man, die korrekte Längsbiegung beizubehalten.

1 Beginnen Sie mit Schulterherein (dann Traversale) durch die ganze Bahn und gehen Sie dann zu Renvers über, um wieder auf den Hufschlag zu kommen.

2 Oder üben Sie Traversale und Renvers: Aus der Ecke heraus kommend, reiten Sie Traversale; sobald Sie am Hufschlag ankommen, gehen Sie zum Renvers über und lassen das Pferd zum Abschluß auch eine halbe Volte im Renvers gehen.

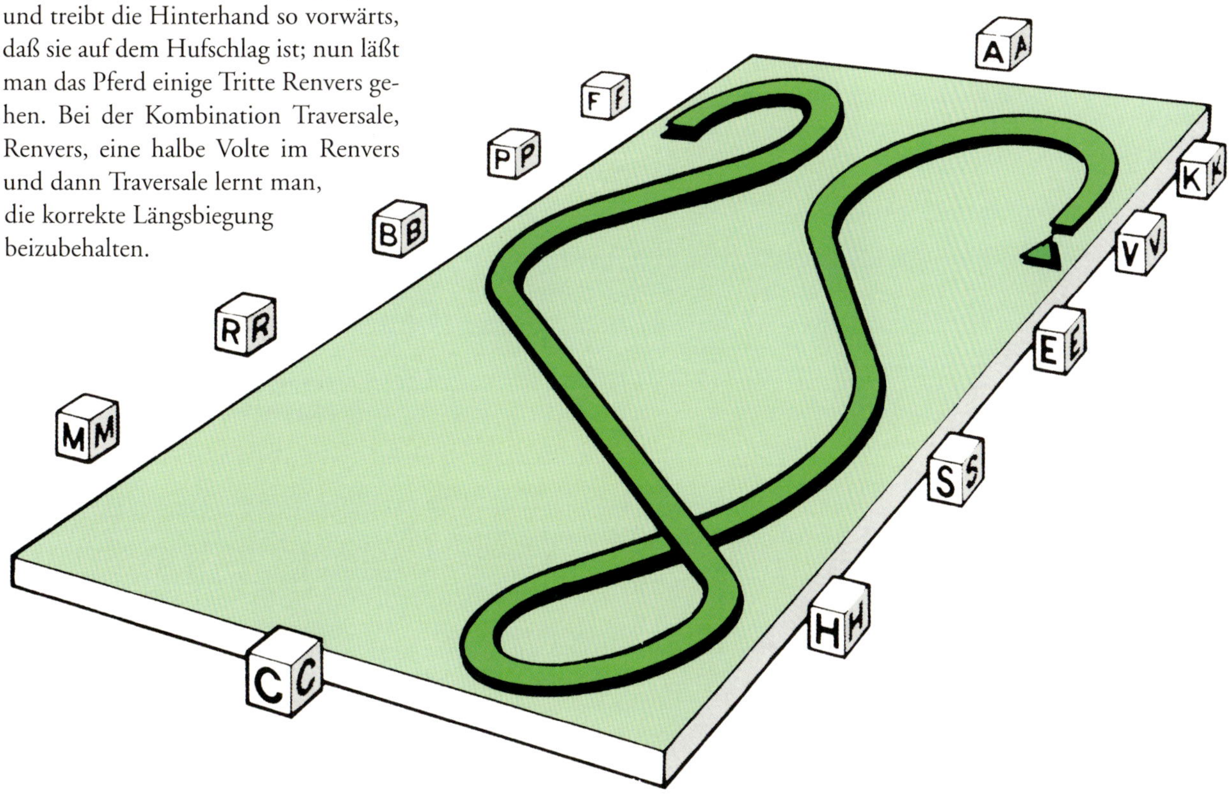

Fliegender Wechsel

Der fliegende Wechsel ist eine natürliche Bewegung: das Pferd springt in der Schwebephase des Galopps um, das heißt, es wechselt das den Galopp anführende Bein. Pferden mit einem sehr guten, aktiven Galopp fällt der fliegende Wechsel meist ausgesprochen leicht. Haben sie nur wenig Schwung im Galopp, werden sie sich schwertun, weil bei ihrem Galopp die Schwebephase sehr kurz ausfällt. Ziel sollte es sein, einen leicht wirkenden, ausdrucksvollen fliegenden Wechsel zu erzielen; und dazu bedarf es eines versammelten, aktiven, geraden und federnden Galopps.

Um diese Lektion korrekt auszuführen, muß man den richtigen Zeitpunkt erkennen, in dem man das Umspringen fordern kann. Dazu müssen die Schenkel des Reiters eng am Pfer-

1 Bevor sie das Pferd zum Umspringen veranlaßt, hat die Reiterin es mit einer halben Parade aufmerksam gemacht. Man kann an seinen Ohren sehen, daß es auf die nächste Anweisung wartet.

deleib anliegen. Da das Umspringen während der Schwebephase stattfinden soll, muß man das Pferd schon vorher auf den kommenden Wechsel aufmerksam machen.

Eine halbe Parade sollte ausreichen, um das Pferd wissen zu lassen, daß gleich der Befehl zum fliegenden Wechsel kommen wird. Der bisherige äußere Schenkel wird jetzt nach vorne gebracht, kurz bevor der andere Schenkel zum Umspringen auffordert und dazu hinter den Gurt kommt, wo er engeren Kontakt zum Pferdeleib aufnimmt. Mit dem Gesäß treibt der Reiter das Pferd weiter vorwärts, wobei er den Sprung zuläßt. Der innere Gesäßknochen wird leicht nach vorne verschoben. Nun kann man das Pferd mit den Schenkeln weiter zum Galoppieren anregen. Bei Bedarf gibt man eine halbe Parade. Die Innenbiegung ist minimal und dient nur dazu, die Vorhand gerade zu halten. Entgegen einer weit verbreiteten Meinung sollte das Pferd nicht um den neuen inneren Schenkel gebogen werden. Die Zügelhilfen wirken bei dieser Lektion nur ausbalancierend und unterstützend.

Es ist wichtig, daß das Pferd den Wechsel von Anfang an gerade geht. Ein seitliches Ausfallen des Hinterhand ist ein schlimmer Fehler und wird sich negativ auf die weitere Ausbildung des Pferdes auswirken. Eine hochgeworfene Kruppe wäre ein weiterer Fehler,

2 Das Pferd ist im fliegenden Wechsel umgesprungen. Die Reiterin hat sich im Sattel etwas leichter gemacht, um dem Pferd den Sprung in die Luft und den Wechsel der Vorderbeine zu ermöglichen.

3 Das Pferd ist auf dem linken Vorderbein gelandet und macht jetzt den zweiten Galoppsprung nach dem Wechsel. Die Reiterin läßt es vorwärts gehen und behält die Sitzposition für den Linksgalopp bei.

Übungen für den fliegenden Wechsel

Gehen Sie im Rechtsgalopp beim Punkt C auf den Zirkel und fordern Sie am ersten mit X gekennzeichneten Punkt den fliegenden Wechsel. Reiten Sie nun im Linksgalopp einen halben Zirkel und lassen Sie das Pferd am zweiten mit X markierten Punkt wieder umspringen.

Verlassen Sie im Linksgalopp den Hufschlag und reiten Sie die Hälfte eines 20-m-Zirkels. An dem in der Skizze mit X markierten Punkt fordern Sie den fliegenden Wechsel. Reiten Sie einen halben Zirkel im Rechtsgalopp, bis Sie wieder beim Ausgangspunkt sind.

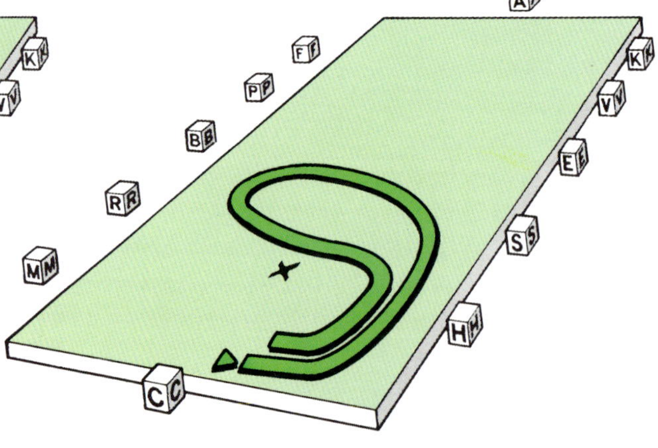

der noch in einem frühen Stadium der Ausbildung korrigiert werden sollte. Mit der Zeit kann sich daraus ein größeres Problem entwickeln, zumal sich das Pferd auf diese Weise den Hilfen entzieht. Wenn ein Pferd mit hochgeworfener Kruppe umspringt, sollte man es vor dem geplanten Wechsel mit einer Reihe von halben Paraden vorwarnen. Beim Umspringen braucht es viel Zügelfreiheit und muß energisch vorwärts geritten werden.

Ausbildung zum fliegenden Wechsel

Es ist wahrscheinlich einfacher, einem Pferd den fliegenden Wechsel in einer abgegrenzten Reitbahn beizubringen. Am Anfang kann man durch die halbe Bahn wechseln und das Umspringen fordern, bevor man bei B oder E angekommen ist; oder man reitet eine Galopptraversale zum Hufschlag hin. Wenn es wieder gerade geht, wird das Pferd ausbalanciert und bereit für den fliegenden Wechsel sein. Die Hilfen für den fliegenden Wechsel sollten nach Abschluß der Traversale gegeben werden. Wenn das Pferd die Hilfen gut kennt und den fliegenden Wechsel gerne und sicher bei gleichzeitigem Handwechsel oder anderen Varianten ausführt, kann man diese Übung auch außerhalb des Hufschlags reiten und zunächst zwischen Außengalopp und Galopp abwechseln. In diesem Ausbildungsstadium kann der Handwechsel im Galopp durchgeführt werden. Man darf das Pferd aber erst zum Umspringen veranlassen, wenn es wieder gerade gerichtet ist.

Bevor das Pferd die Pirouette, also die Wendung im Galopp, ausführt, muß es alle Ausbildungsstufen durchlaufen und zu äußerster Versammlung fähig sein. Galoppwechsel sind ein wichtiger Schritt auf dem Weg dorthin. Um die Pirouette zu üben, kann man im Arbeitsgalopp reiten und dabei immer wieder Übergänge zum versammelten Galopp durchführen. Im versammelten Galopp gibt man sodann eine Reihe von halben Paraden. Die gerade Ausrichtung des Pferdes wird dadurch kontrolliert, daß man einige Sprünge abwechselnd in Stellung nach links oder rechts reitet. Dazwischen geht es im Arbeitsgalopp vorwärts. Kürzere Strecken in Galopp-Schulterherein helfen, das innere Hinterbein des Pferdes zu fleißigerer Bewegung anzuregen. Aus dem Galopp-Schulterherein heraus kann dann eine große halbe Pirouette gefordert werden. Am wichtigsten ist bei dieser Lektion, daß die Galoppsprünge des Pferdes sauber sind, es sich im Gleichgewicht hält — die Größe der Pirouette ist nebensächlich. Jedem Versuch des Pferdes, die Schultern herumzuwerfen, muß man mit dem äußeren Zügel und dem inneren Schenkel begegnen; gleichzeitig wird die Pirouette vergrößert. Wenn das Pferd in gutem Gleichgewicht eine halbe Pirouette auszuführt, kann man eine Volte üben, bei der das Pferd in Richtung der Pirouette gebogen ist. Man reitet die Volte im Travers, macht dann eine richtige Volte und fordert dabei einige Galoppsprünge wie bei der kleineren Pirouette. Die Übung wird wiederholt, bis das Pferd mit Gleichgewicht und Versammlung zurechtkommt.

Korrekte Pirouetten sind das Ergebnis einer sorgfältigen Ausbildung, nicht einer forcierten Reitweise. Kurze Pferde mit der natürlichen Anlage zu einem schönen, sauberen Galopp erlernen die Pirouette eher als große Pferde mit langem Rücken. Versucht das Pferd beim Einüben dieser Lektion, die Vorhand hochzuwerfen und mit kleinen Sprüngen der Hinterbeine über das Gebiß zu kommen, so sollte man es zur Korrektur mit den Schenkeln in die annehmende Hand hineintreiben und mit vermehrter Schubkraft der Hinterhand in den Galopp gehen. Manchmal hilft es, wenn man das Pferd durch Halsbiegungen vor dem Reiten der Pirouette lockert.

Die Arbeit darf nicht zu eintönig werden. Reitet man zwischendurch halbe, doppelte oder Dreiviertelpirouetten, wird das Pferd besser auf die Hilfen achten.

Wenn das Pferd versammelt und im Gleichgewicht geht, kann der Reiter den korrekten Sitz bei der Pirouette üben — doch selbst mit einem sehr gut ausgebildeten Pferd wird nur gelegentlich eine wirklich perfekte Pirouette gelingen. Ein ordentliches Pferd mit den richtig trainierten Muskeln könnte diese Bewegung wohl ausführen. Doch der Reiter braucht viel Übung beim Versammeln und Ausbalancieren des Pferdes; gleichzeitig hat er die richtigen Hilfen zu geben. Jedes Pferd ist anders; das eine wird mehr innere oder äußere Schenkelhilfe benötigen als das andere oder unterschiedliche Gewichtshilfen. Den guten Dressurreiter zeichnet sein Gefühl und der Instinkt für das richtige «Timing» mit seinem Pferd aus.

Übungen für Traversale und fliegenden Wechsel

Reiten Sie im Rechtsgalopp auf der Mittellinie und dann eine Galopptraversale zum Hufschlag zurück. Nach ein paar Galoppsprüngen geradeaus fordern Sie das Pferd an dem hier mit X markierten Punkt zu einem fliegenden Wechsel auf. Diese Übung ist so angelegt, daß sich das Pferd versammeln kann und in der Traversalen Gelegenheit findet, unterzutreten und sich zu biegen.

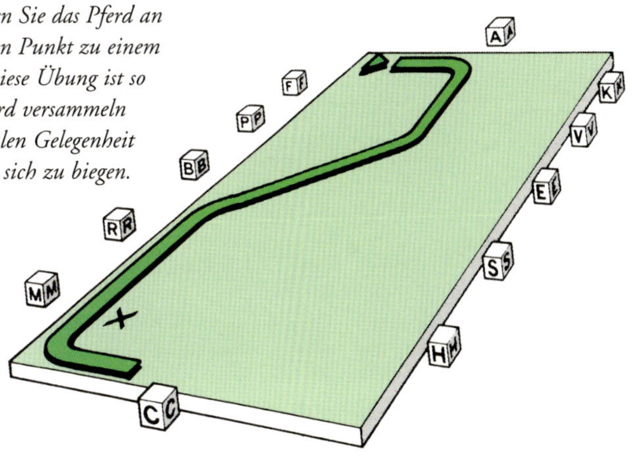

Die Dressurprüfung

Bei Dressurprüfungen soll das Pferd aktiv und frei in der Bewegung wirken und die für seine Art typischen Eigenschaften, Kraft und Geschwindigkeit, präsentieren. Der Reiter darf nur leichten Zügelkontakt und nahezu unmerkliche Hilfen benötigen. Gelöst und gehorsam soll das Pferd seine Bewegungen ohne Unwillen ausführen. Auf geraden Linien muß sein ganzer Körper vom Kopf bis zum Schweif gerade sein, auf gebogener Linie biegt es sich leicht in die Bewegungsrichtung. In allen Gangarten sind eine korrekte Fußfolge und ein gleichmäßiger Rhythmus notwendig.

Alle Übergänge von einer Gangart in die andere und alle Figuren müssen exakt an den markierten Punkten ausgeführt werden. Zirkel müssen wie Zirkel und Schlangenlinien gleichmäßig aussehen; bei beiden sind die vorgegebenen Maße zu beachten.

Bei Dressurwettbewerben bewerten ein bis drei Richter die Leistung, bei internationalen Wettbewerben sind es fünf. Jeder Richter hat einen Schreiber bei sich, der die Punkte und die Kommentare zu jeder Aufgabe notiert. Bei jeder absolvierten Übung können maximal zehn Punkte erzielt werden. Zusatzpunkte gibt es für die allgemeine Präsentation: zum Beispiel für Eindruck und Ausgeglichenheit, für sorgfältige Ausführung und Schubkraft, für die Haltung und den Sitz des Reiters.

Als Turnierteilnehmer sollte man möglichst früh am Austragungsort sein, damit Pferd und Reiter Zeit haben, sich von der Anfahrt zu erholen und zu entspannen. Der Abreiteplatz ist kein Gelände für abschließende Übungen, sondern nur zum Aufwärmen von Pferd und Reiter vorgesehen. Hier kann man das Pferd noch einmal auf die Hilfen aufmerksam machen.

Nach der Prüfung sollte man die Kommentare der Richter auf der Punkteliste aufmerksam studieren und die Lektionen, bei denen man nicht so gut abgeschnitten hat, für das nächste Mal besonders gründlich üben.

Die Dressurnoten

Unabhängig vom Leistungsniveau werden alle Reiter bei einem Turnier mit einer Punkteskala von 0 bis 10 bewertet. Die Richter beurteilen die Leistung gemäß der Klasse, für die sich der Kandidat eingetragen hat.

0	Nicht ausgeführt
1	Sehr schlecht
2	Schlecht
3	Ziemlich schlecht
4	Mangelhaft
5	Genügend
6	Befriedigend
7	Ziemlich gut
8	Gut
9	Sehr gut
10	Ausgezeichnet

Auf dem Abreiteplatz bereiten sich Pferd und Reiter auf die Prüfung vor.

Westernreiten für Fortgeschrittene

Reining patterns

Hierbei handelt es sich um Prüfungen beim Westernreiten. Ebenso wie die Dressurprüfungen der europäischen Reitweisen müssen sie mit größter Präzision ausgeführt werden. Der auffälligste Unterschied zu den Dressurprüfungen besteht darin, daß *reining patterns* mit hoher Geschwindigkeit geritten werden. Die Auswahl und Reihenfolge der einzelnen Aufgaben einer Prüfung werden vom Richter der Veranstaltung für jeden Teilnehmer individuell bestimmt.

Voraussetzung für die Prüfungen ist eine sehr gute Ausbildung von Pferd und Reiter. Zu den Aufgaben gehören schnelle Stops, das Angaloppieren unmittelbar nach dem Rückwärtsrichten, fliegende Galoppwechsel, *pivots, spins* und *rollbacks.*

Beim *pivot* dreht sich das Pferd aus dem Stand auf seiner Hinterhand um 90°. Die Vorderbeine fußen zu Beginn dieser Übung vom Boden ab und berühren ihn erst wieder am Ende der Übung: das Pferd «schaukelt» sich auf seinen Hinterbeinen herum. Ein *spin* besteht aus einer Wendung um 360° auf der Hinterhand. Zuvor führt das Pferd meist aus einem «schnellen Galopp heraus einen *sliding stop* aus. Dann macht es den *spin* und galoppiert anschließend sofort wieder am langen Zügel an. Auch der *rollback* erfolgt nach einem *quick stop* oder einem *sliding stop* aus dem Galopp. Diese Hinterhandwendung um 180° muß so ausgeführt werden, daß das Pferd beim Abschluß der Wendung mit seinen Vorderhufen in den soeben gelegten Spuren steht. Nach der Wendung geht es wieder am langen Zügel in schnellen Galopp.

Einführung in das Neck-reining

Anfänger im Westernreiten halten solange in jeder Hand einen Zügel, bis sie sicher und ausbalanciert im Sattel sitzen. Das Gleichgewicht im Sattel ist hier besonders wichtig, da die einhändige Zügelführung ansonsten leicht dazu verleitet, sich auf einer Seite schwerer zu machen. Erst wenn man in allen Gangarten wirklich gut reitet — dazu gehören gleichmäßiges Vorwärtsgehen, sehr sorgfältig ausgeführte Wendungen und saubere Übergänge —, kann man dazu übergehen, die Zügel nur mit der linken Hand zu führen.

Das Pferd, auf dem man das *neck-reining* erlernt, sollte bereits in dieser Technik ausgebildet sein. Alle Pferde wissen, was es bedeutet, wenn der eine oder andere Zügel Druck ausübt: Druck auf der linken Seite heißt, nach links gehen, Druck auf der rechten Seite, nach rechts gehen. Im Westernreiten ausgebildete Pferde haben aber gelernt, dem Zügeldruck an ihrem Hals auszuweichen. Wenn der Reiter sein Pferd also nach links bewegen will, zieht er beide Zügel etwas nach links, so daß der rechte Zügel gegen den Hals drückt. Zur Unterstützung gibt er gleichzeitig die üblichen Schenkelhilfen.

Es gibt zwei anerkannte Arten der einhändigen Zügelführung. Man sollte beide versuchen, um feststellen zu können, welche einem am besten liegt und auf welche das Pferd am bereitwilligsten reagiert. Bei der einen Technik hält man die Hand wie gewohnt: Das Handgelenk ist ganz leicht gebogen, und die Hand bildet eine leicht geöffnete Faust, bei der die Fingerspitzen nach innen weisen und der Daumen flach aufliegt. Die Zügel werden zwischen Zeigefinger und Daumen aufgenommen. Das Zügelende kommt unten aus der Hand heraus und hängt an der linken Halsseite herunter. Bei der kalifornischen Art der Zügelführung ist die Handhaltung die gleiche, nur werden die Zügel umgekehrt geführt, das heißt man nimmt sie unterhalb des kleinen Fingers in die Zügelfaust, so daß sie zwischen Daumen und Zeigefinger wieder herauskommen.

Wenn die Zügelenden zu einem *romal* verflochten sind, sollten sie von der rechten Hand, die auf dem Schenkel liegt, gehalten werden. Die Enden von geteilten Zügeln sind so zu halten, daß sie beim Daumen herauskommen und über den Handrücken hängen, damit sie beim Reiten nicht stören. Sie sollten auf keinen Fall vorne am Pferd herunterbaumeln oder zwischen Oberschenkel und Sattel festgeklemmt werden.

Bei beiden Techniken der einhändigen Zügelführung liegt die rechte Hand immer entspannt auf dem Oberschenkel auf. Die linke, zügelführende Hand befindet sich vor dem Sattelhorn; andernfalls gerät sie zu nahe an den Körper, und man verliert die Kontrolle über das Pferd.

Das Neck-reining in der Praxis

Die einhändige Zügelführung verführt den Reiter leicht zu einer falschen Sitzhaltung. Daher sollte man das einhändige Reiten erst gründlich im Schritt bei Wendungen und Drehungen üben, bevor man zu *jog* und *lope* übergeht. Die Hilfengebung nicht übertreiben! Der Druck am Hals muß ganz sanft sein, fast nur ein Hauch. Ein gut ausgebildetes Pferd wird auf die leiseste Bewegung sofort reagieren: Die Hand braucht sich nur einen Zentimeter nach links oder rechts zu bewegen. Bei stärkeren Bewegungen verändern sich nur Sitz und Gleichgewicht des Reiters; auch das Pferd wird dann den Hals stärker biegen als erforderlich. Es wird den Kopf aus der Bewegungsrichtung drehen und, wenn der Reiter nicht reagiert, in die falsche Richtung gehen. Das *neck-reining* erfordert nur eine leichte Berührung, kein Schieben oder Drücken.

Unterstützende Schenkelhilfen haben beim einhändigen Reiten noch größere Bedeutung als sonst. Das Pferd muß sich zwischen den Schenkeln und der Zügelhand des Reiters vorwärts bewegen. Das bedeutet, daß die Schenkelhilfen Sekundenbruchteile vor den Zügelhilfen gegeben werden müssen, damit sich das Pferd «in die Hand hinein» bewegt.

Wenn man die Anfänge des *neck-reining* im Schritt beherrscht, kann man zu Übungen im *jog* übergehen. Trotz der schnelleren Gangart braucht man die Zügelhilfen nicht nachdrücklicher zu geben. Ziel ist ein gleichmäßiges, fleißiges Tempo auf der Geraden ebenso wie bei Wendungen und Zirkeln.

Beim Galopp am langen Zügel setzt man die klassischen Hilfen ein. Das Pferd muß den Kopf ganz leicht zu dem Vorderbein neigen, das den Galopp anführen soll. Der Reiter legt das äußere Bein hinter dem Sattelgurt an und drückt mit dem inneren Schenkel etwas gegen den Pferdeleib. Sehr wichtig ist die richtige Reihenfolge der Hilfen. Die Biegung des Kopfes wird mit dem «indirekten» Zügel erzielt. Es erleichtert dem Pferd das Verständnis, wenn der Reiter dabei gleichzeitig die «richtige» Schulter nach vorne nimmt. Bis das Gehirn des Pferdes die Anweisung verarbeitet und an die Beine weitergeleitet hat, wird es automatisch mit dem führenden Vorderbein angaloppieren.

Das Zurücknehmen des Tempos und das Stehenbleiben erfolgen wie bei der beidhändigen Zügelführung. Die Hand preßt den Zügel leicht aus, wie einen Schwamm, während die Schenkel das Pferd vorwärts treiben. Auf keinen Fall sollte der Reiter, die zügelführende Hand an seinen Bauch ziehen. Er erzielt damit keine Wirkung.

Neck-reining bei einer Wendung

Beim neck-reining *weicht das dafür ausgebildete Pferd dem Druck aus, der auf eine Seite seines Halses ausgeübt wird. Bei einer feinfühligen Hilfengebung verspürt das Pferd nur einen ganz leichten Druck.*
Links unten: Für eine Rechtswendung bedarf es nur einer Handbewegung von einem Zentimeter. Das rechte Bein liegt dabei unterstützend am Gurt an, das linke hinter dem Gurt.
Rechts unten: Die Neck-reining-*Wendung nach links erfolgt genau umgekehrt. Die Seitenbewegung der zügelführenden Hand darf kaum wahrnehmbar sein.*

Häufige Fehler

Die ungewohnte einhändige Zügelführung kann anfangs Sitzhaltung und Pferdeführung beträchtlich stören. Hier ein paar der üblicherweise anzutreffenden Fehler:
Die Zügel werden ungleichmäßig aufgenommen.
Die rechte Hand fuchtelt herum oder wird unter der Anspannung zur Faust geballt. Sie muß aber stets auf dem Schenkel liegen bleiben.
Die linke Hand ist zu hoch oder zu weit nach hinten gekommen.
Die zügelführende Hand bewegt sich zu weit nach links oder rechts.

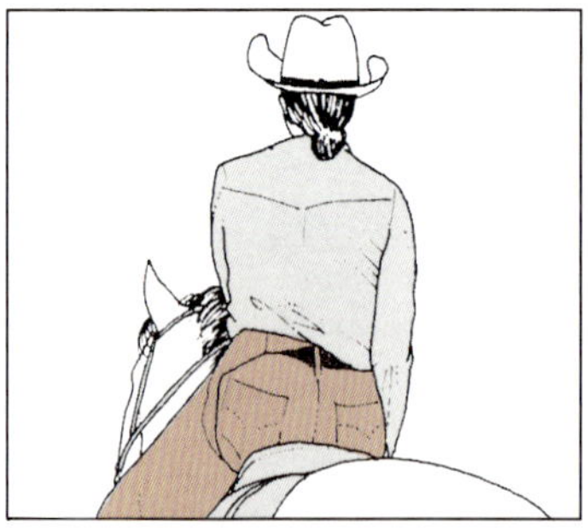

Wenn die Zügelhand beim Lenken nach vorne gebracht wird, veranlaßt der Druck am Hals das Pferd dazu, Kopf und Körper zu stark zu biegen.

Der Reiter legt sich in die Zügelhand. Dabei hebt man sich aus dem Sattel und verliert die Kontrolle.

Einsatz der Schenkel

Beim Western-Reiten lenkt man nicht nur mit dem Zügel, sondern auch durch Schenkeldruck. Die allerbeste Übung dafür ist die Vorhandwendung; sie ist auch beim Freizeitreiten nützlich.

Die Vorhandwendung der amerikanischen Reitweise ist wie bei jedem anderen Stil. Auch die Hilfengebung ist die gleiche. Für das Üben der Vorhandwendung um 180° stellt man ein Cavalletti etwa einen Meter von der Reitbahnbegrenzung entfernt so auf, daß es längs zum Hufschlag auf der Mitte einer langen Seite steht. Dann läßt man das Pferd im Schritt auf dem zweiten Hufschlag darauf zugehen. Am Ende des Cavalletti hält man das Pferd an, so daß es mit den Vorderbeinen knapp vor dem Cavalletti-Kreuz steht. Nun verhindert man das Vorwärtstreten des Pferdes, indem man die Zügel vorsichtig annimmt. Das Pferd soll um das Cavalletti gehen und muß sich dazu um den inneren Schenkel biegen. Der Schenkel, der dem Cavalletti am nächsten ist, «stupst» das Pferd so, daß es mit der Hinterhand um die Vorhand tritt. Wenn das Pferd sich um 180° gedreht hat und wieder parallel zum Cavalletti steht, läßt man es einmal eine ganze Bahn gehen. Dann wird das Cavalletti aus der anderen Richtung angeritten und die Übung wiederholt.

Das Rückwärtsrichten

Auch das Rückwärtsrichten wird der Westernreiter immer wieder brauchen können. Dabei wird das Pferd wie bei den europäischen Reitweisen durch Schenkeldruck zum Vorwärtsgehen veranlaßt; gleichzeitig verhindert aber der anstehende Zügel die Vorwärtsbewegung. Für ein sauberes Rückwärtstreten im Zweiertakt hilft es manchmal, die Hilfengebung in mehrere Schritte einzuteilen. Man gibt leichte halbe Paraden, indem man den Zügel vorsichtig annimmt und dann nachgibt, sobald das Pferd einen Tritt zurückgeht. Die Zügelhilfe bei dieser Lektion ist ein abwechselndes «Annehmen — Nachgeben» im Rhythmus der Rückwärtstritte.

Wenn das Pferd drei oder vier Tritte zurückgetreten ist, gibt man mit dem Zügel nach und treibt es wieder vorwärts. Das Bewegungsmuster des Rückwärtsgehens soll sich nämlich nicht in sein Gedächtnis eingraben und zur Gewohnheit werden. Das ist besonders wichtig in Hinblick auf die Teilnahme bei Dressurprüfungen, bei denen jeder unverlangte Rückwärtstritt Strafpunkte einbringt.

Beim Rückwärtsrichten darf der Reiter sich nicht mit der ganzen Kraft seines Kreuzes in den Sattel drücken, um das Pferd zu treiben. Das Pferd würde als Folge davon nur seinen Rükken wegdrücken, was ein Rückwärtstreten nahezu unmöglich macht. Als Grundregel gilt: «Sitze leicht und denke ebenso!»

Eine erfahrene Reiterin führt mit ihrem galoppierenden Pferd einen quick stop *aus. Dieses bleibt auf Befehl sofort stehen. Dabei gleiten seine Hinterbeine unter den Körper, die Vorderbeine stehen wie angewurzelt.*

Sliding stop und Quick stop

Ein Pferd sollte auf die Hilfen des Reiters stets unmittelbar reagieren — insbesondere beim Westernreiten. Im «Wilden Westen» hatte das durchaus praktische Gründe: Wenn ein Reiter in bergigem Gelände zum Beispiel ahnungslos auf einen Abgrund zuritt, dann mußte er in der Lage sein, sein Pferd augenblicklich zum Stillstand zu bringen — und nicht erst drei Schritte später. Daraus entwickelte sich der *sliding stop*, eine Lektion für fortgeschrittene Reiter.

Dabei stoppt das Pferd mitten in der Bewegung, und seine Hinterbeine gleiten unter den Körper. Weil diese

Übung Rücken und Beine des Pferdes stark belastet, sollte man sie nicht oft und dann nur auf einem geeigneten Bahnbelag reiten; ansonsten können an den Hinterbeinen schwere Verschleißerscheinungen auftreten. Beim *quick stop* muß man sich nicht so zurückhalten. Dabei muß das Pferd auf die entsprechenden Hilfen hin so schnell, wie es seine Physis erlaubt, anhalten. Es sollte so zum Stehen kommen, daß es dabei sein Gleichgewicht behält und sofort wieder in jeder beliebigen Gangart weitergehen kann.

Übergang zum Lope

Übergänge vom Schritt zum *lope*, zum Stehen oder zum Rückwärtstreten gehören zu den gebräuchlichsten Übungen der amerikanischen Reitweise und sollten mit einem Höchstmaß an Flüssigkeit und Präzision ausgeführt werden. Bevor man das Pferd vom Schritt in den *lope* wechseln läßt, muß es sauber und versammelt gehen. Die Vorbereitungshilfen auf den *lope* gibt man kurz vor dem Erreichen der Ecke — am besten in dem Augenblick, in dem die «richtige» Schulter nach vorne kommt. Kurz vor der Ecke sagt man zu sich selbst «fertig» (das Pferd wird aufmerksam) und danach *«lope»*; dazu gibt man energisch die entsprechenden Hilfen.

Das gleiche gilt, wenn man das Pferd aus dem Stehen in den *lope* bringen will. Das Pferd muß aufmerksam sein und wissen, daß jetzt gleich etwas von ihm verlangt wird. Dazu bewegt man leicht die Zügel und stupst das Pferd mit den Schenkeln. Daraufhin gibt man die Hilfen für den *lope* möglichst eindeutig, indem man stark mit den Schenkeln treibt und die Zügel nachgibt, um die Vorwärtsbewegung zuzulassen. Viele Reiter machen dabei den Fehler, daß sie die Zügel nach oben und zum Körper hin ziehen, was genau das Gegenteil der gewünschten Wirkung zur Folge hat. Bleiben Sie also entspannt und locker, so daß Sie jederzeit in der Lage sind, den Zügel nachzugeben. Lektionen dieser Art sind nicht ausführbar, wenn man steif und verspannt auf dem Pferd sitzt.

Wendung auf der Vorhand

Die Wendung ist eine Bewegung, bei der sich die Hinterhand des Pferdes um die Vorhand herum bewegt. In diesem Fall beschreibt die Hinterhand dabei einen vollen Kreis. Der rechte Schenkel des Reiters treibt das Pferd nach links, der linke Schenkel steuert durch Druck die Bewegung. Die Richtungsanweisungen werden nur durch Schenkelhilfen gegeben, die Zügelführung beschränkt sich bis zum Abschluß der Wendung darauf, ein Vorwärtstreten zu verhindern.

1 Auf die gegebenen Hilfen hin tritt das Pferd fleißig nach links. Wie man am leicht verworfenen Kopf und dem erhobenen Schweif erkennen kann, widersetzt es sich dabei etwas dem Reiter.

2 Das Pferd hat jetzt mit seiner Hinterhand einen Halbkreis beschrieben. Es hat sich inzwischen beruhigt. Der rechte Schenkel des Reiters unterstützt die Bewegung.

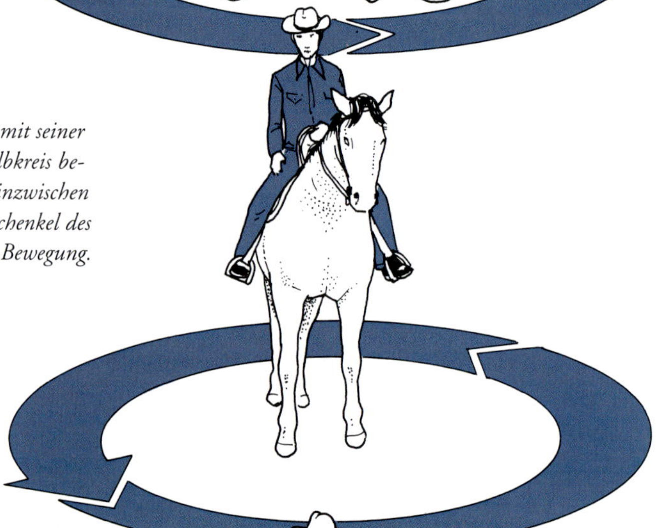

3 Das Pferd hat die volle Drehung abgeschlossen und steht, ist aber bereit, auf Anweisung des Reiters hin vorwärts zu gehen.

Military

Der leichte Sitz

Ein Military-Parcours wird schnell geritten. Wenn das Pferd die Geländestrecke im Galopp geht, streckt es sich: Es geht im «gestreckten Galopp». Dabei verlagert sich der Schwerpunkt des Pferdes nach vorne. Entsprechend muß sich auch der Reiter nach vorne schieben und in den leichten Sitz gehen.

Beim leichten Sitz beugt er den Oberkörper aus der Hüfte heraus nach vorne, wobei das Gesäß aus dem Sattel kommt. Die Unterschenkel bleiben die ganze Zeit über in der Ausgangsposition. Beim Anreiten eines Hindernisses sitzt man leicht im Sattel ein, um das Pferd richtig auf den Sprung vorzubereiten.

Um sich im leichten Sitz halten zu können, muß der Reiter darauf achten, daß seine Beine ständig in der Gurtlage am Pferdeleib anliegen. Rutschen sie ab oder schlenkern sie locker gegen das Pferd, wird er sich nicht lange auf dem Pferd halten können. Er muß also stets im Gleichgewicht mit der Bewegung des Pferdes bleiben.

Die Reiterin hat ihr Gewicht nach vorne verlagert und sitzt im Gleichgewicht auf dem Pferd. Ihr Unterschenkel preßt sich senkrecht gegen die Flanke des Pferdes. Sie «drückt» ihr Gewicht in die Fersen. Ellbogen und Hände bilden mit den Zügeln eine gerade Linie zum Pferdemaul hin. Auf diese Art hat sie einen sicheren Kontakt und eine gute Kommunikation mit dem Pferd.

Wenn man sicher und fest im Sattel sitzt, braucht man kein Hindernis zu fürchten. Hier lehnt sich der Reiter nach hinten, damit sein Gewicht beim Bergabsprung über dem Schwerpunkt des Pferdes bleibt; seine Beine liegen stabil in der Gurtlage an.

Häufige Fehler

Der Schenkel der Reiterin ist zu weit nach hinten gekommen, und sie beugt sich zum Ausgleich nach vorne. Dadurch gerät sie aber vor die Bewegung des Pferdes: ihr Schwerpunkt liegt zu weit vorne, und sie hat Schwierigkeiten, ihr Bein wieder in die richtige Position zu bringen. Die Hände hängen zu tief, die gerade Linie zwischen Ellbogen und Pferdemaul ist unterbrochen.

Springgymnastik

Springgymnastik ist als Vorbereitung für Vielseitigkeitsprüfungen genauso wertvoll wie für andere Bereiche des Pferdesports. Sie gibt dem Pferd Gelegenheit, Selbstvertrauen aufzubauen. Es lernt, beim Springen mitzudenken und beim Angehen der Hindernisse seine Galoppsprünge je nach Situation zu verkürzen oder zu verlängern. Besonders wichtig ist dieses Training für das Springen von Kombinationen, denn das Pferd muß sich auch hierbei auf eine Reihe von aufeinanderfolgenden Sprüngen konzentrieren.

Man beginnt die Arbeit mit einer Stange und einem Hindernis und verlängert die Reihe allmählich. Man sollte dem Pferd aber nicht allzu viele Stangen zumuten. Mit einem Helfer, der die Hindernisse nach Bedarf verschiebt und heruntergefallene Stangen wieder auflegt, spart man sich viel Zeit.

Mit zwei eng hintereinander aufgestellten Hindernissen übt man den In-and-Out-Sprung. Bodenstangen zwischen weit plazierten Hindernissen verhelfen einem übereifrigen Pferd zu besserer Konzentration. Es ist wichtig, daß die Abstände in der Übungsreihe auf das jeweilige Pferd abgestimmt sind. Jedes Tier hat eine andere Tritt- bzw. Sprunglänge, die man mit eigenen Schritten abmißt und der Übungsreihe zugrunde legt.

Eine einfache, gerade Übungsreihe

1 Die Reihe beginnt mit gekreuzten Stangen, die dem Pferd den Weg zur Mitte des Hindernisses weisen und es zum Springen ermutigen.

2 Die Stange am Boden zwingt das Pferd in die richtige Ausgangsposition vor dem zweiten Hindernis. Es wirkt beim Absprung selbstsicher und aufmerksam.

3 Die Stangen am Boden bringen ein übereifriges Pferd dazu, den Kopf zu senken und sich zu konzentrieren; und sie halten es davon ab, auf das nächste Hindernis zuzustürmen.

4 Das Pferd springt gut über das letzte Hindernis. Die Reiterin ist im Gleichgewicht, sie hat ihren Schwerpunkt nach vorne verlagert, ihre Unterschenkel sind in Gurtlage und die Hände halten Kontakt zum Pferdemaul.

Das Aufbauen einer Übungsreihe

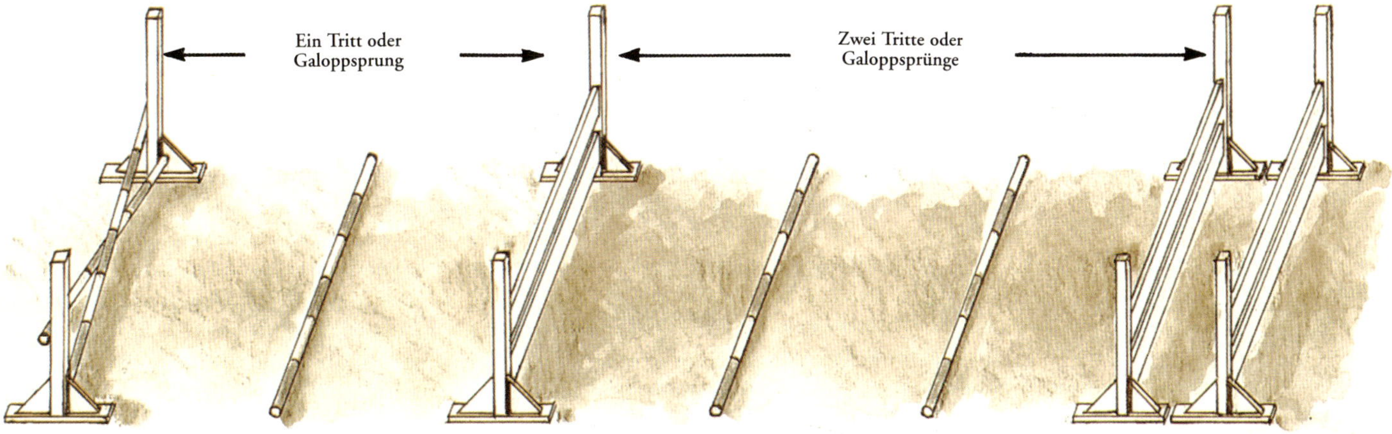

Oben: Beim Üben mit dieser Hindernisreihe lernen Pferd und Reiter, den jeweiligen Bodengewinn besser einzuschätzen. Beim Aufbau sind die unterschiedlichen Abstände für Trab oder Galopp zu beachten!

Abstände in einer Übungsreihe (ungefähre Angaben in m)

Anreiten	im Trab	im Galopp
Sprung	*2,75–3,3*	*3,3–4,25*
Ein Tritt oder Galoppsprung	*5,5–7,3*	*7,3–7,9*
Zwei Tritte oder Galoppsprünge	*9–9,75*	*10,4–11*

Rechts: Messen Sie den Bodengewinn Ihres Pferdes an Ihrer eigenen Schrittlänge. Dann können Sie eine Übungsreihe aufbauen, die individuell auf Ihr Pferd abgestimmt ist.

Häufige Fehler: hastiges Springen

1 Das Pferd eilt auf das letzte Hindernis in der Reihe zu und überrascht damit seine Reiterin. Sie sitzt zu weit hinten im Sattel und ist damit hinter die Bewegung gekommen.

2 Weil das Pferd übereilt auf das Hindernis zugaloppiert ist, wird der Sprung zu flach. Das Pferd hat seinen Kopf erhoben, den Rücken weggedrückt und läuft Gefahr, das Hindernis herunterzureißen.

Hindernisse bei Geländeprüfungen

Zur Bewältigung einer Military-Geländestrecke reicht das gute Springen alleine nicht aus. Pferd und Reiter benötigen auch ein gehöriges Maß an Selbstvertrauen und Mut, um die Hindernisse zu überwinden, die sich ihnen im Gelände in den Weg stellen. Die Unentschlossenheit oder Angst des Reiters überträgt sich leicht auf das Pferd; Verweigern, Stürze und halbherzige Sprungversuche sind die Folge.

Bei Geländeprüfungen sind die Sprünge meist am Fuße oder auf der Kuppe steiler Hügel aufgebaut, und das Pferd muß bergauf oder bergab springen. Andere Hindernisse stehen in einer Kurve, im Übergang von Sonnenlicht zu Schatten oder am Rande einer dunklen Baumgruppe.

Es geht auch nicht nur darum, Hoch- oder Weitsprünge zu überwinden: Die Sprünge sind oft anders aufgebaut, als sie zuerst wirken. Vermeintliche Kombinationen erweisen sich als In-and-Out-Sprünge und können bergauf oder bergab stehen. Ecksprünge, Wälle, Stufen, Sprünge in und aus Wassergräben (manchmal auch diese bergauf oder bergab) sind nur einige der zahlreichen schwierigen Hindernisse, die es zu überwinden gilt. Man sollte sich solche Hindernisse zu Hause nachbauen und an ihnen üben.

Der Ecksprung ist eines der schwierigsten Hindernisse im Military-Parcours. Der Reiter ermutigt sein Pferd, das schwer zu kämpfen hat, um gut über die Ecke zu kommen.

Oben: Ein Zickzack sollte wie ein Hochweitsprung behandelt werden: Man reitet mit sehr viel Schwung an, der Absprungpunkt liegt kurz vor dem Hindernis.

Unten: Bruce Davidson auf JJ Babu beim Überwinden einer spektakulären Kombination aus Wassergraben und Bergauf-Stufen. Hindernisse beim Military bestehen oft aus schwierigsten Kombinationen verschiedener Bauarten.

In-and-Out-Hindernisse

Sogenannte *In-and-Outs* sind bei Geländeprüfungen recht häufig anzutreffen. Dabei handelt es sich um Kombinationen, bei denen das Pferd zwischen den einzelnen Hindernissen keinen Galoppzwischensprung einlegen kann. Das Pferd muß nach dem Überspringen des ersten Teils sofort wieder abspringen, um auch den zweiten Teil der Kombination zu überwinden.

In-and-Outs lassen sich entweder als Einzelsprünge oder als Teil einer Übungsreihe aufbauen. Mit einem erfahrenen und sicheren Pferd kann man auch versuchen, doppelte *In-and-Outs* zu springen. Diese Hindernisart stellt große Anforderungen an Springvermögen und Koordinationsfähigkeit des Pferdes. Wenn seine Vorderhufe nach dem Überspringen des ersten Hindernisses auf dem Boden auffußen, muß es seine Hinterbeine so weit wie nur möglich unter den Körper bringen, um den zweiten Absprung vorzubereiten.

Nur ein geschmeidiges und bewegliches Pferd bewältigt ein *In-and-Out.* Es sollte sich gut ausbalanciert mit kurzen, kontrollierten Sprüngen und mit voller Schubkraft dem Hindernis nähern. Wenn das Pferd das erste Hindernis lang und flach überspringt, wird es wahrscheinlich zu weit dahinter landen und dann beim zweiten Schwierigkeiten bekommen. Zwischen den beiden Teilen des *In-and-Out* sollte sich der Reiter für einen kurzen Augenblick gerade in den Sattel setzen, damit er nicht beim Absprung zum zweiten Teil die Vorhand belastet.

Bei dieser Art von Hindernissen ist es besonders wichtig, daß der Reiter sich der Bewegung des Pferdes anpaßt und nicht vor oder hinter die Bewegung gerät. Das Körpergewicht des Reiters muß in die Fersen «hinunterfallen»; die Hände folgen den Bewegungen des Pferdekopfes und halten die ganze Zeit über Kontakt zum Maul.

Der In-and-Out-Sprung

1 Die Reiterin sitzt in den Sattel ein und treibt das Pferd mit Kreuz-, Schenkel- und Zügelhilfen in einem kurzen, schwungvollen, kontrollierten und gut ausbalancierten Tempo auf das Hindernis zu. Es setzt seine Hinterhand unter und entwickelt viel Schubkraft.

2 Das Pferd hebt seine Vorhand gut über das Hindernis; leider ist die Reiterin etwas vor die Bewegung gekommen.

3 Bei der Landung hat das Pferd seine Hinterhand gut unter den Körper gebracht und ist dadurch bereit, den zweiten Sprung zu nehmen. Die Reiterin hat sich etwas aufgerichtet und die Schenkel angelegt. Ihre Hände gewähren dem Kopf des Pferdes genügend Bewegungsfreiheit.

In-and-Out-Sprung bergab

1 Pferd und Reiter überspringen den ersten Teil einer abfallenden In-and-Out-Kombination. Hindernisse dieser Art müssen entschlossen angeritten und sauber und kraftvoll übersprungen werden.

2 Der Reiter lehnt sich bei der Landung nach dem ersten Sprung zurück. Pferd und Reiter sind beide schön ausbalanciert und offensichtlich ein gutes Gespann.

3 Das Pferd hat für den Absprung seine Hinterbeine untergesetzt und ist kurz vor dem zweiten Hindernis abgesprungen. Es wird das Hindernis mühelos überwinden.

Häufige Fehler: mangelnde Zügelverbindung

1 Anstatt mit der Bewegung des Pferdes nach vorne zu gehen, hat die Reiterin ihre Hände sinken lassen. Sie zieht jetzt am Zügel und hindert das Pferd daran, Kopf und Hals genügend weit vorzustrecken.

2 Als Folge davon ist der Sprung des Pferdes zu flach ausgefallen. Es hebt den Kopf und drückt seinen Rücken weg. Die nachgezogenen Hinterbeine reißen möglicherweise die Stange.

Eck-Hindernisse

Auf angehende Military-Reiter können Eck-Hindernisse ziemlich abschreckend wirken. Wenn man sie aber korrekt angeht, dürften sie keine größeren Schwierigkeiten bereiten.

Zum Üben baut man sich ein Hindernis aus drei Ständern und ein paar Stangen auf. Für die ersten Sprünge legt man die Stangen niedrig auf und stellt die Ständer so, daß der entstehende Winkel möglichst spitz ist. Später kann man den Winkel langsam erweitern und die Stangen höher legen.

Gibt man beim Anreiten dieses Hindernisses keine klaren Anweisungen, reagiert das Pferd eventuell befremdet. Reitet man genau auf die Ecke zu, ist die Versuchung für das Pferd sehr groß, einfach am Hindernis vorbeizulaufen. (Man sollte zudem berücksichtigen, daß das Hindernis in einem Wettbewerbsparcours vielleicht nicht von Ständern, sondern nur von Fähnchen begrenzt ist.) Reitet man dagegen zu weit außen, bringt man das Pferd ebenfalls in Schwierigkeiten, da es dann den breitesten Teil des Hindernisses überwinden muß.

Am besten reitet man diese Art von Hindernissen frontal an, hält aber auf die Ecke zu, damit das Pferd nicht zu weit springen muß. Es wird beim Anreiten entschlossen vorwärtsgetrieben, da das breite Hindernis große Anforderungen an sein Springvermögen stellt. Wenn es den Sprung als zu anstrengend empfindet, wird sein Selbstvertrauen leiden.

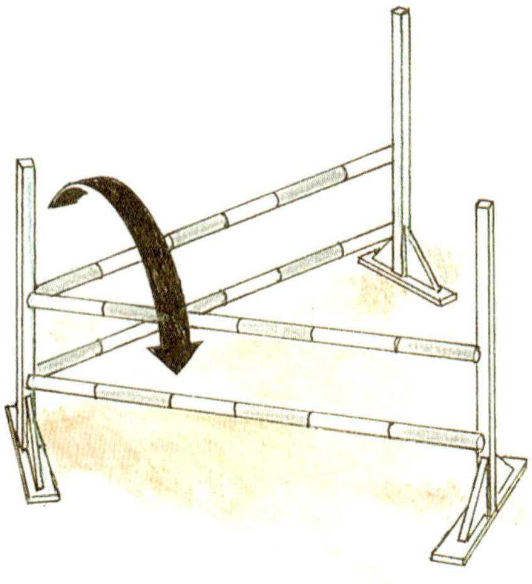

Der Ecksprung

1 Pferd und Reiterin bewegen sich auf die Mitte des Hindernisses zu. Die Reiterin sitzt fest im Sattel und treibt energisch mit den Schenkeln. Sie hält beim Anreiten eine klare Linie ein, und das Pferd weiß, was von ihm verlangt wird.

2 Beim Absprung ist das Gewicht des Pferdes über den Sprunggelenken gut ausbalanciert. Die Reiterin läßt ihr Gewicht «in die Fersen fallen» und neigt sich nach vorne. Reiten Sie ein Eck-Hindernis gerade, aber nahe an der Ecke an.

Links: Ein Eck-Hindernis wird am besten frontal, aber in der Nähe der Ecke angeritten.

3 Beim Überspringen des Hindernisses hat sich die Reiterin in eine optimale Position gebracht. Ihre Hände sind vorne, hängen aber nicht herab. Sie hat sich aus der Hüfte nach vorne gebeugt und erleichtert es damit dem Pferd, sich über die Breite des Hindernisses zu strecken und seine Hinterbeine hochzuziehen.

4 Bei der Landung behalten Pferd und Reiter ihr Gleichgewicht und sind bereit für das nächste Hindernis.

Häufige Fehler

1 Die Reiterin will den breiten Teil des Hindernisses anreiten, und das Pferd versucht auszubrechen. Sie müßte das Pferd stärker treiben, damit es seine Galoppsprünge vor dem Hindernis verlängert.

2 Sichtlich zögernd hält das Pferd auf die Ecke zu, statt das Hindernis gerade anzugehen. Die Reiterin setzt ihre Gerte nicht genügend ein und treibt das Pferd auch nicht mit dem Sitz vorwärts. Sie sollte ihren äußeren Schenkel stärker einsetzen, um das Pferd gerade zu richten, und mit dem Außenzügel besseren Kontakt halten.

3 Das Pferd hat gemerkt, daß die Reiterin das Hindernis nicht entschlossen genug angegangen ist, und läuft daran vorbei.

Wälle

Diese großen, massiven Hindernisse sehen zwar sehr eindrucksvoll aus, sind aber relativ leicht zu überspringen; man muß sie nur schwungvoll und kontrolliert anreiten.

Ein Wall sollte genauso behandelt werden wie ein Hochweitsprung, das heißt, man sollte mit länger werdenden Galoppsprüngen anreiten und nahe am Hindernis abspringen. Solche Hindernisse haben eine sehr deutliche Oberkante; die Unterkante ist aber nicht immer gut sichtbar, so daß man leicht zu nahe herankommt. Deshalb sollte man sich den Absprungpunkt gut überlegen.

Wie bei jeder anderen Hindernisart ist es auch hier wichtig, die Art des Anreitens auf das Temperament und das Sprungvermögen des Pferdes abzustimmen. Dann wird das Pferd so gut springen, wie es nur kann. Bei einem stürmischen, übereifrigen Pferd richtet man sich beim Anreiten am besten leicht im Sattel auf, um das Tier besser unter Kontrolle zu behalten; man läßt das Hindernis «auf sich zukommen». Auf einem bequemeren Pferd setzt man sich tief in den Sattel und treibt es stark mit den Schenkeln im Rhythmus seiner Bewegungen an, um so die nötige Schubkraft und das Tempo aufzubauen. Über dem Sprung geht man in den leichten Sitz nach vorne, damit sich das Pferd gut strecken kann.

Lucinda Green auf Shannagh in Badminton. Wälle aller Art erfordern energisches, sauberes Reiten, sind aber relativ leicht zu überwinden.

Bequemes Pferd

1 Diesem Pferd fehlt es an eigenem Antrieb, es muß zum Sprung ermutigt werden. Die Reiterin treibt es energisch mit den Schenkeln auf den Absprungpunkt zu.

2 Über dem Sprung beugt sie den Oberkörper soweit wie möglich, damit sich das Pferd gut strecken kann und so mangelnden Schwung beim Absprung wieder wettmacht.

Stürmisches Pferd

1 Dieses Pferd braucht nicht zum Sprung ermutigt zu werden. Der Reiter bleibt im Sattel leicht aufgerichtet, um es zu einem ruhigen Anreiten zu veranlassen und das eifrige Tier besser zu kontrollieren.

2 Das Pferd springt sehr gut über das Hindernis. Der Reiter hält die Schenkel in der richtigen Position und beugt den Oberkörper aus der Hüfte nach vorn.

Tiefsprünge

Ein Tiefsprung — der Absprungpunkt liegt hier höher als der Landepunkt — kann selbst einen erfahrenen Military-Reiter das Fürchten lehren. Man reitet es in einem gleichmäßigen Tempo an, am besten im Trab. Das Pferd ist ausbalanciert und trägt das Gewicht mit der Hinterhand. Es darf auf gar keinen Fall auf die Vorderhand fallen. Mit gut untergesetzter Hinterhand soll es so nah wie möglich an das Hindernis herangehen. Der Reiter bleibt zunächst relativ aufrecht im Sattel, um das Pferd beim Aufrichten der Vorhand zu unterstützen und einen sauberen Sprung zu erreichen. Bei einem langsamen Sprung wird sich das Pferd bei der Landung die Beine weniger leicht verstauchen.

Springt das Pferd zu weit vor dem Hindernis ab, wird es an einer Stelle landen, wo der Boden sehr steil abfällt. Dabei läuft es ebenfalls Gefahr, sich die Beine zu verstauchen, und ein unerfahrener Reiter wird wahrscheinlich bei der Landung im Sattel nach vorne geworfen.

Der Tiefsprung

Wenn man bei dieser Art von Sprung nicht die ganze Zeit über in der Bewegung des Pferdes mitgeht, kann man leicht seinen Sitz verlieren. Der Reiter darf das Pferd während der Schwebephase nicht stören. Wenn man die Zügel nach dem Absprung weich durch die Finger gleiten läßt, kann das Pferd Kopf und Hals genügend weit ausstrecken, um bei der Landung sein Gleichgewicht wiederzufinden.

1 Dieses Pferd ist von Natur aus vorsichtig und geht in einem regelmäßigen Tempo an das Hindernis heran. Die Reiterin hat sich fest in den Sattel gesetzt und treibt das Pferd mit den Schenkeln fleißig vorwärts; gleichzeitig hält sie Kontakt zum Pferdemaul.

Mangelnde Kontrolle

1 Das Anreiten erfolgt im Trab; trotzdem «rennt» das Pferd auf das Hindernis zu, weil der Reiter das Tempo nicht kontrolliert. Er sitzt zu weit hinten im Sattel und zieht an den Zügeln. Er sollte seine Schenkel einsetzen, um das Pferd zur Hankenbiegung zu veranlassen, die Zügel annehmen und so einen ruhigeren, aber gleichzeitig aktiveren Trab verlangen.

2 Der Reiter zerrt am Zügel, um das Pferd zu beherrschen. Es versucht sich gegen den behindernden Zügel zu strecken und hat Schwierigkeiten, seine Vorhand über das Hindernis zu bringen.

2 Durch Treiben mit den Schenkeln hat die Reiterin das Pferd zur Hankenbiegung ermutigt. Es springt nahe am Hindernis ab. Die Reiterin hält ihr Körpergewicht beim Sprung über das Hindernis gut über dem Schwerpunkt des Pferdes.

3 Weil das Pferd erst kurz vor dem Hindernis abgesprungen ist, landet es auch nahe genug dahinter und verstaucht sich bei der Landung nicht die Vorderbeine. Die Reiterin läßt dem Pferd Bewegungsfreiheit, so daß es Hals und Kopf weit genug ausstrecken kann, behält aber trotzdem durchgehend Kontakt zum Pferdemaul.

3 Der Reiter ist hinter die Bewegung gekommen, er sitzt zu weit hinten im Sattel. Er versucht aber in dieser ungeschickten Position, dem Pferd soviel Zügel zu lassen, wie ihm möglich ist.

4 Pferd und Reiter sind beide im Gleichgewicht geblieben, aber zu weit hinter dem Hindernis gelandet, dort, wo der Boden schon sehr steil abfällt.

Bergab-Hindernisse

Bergab-Hindernisse erfordern eine ähnliche Technik wie Tiefsprünge. Die besondere Schwierigkeit liegt hier darin, daß man sie bergab anreiten muß und dabei nur schwer ein regelmäßiges, aktives Tempo beibehalten kann. Jedenfalls sollte man sie immer kontrolliert und frontal angehen.

Es ist sehr wichtig, den natürlichen Bewegungen des Pferdes zu folgen, wobei der Reiter ziemlich gerade im Sattel sitzt, damit er nicht vor die Bewegung gerät. Die Zügelhände müssen nachgiebig sein, so daß sich das Pferd bei der Landung ungehindert strecken kann. Und der Reiter sollte während des gesamten Sprungablaufes sicher und zügelunabhängig im Gleichgewicht über dem Pferd bleiben.

Auch hierbei wählt man den Absprungpunkt möglichst nahe am Hindernis. Springt das Pferd zu weit vor dem Hindernis ab, kann es den Landepunkt gar nicht sehen und wird sich möglicherweise sträuben.

Der Bergab-Sprung

1 Pferd und Reiter sind beim Anreiten im Gleichgewicht geblieben. Der Reiter treibt kurz vor dem Sprung vermehrt mit den Schenkeln, und das Pferd hat die Hinterhand untergesetzt. Sie springen sehr nahe am Hindernis ab.

Unten: Der Reiter lehnt sich beim Bergab-Sprung weit zurück und läßt dem Pferd die Zügel, so daß es sich bei der Landung ausbalancieren kann.

Rechts: Bei diesem steilen Bergab-Sprung lehnt sich der Reiter weit im Sattel zurück.

2 Der Reiter hat über dem Sprung die aufrechte Position im Sattel weitgehend beibehalten. Die Schenkel sind immer in der richtigen Lage, wodurch er im Gleichgewicht und in der Bewegung zu bleiben vermag. Seine Hände halten guten Kontakt zum Pferdemaul.

3 Bei der Landung läßt der Reiter die Zügel durch seine Finger gleiten, so daß das Pferd genug Bewegungsfreiheit findet, um sein Gleichgewicht wiederzuerlangen. Seine Schenkel sind stabil in der Gurtlage geblieben, und er sitzt ausbalanciert und sicher im Sattel.

Bergauf-Hindernisse

Bei einem Bergauf-Sprung braucht ein Pferd viel Schubkraft, um die Hinterhand unterzusetzen und gut über das Hindernis zu gelangen. Pferd und Reiter müssen beide beim Anreiten sauber ausbalanciert sein und mit viel Schwung an das Hindernis herankommen. Dies erreicht der Reiter, indem er das Pferd sehr stark mit den Schenkeln treibt und die Zügel leicht annimmt. Während des Anreitens bergauf bleibt er in der Bewegung des Pferdes und bringt im Absprung seinen Schwerpunkt leicht vor diese, weil er so das Pferd am wenigsten stört.

Es kann einem leicht passieren, beim Absprung hinter der Bewegung zu bleiben. Das hat zur Folge, daß das Gewicht des Reiters die Hinterhand belastet und dem Pferd das Abspringen aus den Sprunggelenken heraus erschwert.

Der Bergauf-Sprung

1 Der Reiter hat gemerkt, daß er beim Absprung etwas hinter die Bewegung gekommen ist. Deshalb streckt er die Arme nach vorne, um das Pferd nicht zu behindern.

2 Der Reiter ist immer noch zu weit hinten im Sattel, aber seine Beine liegen sicher am Pferdeleib an, und er hält sein Gleichgewicht. Er behindert das Pferd nicht, und es streckt sich gut über das Hindernis.

3 Der Reiter ist sicher im Sattel geblieben und konnte daher nach der Landung seinen Sitz korrigieren.

Häufige Fehler

Das Pferd war beim Absprung nicht ausbalanciert und muß sich jetzt förmlich über das Hindernis «winden».

Ganz oben: Wenn sich das Pferd zu weit vor dem Bergauf-Sprung aufrichtet, wird das Hindernis viel größer erscheinen, als es in Wirklichkeit ist.

Oben: Bergauf-Sprünge erfordern sehr kraftvolles Anreiten und enorme Schubkraft.

Bergab-Stufen

Viele Reiter sind bei den ersten Stufenhindernissen unsicher. Stufen sind aber nichts anderes als Kombinationen von Bergauf- oder Bergab-Sprüngen und sollten mit der gleichen Technik angegangen werden. Abfallende Stufen reitet man kontrolliert und gut ausbalanciert an. Man achtet darauf, sie gleichmäßig anzugehen und keine allzu großen Sprünge zu machen. Zwischen den einzelnen Stufen richtet sich der Reiter im Sattel auf und treibt das Pferd energisch mit den Schenkeln, damit es weiß, daß es vorwärts gehen soll. Die Hände bleiben die ganze Zeit über weich und folgen den Bewegungen des Pferdes, damit es sich über die Hindernisse strecken kann.

Stufenritt bergab

1 Der Reiter hat guten Kontakt zum Pferd, er treibt aber nicht genug, so daß es bei der ersten Stufe zaudert.

2 Das Zögern war nur vorübergehend. Der Reiter sitzt sicher und im Gleichgewicht im Sattel und geht in der Bewegung des Pferdes mit. Er hat sich leicht im Sattel aufgerichtet und regt mit den Schenkeln das Pferd dazu an, die zweite Stufe zu nehmen.

3 Im Absprung ist der Reiter in der Bewegung nach vorne gekommen.

4 Der Reiter hat die korrekte Position im Sattel gefunden und ist bei der Landung wieder in Einklang mit der Bewegung. Kommt man beim Sprung vor die Bewegung, besteht immer die Gefahr, bei der Landung nach vorne geworfen zu werden.

Bei der Landung nach dem ersten Sprung dieses Hindernisses mit insgesamt vier Stufen wirken Pferd und Reiterin gut ausbalanciert und sicher.

Bergauf-Stufen

Bergauf-Stufen werden genauso geritten wie andere Bergauf-Sprünge. Das Pferd muß dabei eine enorme Schubkraft entwickeln, während der Reiter ständig treibt, damit nicht auf halbem Weg der Schwung verlorengeht. Seine Unterschenkel bleiben in der Gurtlage, und er geht in den leichten Sitz. Gerät man erst einmal hinter die Bewegung, so fällt man mit jedem Sprung bergauf weiter zurück.

Stufenritt bergauf

1 Zum Anreiten der ersten Stufe bleibt der Reiter im Sattel und treibt das Pferd mit Sitz und Schenkeln energisch vorwärts, um viel Schubkraft aufzubauen.

2 Bei der Landung nach der ersten Stufe ist der Reiter hinter die Bewegung gekommen; sein Gewicht liegt zu weit hinten im Sattel. Dadurch behindert er das Pferd in der Vorwärtsbewegung.

3 Das Pferd nimmt die zweite Stufe sehr kraftvoll, aber der Reiter ist weiterhin hinter der Bewegung, und sein Unterschenkel kommt allmählich zu weit nach vorne.

4 Bei der Landung nach der zweiten Stufe ist der Reiter noch weiter nach hinten gerutscht. Er streckt nun die Arme aus, um das Pferd so wenig wie möglich in seiner Bewegungsfreiheit einzuschränken.

Wassergräben

Bruce Davidson und Dr. Peaches legen bei den Olympischen Spielen in Seoul eine saubere Landung im Wassergraben hin.

Die Wassergräben sind von Military-Strecken fast nicht mehr wegzudenken. Je früher Sie und Ihr Pferd sich daran gewöhnen, ins Wasser und wieder heraus zu springen, um so besser.

Am besten gewöhnt man sein Pferd schrittweise ans Wasser. Dazu sucht man sich einen kleinen Bach in der Umgebung aus, dessen Bett möglichst eben und fest sein sollte. Zuerst sollte sich das Pferd den Bach in aller Ruhe anschauen dürfen; darauf ermuntert man es dazu hineinzugehen. Man muß ihm nur Zeit lassen, im Bachbett auf und ab zu gehen und darin etwas herumzuplanschen.

Weil das Wasser Widerstand bietet, wird das Pferd plötzlich langsamer. Darauf sollte man beim Sprung in den Graben vorbereitet sein.

Wenn das Pferd schnell und flach in den Wassergraben springt, wird

Oben: Pferd und Reiter sind beim Einsprung in den Graben gut ausbalanciert.

Links: Das herumspritzende Wasser im Graben kann leicht zum Problem werden. Nach Möglichkeit reitet man deshalb im Trab durch den Graben.

der Wasserwiderstand sein Tempo bremsen, und der Reiter wird einen gehörigen Ruck nach vorne verspüren. Treibt man anderseits das Pferd nicht energisch genug an, bleibt es vielleicht stehen. Man sollte Wassergräben immer in einem schwungvollen, gleichmäßigen Tempo anreiten.

Sobald man im Wasser ist, richtet man sich im Sattel auf und nimmt die Zügel an. Wenn möglich durchreitet man den Graben im Trab, damit nicht so viel Wasser aufspritzt und das Pferd den Absprungpunkt beim Herausspringen sehen kann.

Springen

So sollte ein Pferd über den Sprung gehen: Die Hinterbeine stoßen sich erst kurz vor dem Hindernis vom Boden ab, die Schultern sind hoch erhoben, der Hals ist gewölbt, der Kopf gesenkt und die Vorderbeine schön angewinkelt.

Aufbau einer Übungsreihe

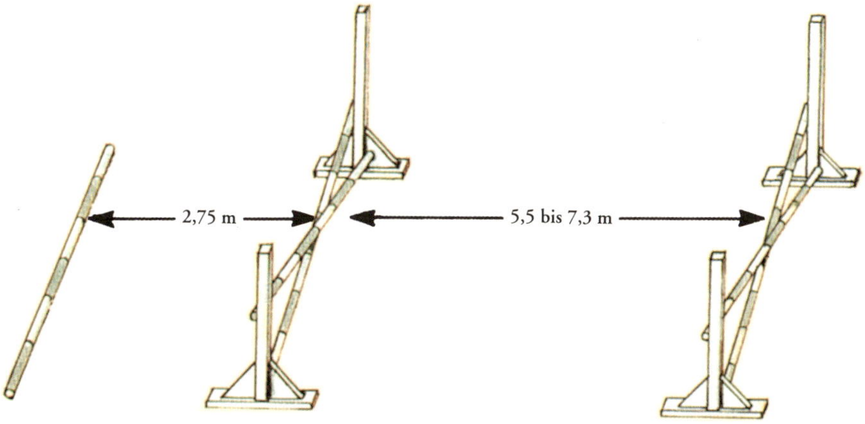

Eine einfache Übungsreihe besteht aus einer am Boden liegenden Stange und zwei Hindernissen aus gekreuzten Stangen. Die Bodenstange sollte etwa 2,75 m vor dem ersten Hindernis liegen; der Abstand zwischen den beiden Hindernissen beträgt am besten etwa 5,5 bis 7,3 m, damit das Pferd einen Zwischensprung einlegen kann. Wenn man mit dieser Übungsreihe keine Schwierigkeiten mehr hat, kann man als zweites Hindernis einen Steilsprung oder einen Hochweitsprung aufbauen.

Springgymnastik

Eine Übungsreihe besteht aus einer Anzahl von Hindernissen, deren Abstände so gewählt werden, daß das Pferd dazwischen einige Tritte oder Galoppsprünge machen kann. Dabei lernt das Pferd, die optimale Haltung für den Sprung einzunehmen und beim Springen mitzudenken; zudem verbessert sich sein Sprungvermögen. Die Schultern werden beweglicher, so daß das Pferd sie über das Hindernis heben und gleichzeitig den Hals ausstrecken kann. Der Kopf ist gesenkt, die Vorderbeine sind angewinkelt, der Rücken wölbt sich.

Man kann eine einfache Übungsreihe aufbauen, die aus einer auf den Boden gelegten Stange und zwei Hindernissen mit gekreuzten Stangen besteht. Man sollte diese Übungsreihe zunächst im Trab überspringen, bis Pferd und Reiter einen flüssigen, versammelten und gut ausbalancierten Galopp beherrschen. Wenn man das Pferd über die am Boden liegende Stange traben läßt, sollte man gut auf den korrekten Absprungpunkt achten. Wiederholt man diese Übung häufig, so lernt das Pferd, dieses Hindernis richtig anzugehen. Verfällt es dagegen in einen unkontrollierten Galopp, wird es einmal zu weit vor, ein andermal zu nahe an dem Hindernis abspringen. Darum soll es sich gar nicht erst angewöhnen, schnell auf die Hindernisse loszustürmen.

Damit das Pferd die Schrittanpassung lernt, verändert man immer wieder die Abstände zwischen den Hindernissen. Wenn es sich an das richtige Anreiten gewöhnt hat, wird es künftig mitdenken und sich nicht nur auf den Reiter verlassen. Kommt es zu spät auf, wird es seine Tritte vor dem zweiten Hindernis verkürzen oder sie verlängern, wenn der erste Sprung zu kurz geraten ist.

Obwohl Springgymnastik in erster Linie für das Pferd bestimmt ist, sollte der Reiter beim Üben stets auf seine korrekte Sitzhaltung achten.

Das Springen von Übungsreihen

1 Die Stange wird in kontrolliertem, ausbalanciertem Trab angeritten und mit einem Galoppsprung genommen.

2 Der Reiter hat auch bei der Landung das Pferd gut unter Kontrolle.

3 Der Reiter verstärkt die Schenkelhilfen, damit das Pferd beim Anreiten des zweiten Hindernisses die Tritte verlängert.

4 Das Pferd hebt seine Schultern an und wölbt seinen Rücken gut über das Hindernis.

Häufige Fehler

Das Pferd ist zu früh abgesprungen und hat jetzt Schwierigkeiten, seine Schultern über das Hindernis zu heben und die Vorderbeine anzuwinkeln.

Steilsprünge

Steilsprünge können aus Brettern aufgebaut werden, die Form eines Tores oder einer Mauer haben oder aus zwei Ständern und einer einzelnen Stange beziehungsweise aus mehreren Stangen übereinander bestehen. All diese Hindernisse haben gemeinsam, daß sie senkrecht zum Boden stehen und nicht in die Tiefe gehen.

Steilsprünge werden leicht gerissen, weil sie die Pferde zu allzu flachen Sprüngen verführen. Hochweitsprünge dagegen regen das Pferd zur Bascule an, so daß es sich während der Schwebephase über dem Hindernis rund macht.

Um einen Steilsprung erfolgreich zu überwinden, muß man ihn ausbalanciert, versammelt und schwungvoll anreiten. Die Tritte beim Anreiten sollten lang sein. Das Pferd muß sich vor dem Hindernis tief «ducken» und dann seine Hinterhand weit unter den Körper bringen, damit es sich gut vom Boden abstoßen und in schöner Wölbung darüber springen kann. Die Zügelhände geben genug Bewegungsfreiheit, und die Schenkel treiben es in die Höhe. Springt das Pferd zu früh ab, so wird es sich stark strecken müssen, um über das Hindernis zu kommen, und dabei die korrekte Rückenwölbung verlieren. Auf längere Sicht wird es sich dann einen allzu flachen Sprung angewöhnen.

Beim Üben von Steilsprüngen sollte man den Absprungpunkt immer ziemlich nahe beim Hindernis wählen, damit das Pferd lernt, in der Schwebephase seinen Rücken darüber zu wölben. Bei Wettbewerben läßt man ihm ein wenig mehr Platz beim Absprung, damit es in seinem natürlichen Schritt bleibt und trotzdem eine gute Figur macht. Das erleichtert dem Pferd seine Aufgabe und kann bei einem Springen auf Zeit wertvolle Sekunden einsparen. Man darf das Pferd allerdings nicht so weit vom Hindernis entfernt abspringen lassen, daß der Sprung lang und flach wird.

Die schwierigsten Steilsprünge sind die am Ende eines Parcours. Pferd und Reiter wollen die Sache jetzt rasch zu Ende bringen. Vielleicht haben sie sich auch vorher sehr angestrengt und sind nun versucht, das Hindernis zu hastig anzugehen. Gerade in dieser Situation sollte man aber sehr sorgfältig anreiten und springen.

Absprungpunkte

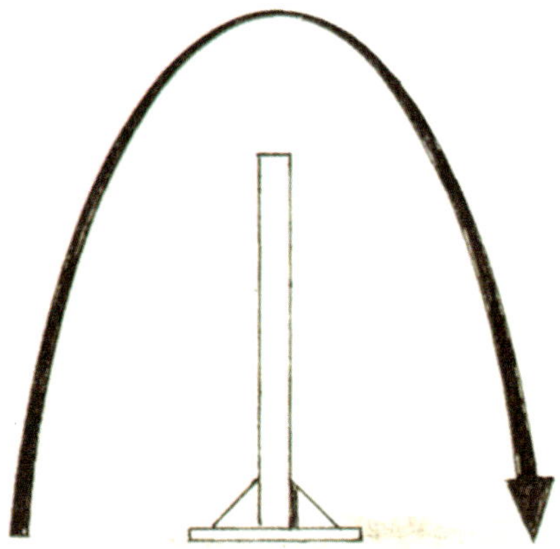

Beim Training reitet man das Pferd nahe an das Hindernis heran, damit es seinen Rücken im Sprung gut wölbt.

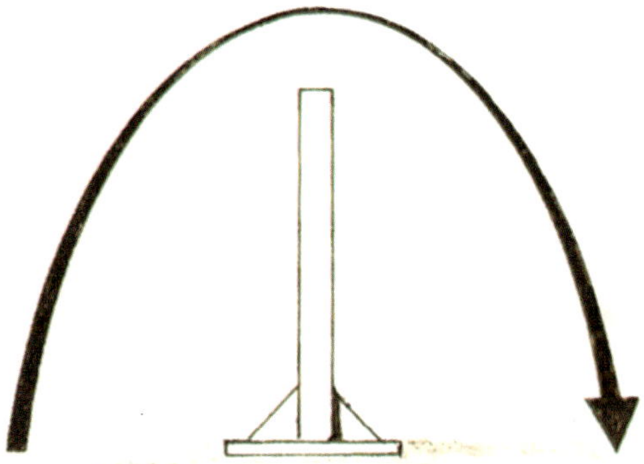

Im Wettbewerbsparcours läßt man das Pferd etwas früher abspringen, so daß es durch den Sprung nicht seinen Schwung verliert.

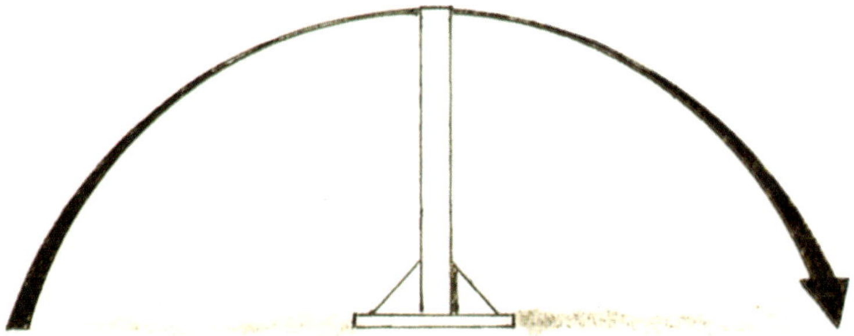

Springt man zu früh ab, wird das Pferd flach über den Sprung gehen und Gefahr laufen, ihn zu reißen.

Lisa Jacquin auf For the Moment in Paris.

Verfrühter Absprung

1 Das Pferd springt zu früh ab. Es wird sich sehr strecken müssen, um über das Hindernis zu kommen. Seine Vorderbeine baumeln herunter.

Der Steilsprung

1 Durch energischen Schenkeldruck bringt der Reiter das Pferd in einem starken, aber versammelten Tempo nahe an das Hindernis heran. Es hat die Hinterhand gut untergesetzt, um mit der erforderlichen Kraft nach oben und vorwärts schnellen zu können.

2 Das Pferd hat seine Schultern gut über das Hindernis gehoben, seinen Hals gebogen und den Kopf gesenkt. Die Vorderbeine sind angewinkelt. Der Reiter ist über dem Sprung mit dem Oberkörper nach vorne gekommen. Die Hände geben dem Zügel nach, behalten aber den Kontakt zum Pferdemaul.

2 Das Pferd hat den höchsten Punkt seines Sprungbogens erreicht, ist aber noch nicht über dem höchsten Punkt des Hindernisses.

3 Das Pferd kommt zu früh zur Landung. Es läßt seine Schultern sinken, nimmt den Kopf hoch und drückt bei dem Versuch, über das Hindernis zu kommen, den Rücken weg.

3 Das Pferd bereitet sich auf die Landung vor, behält dabei aber seine gewölbte Form bei. Der Reiter hält die Schenkel während des gesamten Sprungs in der gleichen Lage und übt dabei Druck hinter dem Gurt aus.

Rob Ehrens mit Olympic Sunrise bei der britischen Horse of the Year Show über einem typischen Steilsprung.

Hochweitsprünge

Zu dieser Art von Hindernissen, über die das Pferd nicht nur hoch, sondern auch noch weit springen muß, zählen Doppelricks, Triplebarres, Oxer und Wälle oder Mauern, die mit Ricks umbaut sind. Hindernisse, die nach hinten hin höher werden, sind leichter zu springen als gleichhohe Ricks. Über jedes dieser Hindernisse muß das Pferd weit und hoch springen; je weiter es dabei aber springt, desto schwerer wird es ihm fallen, an Höhe zu gewinnen.

Um bei einem Hochweitsprung maximale Höhe und Weite zu erreichen, muß das Pferd sehr nah am Hindernis abspringen und dabei seine Hinterbeine weit unter den Körper setzen. Wenn es zu weit vor dem Hindernis abspringt, wird es die obere Stange reißen.

Das Hindernis sollte mit viel Schwung angeritten werden. Präzises, sauberes Springen ist bei dieser Art von Hindernissen sehr wichtig. Der Reiter muß in der Lage sein, das Tempo genau einzuschätzen, und dem Pferd Gelegenheit geben, sich auf das Hindernis einzustellen. Das Pferd darf nicht im letzten Moment seine Galoppsprünge verkürzen, um den günstigsten Absprungpunkt zu suchen. Pferd und Reiter müssen vorher wissen, wie sie den Sprung anzugehen haben. Diese besondere Fähigkeit kann nicht gelehrt werden, man kann sie aber bei der Stangenarbeit entwickeln.

Wenn das Pferd durch Bahnarbeit und Springgymnastik gelöst ist, wird es in der Lage sein, für den Absprung seine Hinterbeine gut unter den Körper zu setzen, so daß seine Sprunggelenke nah an die vorderste Stange kommen. Aus dieser Position kann es in einer schönen, gerundeten Körperhaltung über das Hindernis springen.

Springt man zu früh ab, schafft man das Hindernis nur, wenn es nicht zu hoch oder zu weit ist oder das Pferd über ein hervorragendes Springvermögen verfügt. Für das alltägliche Training sollte man sich keine breiten Hindernisse aufbauen. Es ist sinnvoller, ein einfaches, kleines Doppelrick perfekt zu springen.

Der Sprungbogen

Die Weite des Sprunges wird gemessen von dem Punkt weg, an dem das Pferd seine Sprunggelenke untersetzt und abspringt, bis zu dem Punkt, an dem seine Vorderbeine landen. Der Körper des Pferdes sollte sich über dem Sprung zu einem Bogen wölben, wobei der höchste Punkt dieser Wölbung über jenem des Hindernisses liegen sollte.

Das Pferd hat sich mit den Sprunggelenken kräftig vom Boden abgestoßen. Es hebt seine Schultern über das Hindernis und wölbt seinen Rücken gut darüber. Um Hochweitsprünge zu bewältigen, muß ein Pferd in den Schultern gelöst sein.

Der Hochweitsprung

1 Optimaler Absprungpunkt: Das Pferd hat seine Sprunggelenke weit genug unter den Körper gebracht; gleichzeitig sind sie nahe genug am Hindernis. Der Reiter treibt mit den Schenkeln beständig weiter, um Gleichgewicht und Schwung zu erhalten.

2 Das Pferd springt genau über die Mitte des Oxers und erreicht den höchsten Punkt seines Sprungbogens über dem höchsten Punkt des Hindernisses.

3 Das Pferd landet gut ausbalanciert. Der Landepunkt ist ebenso weit vom Hindernis entfernt wie der Absprungpunkt.

Häufige Fehler: verfrühter Absprung

1 Der Reiter hat das Pferd zu früh zum Absprung aufgefordert. Die Vorderbeine sind nicht sauber angewinkelt.

2 Das Pferd befindet sich bereits auf der absteigenden Kurve seines Sprungbogens, obwohl es jetzt erst den höchsten Punkt des Hindernisses erreicht hat. Der Sprung wird insgesamt zu flach.

Kombination aus zwei Hindernissen

Kombinationen sind deswegen so schwierig, weil die meisten Reiter — und als Reaktion darauf auch viele Pferde — in Panik geraten, wenn sie sich einer Hindernisreihe gegenüber sehen. Oft sieht man eher ein unkontrolliertes Losstürmen auf das Hindernis als ein korrektes Anreiten. Noch über dem ersten Sprung sorgen sich Pferd und Reiter bereits wegen des zweiten. Das Pferd hebt den Kopf an, um dieses anzuvisieren. Dadurch wird sein Sprung so flach, daß es vielleicht schon das erste Hindernis reißt.

Es ist Aufgabe des Reiters, das Pferd zu einem ruhigen Tempo und zur Konzentration auf das Hindernis zu bewegen, und zwar solange, bis es den Sprung beendet hat.

Bei Kombinationen springt man immer ein Hindernis nach dem anderen. Man galoppiert nicht in die Reihe hinein, sondern reitet sie sehr energisch an. Die Schenkel treiben, um Schubkraft aufzubauen, wobei Schubkraft nicht mit «Geschwindigkeit» verwechselt werden darf. Besteht der erste Teil der Kombination aus einem Hochweitsprung, muß der Reiter stärker treiben und einen schnelleren Bewegungsrhythmus fordern als bei einem Hochsprung. Der erste Teil sollte möglichst gut gesprungen werden, damit das Pferd seine Konzentration behält und Selbstvertrauen gewinnt.

Die Landung nach dem ersten Sprung muß kontrolliert und gut ausbalanciert sein. Der Reiter darf sich dabei nicht auf seine Hände stützen oder am Zügel ziehen. Im Augenblick der Landung muß er seinen Sitz berichtigen, um sofort die erforderlichen Hilfen für den zweiten Sprung zu geben.

Beim Üben konzentriert man sich auf ein rundes und ausbalanciertes Anreiten und bringt dem Pferd bei, die Sprünge ruhig zu nehmen und sich zu entspannen. Auf keinen Fall läßt man das Pferd auf das nächste Hindernis zustürmen.

Oben: Pferd und Reiter konzentrieren sich auf den Sprung, den sie deshalb auch sauber und kontrolliert ausführen. Wenn man alle Teile einer Kombination so angeht, dürfte es keine Probleme geben.

1 Das Pferd hat soeben das zweite Hindernis bemerkt und hebt den Kopf, um es sich anzuschauen. Als Folge davon wird die Landung zu flach.

Die doppelte Kombination

1 Pferd und Reiter sind kontrolliert angeritten. Das Pferd wölbt sich sehr schön über den ersten Teil, einen Steilsprung.

2 Der Reiter treibt das Pferd energisch mit den Schenkeln, und letzteres verstärkt sein Tempo, um sich für das zweite Hindernis, einen Hochweitsprung, bereit zu machen.

Häufige Fehler: mangelnde Konzentration

2 Das Pferd landet zu kurz hinter dem ersten Hindernis; dadurch verlängert sich das Anreiten des zweiten Hindernisses.

3 Der Reiter ist weit nach vorne gegangen und muß das Pferd förmlich vorwärtsschieben, damit es nahe genug an das zweite Hindernis herankommt. Die beiden riskieren, zu weit vor dem Hindernis abzuspringen und mitten auf dem Hindernis zu landen.

Kombination aus drei Hindernissen

Dreifache Kombinationen werden gleich angeritten wie zweifache. Man überspringt den ersten Teil so, als wäre er ein einzelnes Hindernis. Nach der Landung treibt man mit den Schenkeln, wenn man für den zweiten Sprung das Tempo verstärken muß, oder nimmt die Zügel mehr an, wenn man verlangsamen will. Der zweite Teil — ob nun ein Hochweit- oder ein Steilsprung — wird ebenfalls wie ein Einzelsprung angegangen. Nach der Landung befaßt man sich dann mit der korrekten Bewältigung des dritten Teils.

Bei dreifachen Kombinationen ist genaues und ausbalanciertes Reiten noch wichtiger als sonst. Man sollte auch bedenken, daß jeder Sprung um so schwieriger wird, je schneller man anreitet; das Pferd hat dann nämlich kaum Zeit, sich für jedes einzelne Hindernis in die richtige Position zu bringen.

Auch beim Üben dreifacher Kombinationen werden die Hindernisse in der Anfangsphase niedrig gehalten, um das Selbstvertrauen des Pferdes aufzubauen.

Häufige Fehler: Ausbrechen

1 Das Pferd ist überrascht, weil es jetzt erst das dritte Element der Kombination gesehen hat. So kommt es auf die Idee auszubrechen. Es bewegt sich nach rechts und verbiegt sich, während der Reiter nach links zieht, um es weiter an das Hindernis heranzuführen.

2 Um den Fehler zu korrigieren, setzt der Reiter sich tief in den Sattel und treibt verstärkt mit dem äußeren Schenkel. Er läßt keinen Zweifel, daß das Pferd das Hindernis überspringen muß.

Die dreifache Kombination

1 Das Pferd kommt gut über das erste Hindernis, einen Steilsprung. Mit den Unterschenkeln treibt der Reiter das Pferd nach oben; seine Hände lassen die Bewegung zu, behalten aber den Kontakt zum Pferdemaul.

2 Pferd und Reiter sind bei der Landung ausbalanciert und kontrolliert. Der Reiter setzt sich in den Sattel ein und treibt das Pferd als Vorbereitung auf den zweiten Sprung, einen Hochweitsprung, zu verstärktem Tempo an.

3 Der Hochweitsprung ist überwunden. Der Reiter treibt mit den Schenkeln, verkürzt aber gleichzeitig beim Anreiten des dritten Hindernisses, einem weiteren Steilsprung, den Schritt.

4 Das Pferd hat die Hinterhand beim Absprung nahe ans Hindernis gebracht und springt in schöner Wölbung darüber.

Der Wassergraben

Ausgefallene Hindernisse

Vor Hindernissen mit Wasserflächen oder Gräben darunter, mit flatternden Fähnchen oder bunt und grell angestrichenen Stangen oder Brettern haben Pferde oft große Scheu und springen nur ungern darüber. Ebenfalls beunruhigt zeigen sie sich vor sehr engen Hindernissen oder solchen mit wenig Füllmaterial zwischen den Stangen.

Auf derartige Hindernisse sollte man nicht einfach in schnellem Tempo zugaloppieren, in der Hoffnung, sie um so leichter zu nehmen, je schneller man sie anreitet. Man muß dann vielmehr damit rechnen, daß das Pferd bei ihrem Anblick erschrickt und den Sprung verweigert.

Korrekterweise geht man sie also relativ langsam an, damit das Pferd sehen kann, worauf es zureitet, und Zeit hat, das Hindernis zu betrachten. Gleichzeitig treibt man das Pferd sehr stark mit den Schenkeln an, um Schwung zu gewinnen und ihm ein Gefühl der Sicherheit zu geben.

Es ist besser, im Trab als im Galopp anzureiten und das Hindernis mit einem kraftvollen, schnellen Sprung zu nehmen.

Wenn sich das Pferd vor solchen Hindernissen nicht fürchtet, wird es lernen, seinem Reiter zu vertrauen und auf dessen Hilfen zu reagieren. Man sollte in der heimischen Reitbahn einige dieser ungewöhnlich aussehenden Hindernisse aufbauen, um das Pferd daran zu gewöhnen. So kann man zum Beispiel unter einen einfachen Steilsprung ein weißes Brett legen und so einen Wassergraben simulieren.

Häufige Fehler: Verweigern

1 Das Pferd nähert sich dem Hindernis unsicher und zögernd. Der Reiter setzt die treibenden Schenkel stärker ein, bleibt dabei aber ruhig und «überredet» das Pferd so zum Sprung.

2 Die Körperhaltung des Pferdes beim Absprung ist geduckt und angespannt, die Hinterhand ist nahe am Boden.

1 Beim Anreiten treibt der Reiter das Pferd energisch, aber kontrolliert vorwärts; der treibende Schenkel hat hier auch die Funktion, das Tier zu beruhigen.
2 Das Pferd zeigt sich etwas beunruhigt, springt aber gut ab.

3 Es ist durch das entschlossene Vorgehen des Reiters zuversichtlicher geworden und springt das Hindernis in optimaler Haltung.

Bereiten Sie Ihr Pferd auf Wassergräben vor, bevor Sie in den Parcours gehen. Man beginnt dabei mit kleinen einladenden Sprüngen und verbreitert den Sprung schrittweise. Hindernisse dieser Art sollten nicht in starkem Galopp angeritten werden, sondern in ruhigem, aber sehr schwungvollem Tempo, damit das Pferd ermutigt wird, sich über das Hindernis zu strecken.

Rechts: Oft dienen kunstvolle Dekorationen nur dazu, relativ einfache Sprünge zu «verkleiden», wie hier, wo riesige Blumengestecke einen einfachen Hochweitsprung schmücken.

Unten: Es ist nicht nur die Höhe, die diese Mauer für das Pferd unheimlich erscheinen läßt. Anders als bei Stangenhindernissen kann das Pferd nicht sehen, was hinter der Mauer kommt, und verweigert vielleicht deshalb. Die Mauer erfordert entschlossenes, akkurates Reiten und viel Schwung sowie ein außergewöhnliches Sprungvermögen. Dieses Pferd hat nicht genug Schub entwickelt und sich daher entschlossen, den Sprung nicht zu versuchen.

Links: Dieses Pferd ist auf seine Aufgabe gut vorbereitet worden: Routiniert streckt es sich beim Sprung über den Wassergraben.

Rechte Seite: Ein Hindernis wie dieses sollte so angegangen werden wie jeder andere Steilsprung. Beim Anreiten muß der Reiter jedoch besonders entschlossen vorgehen, um dem Pferd ein Gefühl der Sicherheit zu vermitteln.

12

Das Abschreiten des Parcours

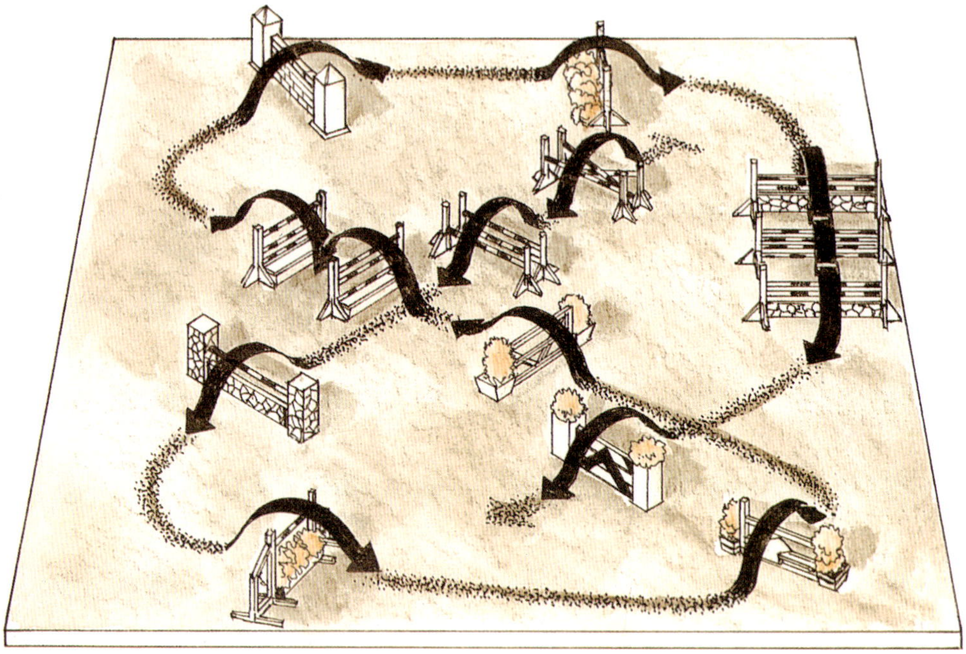

Die Besichtigung des Parcours ist ein wichtiger Bestandteil der Vorbereitung auf ein Turnier. Sie dient nicht nur dazu, sich die Reihenfolge der Hindernisse einzuprägen, sondern auch zur Planung der eigenen Springstrategie.

Man geht den Parcours so ab, wie man ihn reiten würde. Dabei sollte man berücksichtigen, daß man den Raum, den man beim Springen zur Verfügung hat, so ausgiebig wie möglich nutzen sollte. Das gilt natürlich nicht für ein Springen auf Zeit. Man zählt die Galoppsprünge beim Anreiten der schwierigeren und dicht hintereinanderstehenden Hindernisse.

Besonders sorgfältig sollte man die Abstände der Kombinationen abmessen. Dazu muß man vorher die Länge der Galoppsprünge seines Pferdes mit der eigenen Schrittlänge verglichen haben. Bei der Besichtigung des Parcours entscheidet man bereits, in welcher Gangart und welchem Tempo man die einzelnen Elemente anreitet, und rechnet dann die Tritte oder Galoppsprünge zwischen ihnen aus.

Oben: Ein Springparcours enthält alle Arten von Hindernissen — Steilsprünge, Hochweitsprünge, Doppelricks, Tripplebarres — in verschiedenen Aufbauformen und Kombinationen. Wenn Sie Ihre Runde über den Parcours planen, wählen Sie eine Linie, auf der Sie gerade an jedes Hindernis herankommen und den zur Verfügung stehenden Raum so gut wie möglich nutzen.

Wenn man weiß, daß sich das Pferd sehr strecken muß, um das zweite oder dritte Element zu erreichen, wird man es über dem ersten Element verstärkt treiben, damit es gleich nach der Landung vorwärts geht. Auch der Druck mit den Schenkeln ist sofort zu verstärken, damit es seine Schritte verlängert. Sind die Abstände anderseits eng bemessen, weiß man, daß man das Pferd unmittelbar nach der Landung versammeln muß.

Links: Michael und John Whitaker (Mitte) gehen die Abstände zwischen den Hindernissen ab, um ihre Ritte über den Parcours zu planen.

John Whitaker überprüft, wie stabil die Stange aufliegt.

Planung einer Parcoursrunde

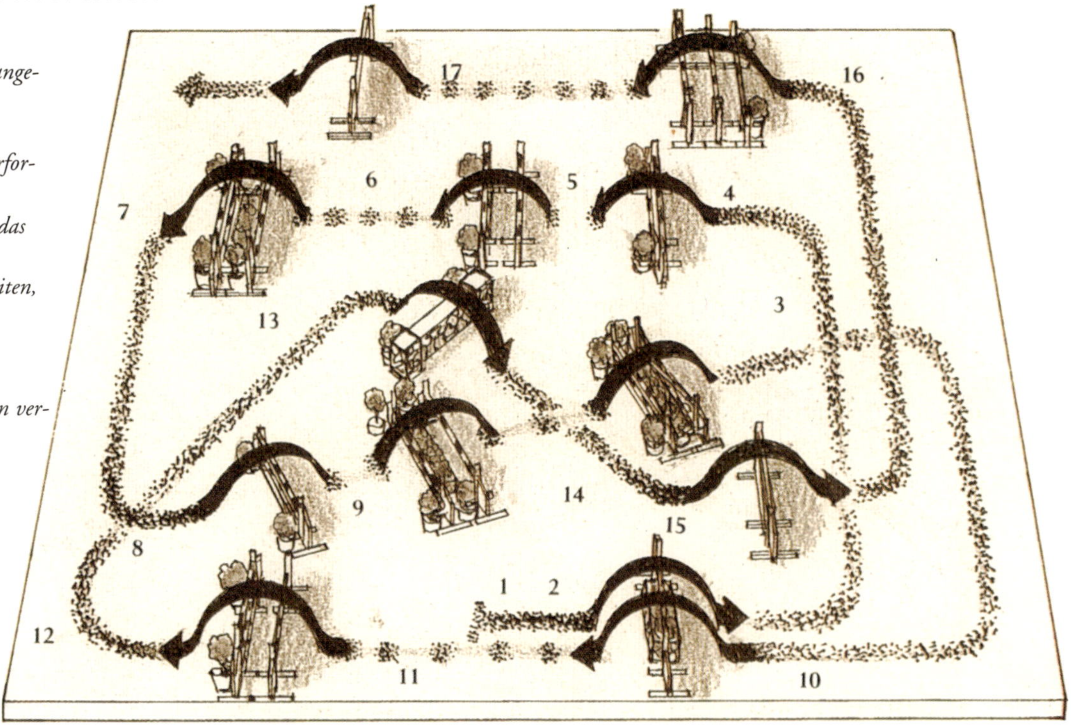

1 Start auf der linken Hand.
2 Dieser Steilsprung muß versammelt angeritten werden.
3 Hier reitet man linker Hand.
4 Das erste Element, ein Steilsprung, erfordert versammeltes Anreiten.
5 Zum Anreiten des zweiten Elements das Tempo verstärken.
6 Hier sollte man den Abstand abschreiten, um die erforderliche Schrittzahl auszurechnen.
7 Hier linker Hand reiten.
8 Beim Anreiten auf diese Kombination versammeln.
9 Durch vermehrtes Treiben Tempo verstärken.
10 Wie beim ersten Sprung.
11 Hier wieder den Abstand messen. Möglicherweise ist genug Platz, um das Tempo zu vermindern.
12 Rechter Hand reiten.
13 Nach dieser ungünstigen Kurve muß man darauf achten, das nächste Hindernis gerade anzureiten.
14 Hier macht man eine geräumige Wendung, damit das Pferd das folgende Hindernis rechtzeitig sehen kann.
15 Ein müdes Pferd springt diesen Steilsprung zu flach. Deshalb versammeln und sorgfältig springen.
16 In verstärktem Tempo anreiten, um so nahe wie möglich beim Hindernis abzuspringen.
17 Versammeln, um das letzte Hindernis in gleichmäßigem Tempo anzureiten.

Parcours-Reiten

Rechts: Wenn Sie ein junges Pferd reiten oder selbst noch nicht viel Erfahrung mit dem Springen haben, unterteilen Sie den Parcours in mehrere Abschnitte von zwei oder drei Hindernissen, die jeweils mit einer Wendung oder einer Ecke abschließen. Reiten Sie jeden dieser Abschnitte als separate Runde. Dabei sollten Sie besonders auf perfektes Gleichgewicht und Rhythmus achten und das Pferd am Ende jedes Abschnitts zum Trab durchparieren; nach jeder Wendung erfolgt ein Handwechsel. Dabei lernt man, den ganzen Kurs gleichmäßig und rhythmisch zu reiten. Und man vermeidet den weitverbreiteten Fehler, im Verlauf der Parcoursrunde immer schneller zu werden und die einzelnen Hindernisse immer flacher und weiter zu überspringen.

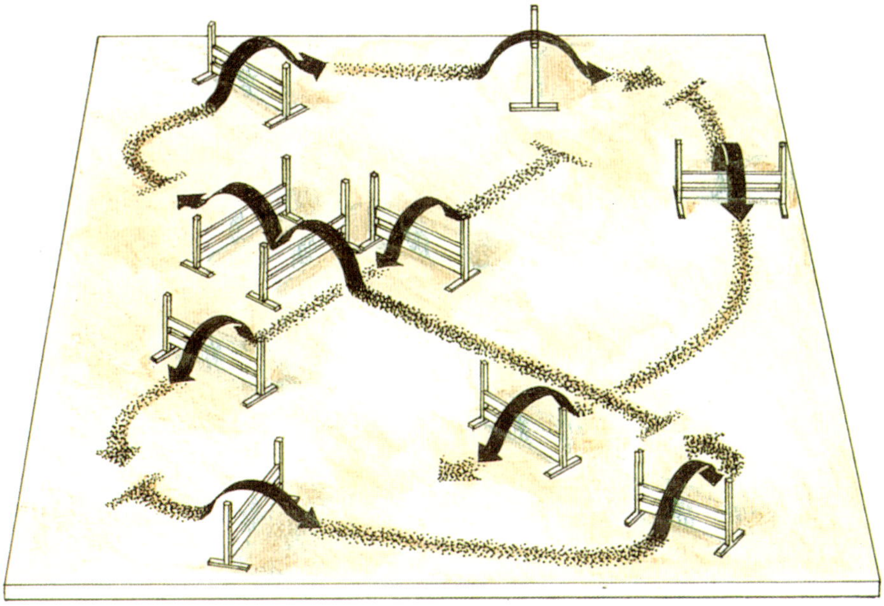

Oben: Der Wall im Vordergrund verleiht diesem Parcours in Dinard (Bretagne) eine besondere Note.

Rechte Seite: Das Olympiastadion von Seoul.

Auch wenn man in der Lage ist, jede beliebige Anzahl von Hindernissen zu überspringen, so bedeutet das noch nicht, daß man deshalb schon einen Turnierparcours meistert. Ein erfolgreicher Parcoursreiter kombiniert ein kontrolliertes, rhythmisches Tempo mit einem sauberen und ruhigen Reitstil bei engen Wendungen sowie beim Wechsel von Geschwindigkeit und Richtung. Gleichzeitig holt er beim Springen über die verschiedenen Arten von Hindernissen das Beste aus seinem Pferd heraus.

Wenn man zuhause in der Bahn übt, sollte man versuchen, in ruhigem Galopp zehn Hindernisse zu springen und dabei immer den gleichen Rhythmus beizubehalten. Ein Pferd kann in seinem Leben nur eine begrenzte Anzahl von Hindernissen springen. Deshalb sollte man es nicht zu oft über den Übungsparcours reiten und auch nicht mit großen Hindernissen trainieren — die spart man sich lieber für Turniere auf.

Beim Aufbauen eines Trainingsparcours sollte man mehrere Wendungen und Handwechsel mit einplanen, damit das Pferd sein Gleichgewicht und der Reiter das Mitdenken übt. Erfahrene Pferde werden nach dem Hindernis automatisch mit dem richtigen Bein anspringen. Andere führen mit Unterstützung ihres Reiters einen fliegenden Wechsel durch. Man sollte aber auch nicht davor zurückscheuen, das Pferd beim Richtungswechsel zum Trab durchzuparieren. Danach fordert man es wieder zum Galopp auf der richtigen Seite auf.

Man sollte sich darüber im klaren sein, was man im Parcours vom Pferd verlangen will. Wird es sehr nah an Hindernisse herangehen müssen, in spitzem Winkel oder auf der Kurve einer Wendung? Dann sollte man in den Trainingsparcours kleine, ähnliche Schwierigkeiten einbauen, damit das Pferd die Angst davor verliert.

Parcours-Reiten (Fortsetzung)

1 Der Parcours beginnt mit einem Steilsprung. Das Pferd ist am kurzen Zügel und wurde in einen federnden, versammelten Galopp gebracht. Der Reiter will diesen Rhythmus den gesamten Parcours über beibehalten.

2 Nach dem ersten Sprung machen Pferd und Reiter eine Wendung nach rechts, um das zweite Hindernis anzugehen. Wendungen sollten sauber ausgeführt werden, damit man nicht aus dem Rhythmus kommt und das Pferd ausbalanciert bleibt.

6 Jetzt geht das Pferd im Linksgalopp. Der Reiter hat es zum Wechsel aufgefordert, weil nach dem nächsten Hindernis, dem Wassergraben, eine Wendung nach links kommen wird.

5 Das Pferd nimmt den Hochweitsprung gut. Der Reiter ist im Gleichgewicht und blickt geradeaus nach vorne.

3 Pferd und Reiter machen eine ziemlich großzügige Wendung, um das Doppelrick anzureiten. Abgesehen von drohender Zeitüberschreitung und Stechen gibt es keinen Grund, die Ecken zu schneiden. Das Pferd führt den Galopp mit dem inneren (rechten) Vorderbein an.

4 Dank der Wendung können sie das Rick in der Mitte anreiten und, gut ausbalanciert, nahe an das Hindernis herangehen.

Parcours-Reiten (Fortsetzung)

7 Der Reiter treibt das Pferd entschlossen und energisch in einem taktklaren Tempo vorwärts und ermutigt es dadurch zum Springen.

8 Das Pferd überwindet problemlos den Wassergraben.

9 Nach dem Wassergraben erfolgt eine Wendung nach links, auf das Doppelrick zu. Das Pferd ist schön ausbalanciert und behält seinen Rhythmus bei. Das linke Vorderbein führt den Galopp an.

Weiterreiten im richtigen Galopp

Rechts: Man kann einem jungen Pferd beibringen, entsprechend der Seite, nach der man sich wenden will, korrekt anzugaloppieren. Dazu stellt man ein kleines Hindernis so auf, daß man es auf beiden Seiten auf einer Zirkelbahn anreiten und im Winkel überspringen kann. Beim Springen über das Hindernis verlagert man sein Gewicht in die Richtung, in die man weiter reiten will. Das Pferd wird an der Gewichtsverlagerung schnell erkennen, wohin der Reiter weiter will, und daher beim Landen auf das richtige Bein umspringen.

10 Pferd und Reiter nähern sich der zweifachen Kombination korrekt und gerade; das Tempo ist gleichmäßig und versammelt.

Parcours-Reiten (Fortsetzung)

11 Das Pferd springt am ersten Element, einem Steilsprung, etwas zu früh ab. Der Reiterverstärkt den Druck mit dem Unterschenkel, um das Pferd beim Sprung zu ermutigen.

Der fliegende Wechsel

Links: Diese Lektion ist im Parcours sehr nützlich. Üben Sie mit dem äußeren Schenkel hinter dem Gurt starken Druck aus, um das Pferd zum Abfußen mit dem äußeren Hinterbein aufzufordern. Es wird also mit dem inneren Vorderbein führen. Gleichzeitig verlagern Sie Ihr Gewicht in Richtung der Wendung nach innen. Übt man diese Lektion regelmäßig, wird das Pferd diese Hilfen erkennen und daraufhin umspringen.

12 Es landet nach dem Steilsprung gut, geht vorwärts und hat sich durch das zweite Element nicht ablenken lassen.

13 Das Pferd hat sich seine Galoppsprünge so eingerichtet, daß es am Doppelrick korrekt abspringt und in einer schönen Haltung darüberfliegt.

Prairie
Grand
Days

5. KAPITEL

WEITERE REITSPORTARTEN

DISTANZREITEN

Distanzreiten ist eine besonders anspruchsvolle Disziplin, bei der es darum geht, ein sorgfältig ausgebildetes und trainiertes Pferd über eine lange Strecke zu reiten — dabei bedeutet «lang» eine Distanz, die zwischen 32 und 160 km variieren kann. Distanzritte können auch als Wettbewerb ausgeführt werden. Wie zahlreiche andere Reitsportarten hat auch das Distanzreiten seine Anfänge in einer Zeit, in der es berittene Armeen gab, die oft sehr lange Strecken bis zu den Schlachtfeldern zurücklegen mußten. In jüngerer Vergangenheit haben einige Kavallerieregimenter «Ausdauer-Ritte» von beträchtlicher Länge über sehr schwieriges Gelände durchgeführt.

Ihre meisten Anhänger findet diese Disziplin in den USA, sie wird aber auch in anderen Ländern immer beliebter, zum Beispiel in Großbritannien. In den Staaten lautet der Oberbegriff für diesen Sport *trail riding*, und man unterscheidet zwischen *pleasure trail*, einem Wanderritt, dem *competitive trail*, dem Distanzritt und den *endurance rides*, den Ausdauerritten.

Wanderritte und Distanzritte

Man muß wohl kaum näher erklären, was Wanderritte sind. Dazu gehört der Streifzug eines einzelnen Reiters durch vertrautes Gelände genauso wie der Ausflug einer Reitergruppe, die mit Landkarte, Kompaß und Übernachtungsausrüstung eine unbekannte Gegend erkundet. Strecke, Entfernung und Geschwindigkeit werden dabei von den Reitern selbst bestimmt.

Distanzritte dagegen werden auf festgelegten, markierten Strecken organisiert, und die Teilnehmer haben sich an eine Mindest- und eine Höchstzeit zu halten. Die Ritte können einen, zwei oder drei Tage dauern, und die Pferde werden nach bestimmten Richtlinien beurteilt. Pferde, die die Strecke mit der vorgeschriebenen Durchschnittsgeschwindigkeit bewältigen und die bei den verschiedenen tierärztlichen Kontrollen keine Strafpunkte erhalten, qualifizieren sich für die höchsten Plazierungen. Jene, die die Durchschnittsgeschwindigkeit nicht eingehalten haben, aber keine tierärztlichen Strafpunkte erhielten, können sich für die nächst niedrigeren Plätze qualifizieren. Dadurch wird verhindert, daß aus dem Distanzreiten ein Distanzrennen wird, denn es gewinnt nicht unbedingt der schnellste Teilnehmer. Das wichtigste Beurteilungskriterium bei Distanzritten ist die allgemeine körperliche Verfassung und die Kondition des Pferdes nach Beendigung des Rittes.

Ausdauerritte werden auch auf festgelegten, markierten Strecken durchgeführt, sind aber in der Regel 80 km oder 160 km lang — Strecken, die innerhalb von zwölf beziehungsweise 24 Stunden zurückgelegt werden müssen. Bei Ausdauerritten wird nur eine minimale Zeitbeschränkung vorgeschrieben, so daß derjenige gewinnt, der das Rennen in der kürzesten Zeit reitet, wobei eine Jury von Tierärzten beurteilt, ob das Pferd in guter Verfassung ist.

Die Anzahl der Distanzreiter-Vereinigungen zeigt, wie beliebt die genannten Wander- und Distanzritte in den USA sind. Die berühmteste Veranstaltung dort ist der *Tevis Cup* — ein Ein-Tages-Ritt über 100 Meilen (rund 160 km). Er wird seit 1955 alljährlich abgehalten, meist Ende Juli/Anfang August, und die Strecke verläuft von Tahoe City durch ausgesprochen rauhes und unwegsames Gelände nach Auburn in Kalifornien.

Nach den USA sind derzeit Australien und Südafrika die beiden Länder mit den meisten Distanzreitern. Doch auch in einigen europäischen Ländern — besonders in Frankreich, Deutschland und Italien — wächst das Interesse an dieser Sportart. Australien ist bekannt durch den *100 mile-Quilty-ride*, der durch das steile, rauhe Terrain der Blue Mountains in New South Wales führt. Die wichtigste südafrikanische Veranstaltung ist der *National Endurance Ride*, der noch 48 km länger ist als die beiden genannten. Er wird in drei Tagen geritten.

In Großbritannien ist der bekannteste Distanzritt der *Golden Horseshoe Ride*, der seit einiger Zeit von der *British Horse Society* organisiert wird. Er geht über zwei Tage und eine Strecke von 120 km durch das Exmoor im Südwesten Englands. Um hier starten zu können, müssen die Teilnehmer innerhalb der vergangenen zwei Jahre einen anerkannten Ritt über 80 km oder zwei der offiziellen Qualifikationsritte absolviert haben. Letztere gehen über eine Distanz von je 64 km und werden zwischen März und April in den verschiedenen Teilen des Landes durchgeführt. Der *Golden Horseshoe Ride* findet meist Anfang Mai statt.

Faszination und Gefahren

Für den Außenstehenden mag Distanzreiten nicht so anziehend wirken wie andere Reitsportarten. Es scheint nicht so aufregend zu sein wie Reitjagden oder Reiterspiele, es bietet keine Präsentation von Sprungvermögen oder Hoher Schule, es gibt keine hohen Geldprämien und keinen aufregenden Renngalopp mit Geschwindigkeitsvergleich. Sogar das Wettbewerbselement spielt offenbar nur eine untergeordnete Rolle, da es bei den meisten Distanzritten gar keinen eindeutigen Gewinner gibt. Was also spricht die ständig wachsende Anzahl von Distanzreitern an?

Erster und wichtigster Grund ist, daß all jene, die bei Distanzritten Erfolg hatten, keineswegs immer teure, hochgezüchtete Pferde geritten haben. Die Vorbereitung des Pferdes für die-

Teilnehmer des Rittes um den Tevis Cup, der alljährlich in Kalifornien stattfindet.

sen Sport ist viel wichtiger als der Stammbaum — und hierin liegt auch schon der zweite Anziehungspunkt. All jenen, die regelmäßig an Distanzritten teilnehmen, verschafft die Herausforderung, ein Pferd für die langen, harten Prüfungen zu trainieren, viel Freude und Befriedigung. Denn die Vorbereitung eines Pferdes auf Distanzritte erfordert Hingabe, Geschick und Erfahrung.

Ein weiteres verbreitetes Vorurteil über Distanzreiten ist, daß es der Sport für die ängstlicheren, weniger ehrgeizigen Reiter sei, für diejenigen also, die nicht gern Jagden reiten oder die nicht genug Nerven haben, um die Cross-Country-Strecke eines Military-Wettbewerbs zu bewältigen. In Wirklichkeit ist ein Distanzritt gewiß nichts für «Weichlinge» — im Gegenteil. Es ist ein außergewöhnlich harter Sport, der an sämtliche Teilnehmer große Anforderungen stellt.

Die Gefahren des Distanzreitens machen auch seine Attraktivität aus. Da man nicht unbedingt ein teures Pferd oder einen hohen Grad an Geschicklichkeit braucht wie beim Springen oder bei der Dressur, könnten unerfahrene Reiter der Versuchung erliegen, unvorbereitet an Distanzritten teilzunehmen. Wohl deshalb gibt es mittlerweile feste Vorschriften zum Schutz von Pferd und Reiter für die Teilnahme an offiziellen Veranstaltungen. Die Distanzreiter haben außerdem von dem beträchtlichen Interesse zahlreicher Tierärzte an dieser Disziplin profitiert. Die dadurch angeregte Forschung liefert jetzt immer mehr Informationen über die Reaktionen von Pferden unter Belastung.

Pferde, die an Distanzwettbewerben teilnehmen, müssen vor, während und nach dem Ritt tierärztlich untersucht werden; die Anzahl der Untersuchungen richtet sich nach der Länge der Strecke. Temperatur, Wasserverlust, Puls und Atemfrequenz sind die Hauptfaktoren, anhand derer der Tierarzt die Verfassung des Pferdes beurteilt; deshalb muß auch der Reiter mit diesen Dingen vertraut sein. Zusätzlich wird der Tierarzt nach Anzeichen von Lahmheit und Verletzungen schauen — ganz besonders nach solchen, die durch schlechtsitzendes Sattelzeug oder durch Streichen oder Greifen verursacht werden — und den Zustand der Hufe und Eisen überprüfen. Pferde, die an Distanzritten teilnehmen, dürfen keinerlei Medikamente oder Arzneien erhalten (dazu gehört neben anderen das umstrittene Schmerzmittel Butazolodin).

Die Reiter müssen sich, bevor sie an einem Wettbewerb teilnehmen, mit den zahlreichen Vorschriften vertraut machen. Diese befassen sich mit den Teilnahmevoraussetzungen ebenso wie mit der Ausrüstung (so untersagen einige Veranstalter den Gebrauch von Bandagen oder Gamaschen), dem Beschlag, dem Alter und der Größe des Pferdes, der Bekleidung des Reiters, den Helfern, Tempobeschränkungen und Vorgaben. Im allgemeinen sind die Vorschriften je nach Veranstaltung, Organisator und Land verschieden. Es ist jedoch geplant, einen Teil davon als allgemein verbindlich zu erklären, zumal die Internationale Reiterliche Vereinigung sich seit kurzem für diese Disziplin interessiert und mittlerweile einen Richtlinienkatalog aufgestellt hat.

Rechte Seite: Der steile Anstieg auf den Cougar Rock beim Tevis Cup. Die Reiterin lehnt sich im Sattel stark nach vorne, um die Hinterhand so weit wie möglich zu entlasten. Sie trägt über ihren Jeans Chaps aus Leder oder Wildleder und einen breitrandigen Hut, der sie vor der Sonne schützt.

Links: Das Distanzpferd muß die Energie und die Kraft haben, auch mit schwierigstem Gelände fertig zu werden. Diese Strecke in Arizona führt durch ein rauhes, ausgedörrtes Gebiet, und die Pferde müssen den für sie günstigsten Weg finden.

Das Distanzpferd

Die meisten Pferde müßten in der Lage sein, mit den Anforderungen der kürzeren Distanzritte fertig zu werden, vorausgesetzt, sie haben gesunde Beine und Atmungsorgane und wurden vor dem Wettbewerb so trainiert, daß sie die erforderliche Kondition besitzen. Suchen Sie aber nach einem ausgesprochenen Distanzpferd, dann sollten Sie die folgenden Punkte berücksichtigen:

Ein gutes Gebäude ist wichtiger als gutes Aussehen, und das allerwichtigste sind wohl die Beine und Hufe. Letztere sollten gut und regelmäßig geformt sein. Das Hufhorn darf keine Anzeichen von Absplitterungen oder Rissen aufweisen, die Sohle sollte leicht konkav und widerstandsfähig sein. Wichtig sind auch relativ weit auseinanderstehende Ballen und ein gut ausgebildeter, harter, sehr elastischer Strahl, der als Stoßdämpfer wirkt.

Erfahrene Distanzreiter werden sich eingehend mit der Stellung der Schultern und Fesseln befassen, die beide den «richtigen» Winkel haben müssen. Achten Sie auch darauf, daß der Unterarm relativ lang und das Kanonenbein kurz sowie das Vorderfußwurzelgelenk breit und flach sind. Die Sprunggelenke sollten eine gute Form haben und «tief» sitzen — das heißt, daß auch an den Hinterbeinen die Röhrenknochen kurz sein sollten.

Wenn man das Pferd von vorne betrachtet, kann man sehen, ob die Brust breit genug ist. Ist sie zu schmal, dann stehen die Vorderbeine zu eng zusammen und dürften beim Laufen «streichen». Bei einer zu breiten Brust werden die Beine bei der Bewegung ungelenk nach außen schwingen. Meiden Sie Pferde mit Hufen oder Sprunggelenken, die nach außen oder innen gestellt sind.

Die Distanzreiter bleiben gelegentlich, zumindest auf Teilen der Strecke, zusammen. Oft ist die Strecke nicht besonders präpariert, und die Teilnehmer müssen den Weg zum Ziel selbst finden.

Schmale Brust

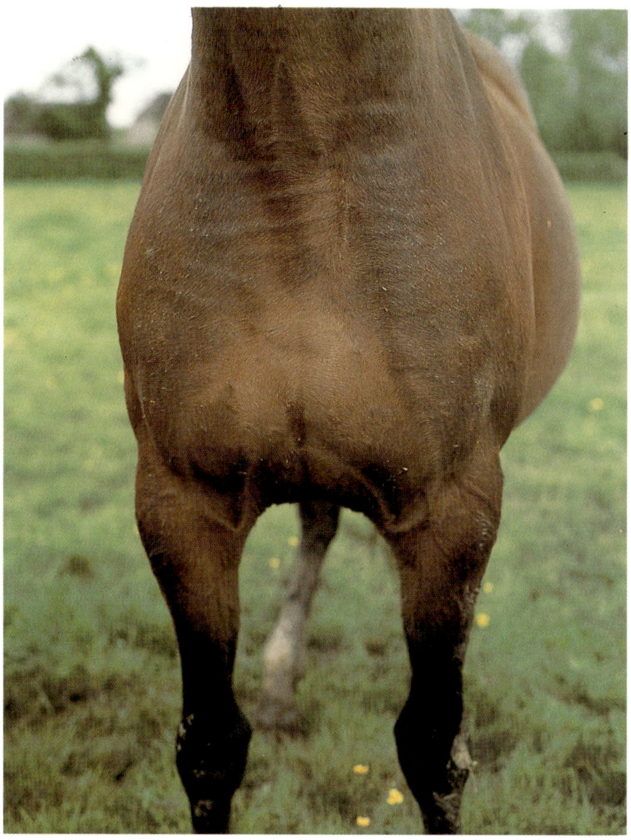

Gute Brust

Das ideale Pferd sollte einen ziemlich kurzen Rücken haben. Von großer Bedeutung ist die Hinterhand, da in ihr die Schubkraft des Pferdes liegt. Die Kruppe sollte kräftig, wohlgerundet und muskulös sein, der Brustkorb geräumig, damit Herz und Lungen reichlich Platz haben. Die Rippengegend darf eher rund als flach aussehen.

Äußerst wichtig sind auch der Widerrist und die Sattellage. Der Widerrist muß sich klar abzeichnen; ist er zu niedrig, wird der Sattel nach vorne rutschen. Der Rücken sollte hinter dem Widerrist leicht abfallen, damit der Sattel gut sitzt. Gut gerundete Rippen verhindern, daß sich der Sattel nach hinten verschiebt. Die Ellbogen sollten weit vor dem Gurtbereich liegen. Ist an dieser Stelle zuwenig Platz, wird der Gurt möglicherweise scheuern und wunde Stellen verursachen. Suchen Sie die Sattel- und Gurtlage nach alten Verletzungen oder Narben ab. Auch eine kleine empfindliche Stelle kann sich nach Beginn der Arbeit zu einer ernsthaften Wunde auswachsen. Bei extrem dünnhäutigen Pferden kann das lange Tragen von Sattel und Zaumzeug Probleme verursachen.

Kopf, Hals und Vorhand müssen leicht wirken. Der Hals sollte nicht kurz und muskelbepackt sein, da dieses Gewicht die Vorhand zusätzlich belastet; zudem neigen Pferde mit einem solchen Hals zum Pullen. Ein längerer Hals verbessert das Gleichgewicht. Wegen der Vorhandbelastung darf er aber auch nicht zu lang ausfallen. Der Kopf sollte eine zum Körper «passende» Größe haben und der Kehlbereich groß genug sein, um ausreichend Luft aufnehmen zu können. Aus dem gleichen Grund sind große Nüstern von Vorteil. Meiden Sie Pferde mit schweren, «runden» Knochen, die insgesamt derb wirken. Sehr großkalibrige Pferde oder solche mit «schwer» erscheinenden Muskeln sind nicht so beweglich wie leichter gebaute.

Die Bewegungsart eines Pferdes kann viel über seine Eignung aussagen. Kaufen Sie kein Pferd, das auch nur die geringste Neigung zum Streichen oder Greifen zeigt. Auf langen Strecken wird sich diese Neigung infolge der Müdigkeit des Tieres noch verstärken und möglicherweise zu einer ernsten offenen Wunde führen.

Ideal ist ein Pferd mit ausgreifenden Bewegungen, das sich in allen Gangarten entspannt, gut ausbalanciert bewegt und für den Reiter bequem zu sitzen ist. Je größer sein Bodengewinn in jeder Gangart ist, desto weniger schnell wird es ermüden. Achten Sie besonders auf den Schritt: Geht es leicht und frei oder versucht es immer wieder zum Trab überzugehen?

Lassen Sie die Finger von einem Pferd, das Sie ständig treiben müssen, damit es einen Fuß vor den anderen setzt. Da ein großer Teil der Distanzstrecke im Trab zurückgelegt wird, sollte das Pferd in dieser Gangart ruhig und entspannt gehen und dabei angenehm zu reiten sein. Im Idealfall wirft das Pferd auch in den Seitengängen in beiden Richtungen keine Probleme auf; anderseits läßt sich in einem solchen Fall durch geduldiges Training Abhilfe schaffen. Versuchen Sie, wenn möglich, die durchschnittliche «Reisegeschwindigkeit» des Pferdes in Schritt und Trab festzustellen. Für die meisten Distanzritte braucht man ein Pferd, das in der Stunde 13 km schafft, ohne sich dabei übermäßig anzustrengen. Stoppen Sie die Zeit für die Normalgeschwindigkeit in Schritt und Trab und errechnen Sie daraus das Durchschnittstempo, wobei Sie auch ein paar gelegentliche Galoppaden mit einbeziehen sollten.

Manche Pferde haben Schwierigkeiten, wenn sie bergab gehen und dabei mühsame, «bremsende» Schritte machen müssen. Diese Abneigung wäre auf Distanzstrecken natürlich sehr hinderlich. Wenn Sie ein Pferd ausprobieren, sollten Sie es deshalb bergab traben lassen. Wenn es dabei zu stark «bremst», werden die Muskeln der Hinterhand bald ermüden und können bei starker Beanspruchung sehr steif werden oder sich verkrampfen. Entdeckt ein Tierarzt derartige Symptome, wird er es disqualifizieren.

Aus ähnlichen Gründen sollte das Pferd trittsicher sein; es darf unter keinen Umständen stolpern. Ein Distanzpferd sollte auch in unwegsamem Gelände seinen Weg finden. Es muß einen natürlichen Instinkt für Sicherheit haben, der sich darin zeigt, daß es in schwierigen Situationen kein unnötiges Risiko eingeht.

Temperament und Einstellung zur Arbeit sind weitere wichtige Faktoren. Der Distanzreiter braucht ein Pferd, das immer bereit ist weiterzugehen. Anderseits sollte es von seinem Wesen her entspannt und ruhig sein, was nicht zuletzt auf dem Transport eine Rolle spielt.

Die Verträglichkeit mit anderen Pferden ist ebenfalls ein wesentliches Kriterium. Ein gutes Distanzpferd muß immer in der Lage sein, ruhig weiter zu gehen, gleichgültig, ob es alleine oder in der Gruppe ist. Der Umgang mit Fremden, speziell bei tierärztlichen Untersuchungen, darf keine Probleme verursachen.

Auf jeden Fall sollte man ein Pferd, das man kaufen will, gründlich von einem Tierarzt untersuchen lassen. Versuchen Sie einen zu finden, der über die Anforderungen gut Bescheid weiß, die an ein Distanzpferd gestellt werden. Er sollte Bluttests vornehmen sowie die Zähne, den Allgemeinzustand und die Verfassung von Herz und Lunge testen.

Gebäudefehler

1 Ein Senkrücken ist ein Anzeichen für Schwäche, tritt aber manchmal erst im Alter auf. Die Folge ist auch eine geringere Belastbarkeit.

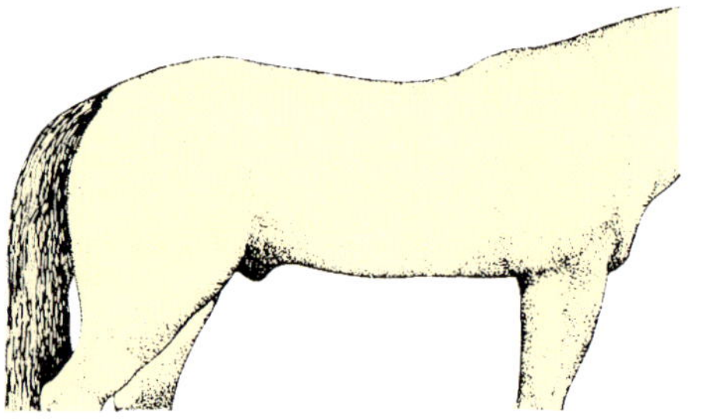

2 Meiden Sie Pferde mit geringem Brustumfang. Die Lunge hat zuwenig Platz, sich auszudehnen, und das Pferd wird nicht viel Ausdauer haben.

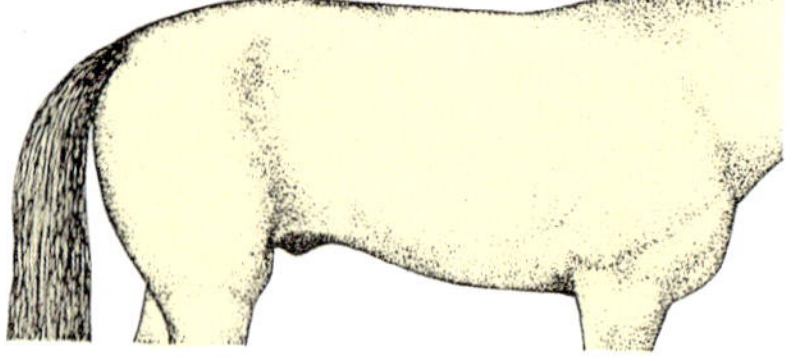

3 Auch ein gerader Rücken ist ein Anzeichen für Schwäche. Außerdem schränkt er die Beinbewegungen ein, was zu einem kurzen, ungleichmäßigen Gang führt.

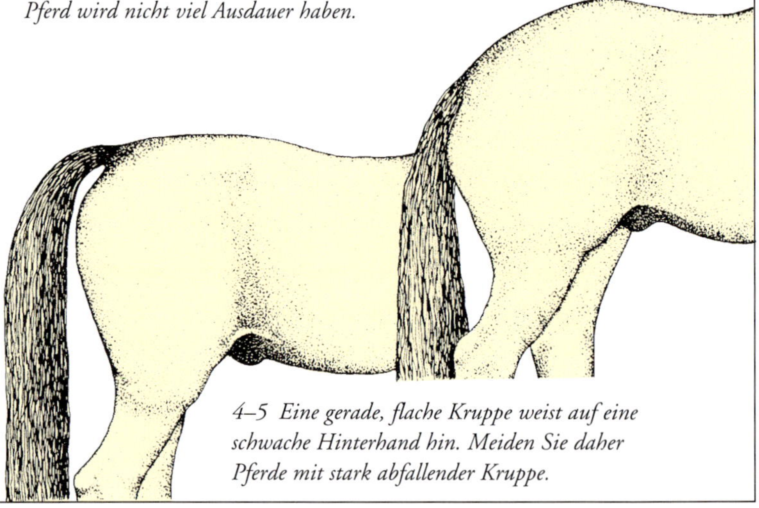

4–5 Eine gerade, flache Kruppe weist auf eine schwache Hinterhand hin. Meiden Sie daher Pferde mit stark abfallender Kruppe.

Jagdreiten

Das Jagdreiten ist die älteste aller Reitsportarten, aus der viele moderne Wettbewerbsdisziplinen hervorgegangen sind — obwohl das Jagdreiten selbst nie ein Wettbewerb war.

Seit der Mensch festgestellt hat, daß er mit Hilfe von Pferden sein Jagdgebiet vergrößern, schneller vorwärtskommen konnte und obendrein eine bessere Übersicht gewann, hat er seine Beute zu Pferde gejagt. Wildschweine, Hasen, Füchse, Wölfe, Bären, Hirsche, Bisons, Löwen und sogar Elefanten sind irgendwann auf diese Weise erlegt worden.

Oft jagten die Menschen aus Not — um Nahrung zu beschaffen oder um die Familie, das Vieh oder die Ernte zu beschützen; weitaus häufiger aber waren Reiz und Lust der Jagdgrund. Robert Surtees, ein britischer Schriftsteller des 19. Jahrhunderts und auch Schöpfer des fast schon legendären Jorrocks, beschrieb die Jagd und ihre Faszination als «Abbild des Krieges — ohne dessen Missetaten und nur ein Viertel so gefährlich».

Das Jagdreiten in seiner uns heute bekannten Form wurde in Großbritannien entwickelt. Die Verfolgung von Wild als Sport mit Hundemeuten zum Aufspüren, Jagen und Töten der Beute war dort bereits zur Zeit der Eroberung durch die Normannen üblich. Obgleich die «Sportler» jener Zeit die Schonung des Wildes und die normannischen Waldgesetze angeblich als Schikane betrachteten, brachten sie doch etwas Ordnung in das Jagdwesen. Jagen wurde zu einer Kunst und Wissenschaft und zu einem Sport.

Bedeutendstes Jagdtier jener Zeit war der Hirsch. Die Jagd auf Füchse galt damals als unwürdige Beschäftigung für Reiter. Erst im 18. Jahrhundert, als Zäune die Landschaft zu verändern begannen — und damit auch die Treibjagden — wurde die Fuchsjagd interessant. Die Verfolgung des Fuchses war wegen seiner Schläue mindestens ebenso faszinierend wie die frühere Hirsch- oder Hasenjagd.

In dieser Zeit entwickelte man die Reitjagd auch zu der uns heute bekannten Form: Man stellte Hundemeuten zusammen, die jeweils innerhalb eines festgelegten Landesteils eingesetzt wurden. Viele der heutzutage bekannten britischen Jagden — wie die in den Jagdbezirken der Midlands — wurden in jener Zeit begründet.

Europa, USA und Australien

Auch in Europa war das Jagen zu Pferd schon seit langer Zeit beliebt. Eines der bekanntesten Beispiele ist die jahrhundertealte Hirschjagd in Frankreich. Noch heute gibt es dort über einhundert bekannte Hundemeuten.

In den USA und in Kanada hat das Jagdreiten ebenfalls unzählige Anhänger. Seine Anfänge in diesen Ländern gehen auf Robert Brooke zurück, den Sohn eines britischen Parlamentariers, der um die Mitte des 17. Jahrhunderts über den Atlantik segelte und nicht nur seine Familie und seine Dienerschaft, sondern auch eine Hundemeute mitnahm. Das Jagdreiten wurde rasch beliebt, wobei es meist gegen den Graufuchs ging. Erst gegen Ende des 19. Jahrhunderts führte man den für die Jagd interessanteren Rotfuchs aus England ein.

Die ersten Hundemeuten befanden sich alle in Privatbesitz; die Farmer hielten sich oft ein paar Hunde zum Zeitvertreib. Gegen Ende des 18. Jahrhunderts wurden dann Jagdclubs mit Hundemeuten gegründet.

Der britische Einfluß ist aus der Entwicklung des Jagdwesens in den USA und Kanada nicht wegzudenken. Im Laufe seiner ganzen bisherigen Geschichte baut der Jagdsport auf den Bräuchen, Traditionen und Techniken auf, die in England entwickelt worden waren, wenn auch die Unterschiedlichkeit der Landschaften und der Lebensstile mit der Zeit zu zahlreichen Veränderungen führten.

Jagden aller Art sind schon immer ein beliebtes Künstlermotiv gewesen. Hier kehrt ein Edelmann von einer erfolgreichen Hirschjagd heim.

Auch in Australien beherzigt man beim Jagdreiten noch britische Vorschriften. Hier geht es allerdings nicht nur gegen den Fuchs, sondern vielfach auch gegen Känguruhs.

Jagdreiten heute

Unter «Jagdreiten» versteht man die Verfolgung einer Beute durch Hunde, die von berittenen Jägern begleitet werden. Es kann sich dabei um eine Fuchs-, Hirsch- oder Hasenjagd (mit Hasenhunden), eine Schleppjagd oder eine Jagd mit Bluthunden handeln. In Großbritannien, Irland und den USA ist die Fuchsjagd am beliebtesten. Dafür gibt es in Großbritannien mehr als 200 Hundemeuten, während für alle anderen Jagdarten jeweils nur ein paar wenige Meuten zur Verfügung stehen (drei Meuten von Hirsch-, einige Meuten von Hasenhunden und von solchen für Schleppjagden sowie drei Meuten von Bluthunden, von denen eine zur Zeit auf der Isle of Man stationiert ist).

Auch in den USA ist die Fuchsjagd mit ihren über hundert speziell dafür abgerichteten Hundemeuten am populärsten. Doch die Schleppjagden haben mit einem Gesamtanteil von 15 bis 20 Prozent eine beachtliche Anhängerschaft. In den westlichen Bundesstaaten, in denen Füchse selten sind, jagt man an ihrer Stelle Koyoten. Diese Wildhunde sind gewöhnlich paarweise unterwegs, und die Jagd auf sie soll ein unvergleichliches Erlebnis sein. Tage, an denen die Hunde keine Beute aufspüren, sind selten. Doch noch seltener ist der Jagderfolg, denn normalerweise sind die Koyoten einiges schneller als die Meute. Angeblich erwischen die Hunde einen Kojoten nur, wenn er «krank oder voller Hühner» ist.

In Frankreich stellt die Jagd mit Hunden und Pferden auf Hirsche, wie bereits erwähnt, immer noch die wichtigste Jagdart dar. Aber die Franzosen jagen auch Wildschweine und Hasen zu Pferde. Füchse werden gewöhnlich mit dem Gewehr erlegt. In Italien gibt es ebenso wie in Spanien einige wenige Meuten.

In Deutschland existieren zahlreiche Meuten, aber nur für Schleppjagden. Dabei wird eine stark riechende Flüssigkeit verwendet, die ein vorausreitender Pikör aus einem Gefäß tropfen läßt. Die Meute folgt der Geruchsspur und wird am Ende der Jagd mit Schlachtabfällen belohnt. Jagdreiten mit einer Meute hinter lebendem Wild her ist sowohl in Deutschland als auch in Österreich und in der Schweiz verboten.

Ablauf der Fuchsjagden

Schnee hält die Hunde nicht vom Jagen ab. Manchmal müssen ihnen die Jäger allerdings zu Fuß folgen.

Bei allen Jagden gilt die gleiche Hierarchie: Es gibt einen Master (einen Rang, den sich oft zwei oder mehr Leute teilen), einen Huntsman, der gleichzeitig auch Master sein kann, und eine Gruppe von Pikören, Assistenten des Huntsman. Freilich können die Vorgehensweise und die Techniken des Jagens bei den einzelnen Jagdarten sehr unterschiedlich sein.

Bei einer Fuchsjagd werden die Hunde in den Wald oder ins offene Gelände geführt, über Moore oder Weiden, und vom Huntsman dazu angespornt, eine Fuchsspur aufzunehmen. Sobald sie eine Fährte gefunden haben, beginnt die eigentliche Jagd. Die Hunde werden den Fuchs verfolgen, bis sie ihn gefangen oder getötet haben. Manchmal verlieren sie seine Fährte wegen der ungünstigen Wetter- oder Bodenverhältnisse, oder dem Fuchs gelingt es, sich in seinen Bau zu retten. Dann wird er regelrecht ausgegraben (es sei denn, der Bau ist sehr tief), getötet und den Hunden vorgeworfen. Oft führt der Fuchs die Meute den ganzen Tag durch die Gegend und kommt zum Schluß ungeschoren davon; ein andermal stellen ihn die Hunde auf der Stelle. In diesem Fall wird der Huntsman versuchen, sie auf eine andere Fährte zu bringen.

Im großen und ganzen untersteht die Fuchsjagd der *Master of Foxhounds Association* (es existiert auch eine angegliederte Vereinigung in den USA). Die meisten Meuten für die Fuchsjagd sind bei dieser Organisation registriert. Ohne diesen Eintrag sind sie nicht berechtigt, eine Jagd in freiem Gelände abzuhalten, was im Grunde eine ihrer wichtigsten Einnahmequellen darstellt, noch dürfen sie Hunde von anerkannten Meuten kaufen. Die *Master of Foxhounds Association* legt bestimmte Regeln für die Jagd fest. Wenn eine Hundemeute diese nicht einhält, kann sie verwarnt oder gar ausgeschlossen werden. Die erste und wichtigste dieser Regeln ist, daß der Fuchs in seinem «wilden und natürlichen Zustand» gejagt werden muß. Es ist also nicht zulässig, die Füchse vorher einzufangen und erst loszulassen, wenn die Hunde kommen — was dem Sinn einer Jagd von Grund auf widerspricht.

Der Zeitraum der Fuchsjagden ist natürlich von Land zu Land verschieden. In Großbritannien beginnt die Saison am 1. November (von diesem Zeitpunkt an werden alle Füchse als «volljährig» deklariert) und schließt gewöhnlich Ende März/Anfang April. Die Saison für Hirschjagden ist länger als die für Fuchsjagden. Sie beginnt Ende August mit der Jagd auf die «Herbsthirsche» (das sind die größten) und geht zunächst bis Ende Oktober, wonach eine Ruhezeit von etwa zehn Tagen einsetzt. Von Anfang November bis Ende Februar werden die Hirschkühe gejagt — die einzige Zeit im Jahr, in der die Jagd auf weibliche Tiere erlaubt ist. Danach kommt eine weitere zehntägige Pause, gefolgt von der Frühjahrs-Jagdsaison, die dann bis Ende April dauert.

Jagdreiten wird in den USA immer beliebter. Ein Schnappschuß von der Westhills Hunt in Kalifornien.

Der Hunter

Jedes Reitpferd, das Verwendung bei der Jagd findet, kann als *Hunter* bezeichnet werden. *Hunter* sind keine eigenständige Rasse wie etwa Vollblut, *Quarter Horses* oder *Percherons*, und ein Blick auf eine berittene Jagdgesellschaft genügt bereits, um zu sehen, daß Pferde aller Größen und Arten sehr zufriedenstellende Jagdpferde abgeben können. Trotzdem werden bestimmte Qualitäten sowie Eigenschaften bei einem Jagdpferd als wünschenswert angesehen, wodurch sich ein besonderer «Typ» Pferd herauskristallisiert hat.

Die äußerlichen Vorzüge eines *Hunters* können nirgendwo besser beobachtet werden als bei *Show-Hunter*-Vorführungen, die ihm Rahmen größerer Veranstaltungen abgehalten werden — obwohl die meisten Pferde in der Showarena wahrscheinlich noch nie eine Hundemeute zu Gesicht bekommen haben. Denn die kleinste Schramme, die ein Pferd bei der Jagd durchs Gelände davonträgt, bedeutet das Ende seiner Showkarriere und führt zu einem beträchtlichen Wertverlust. Trotzdem stellen die Showpferde jene charakteristische Haltung, Bewegung, und — soweit man das bei der künstlichen Atmosphäre beurteilen kann — das Temperament und die Manieren zur Schau, die an *Huntern* besonders geschätzt werden. In manchen Fällen sind sie regelrecht «hochgezüchtet» — *Show-Hunter* sind nahezu immer «Fast-Vollblüter». Für Zuschauer, die die Vorzüge eines guten Jagdpferdes nicht kennen, lohnt es sich dennoch, die renommierteren Veranstaltungen zu besuchen.

Bevor Sie sich einen *Hunter* zulegen, sollten Sie überlegen, bei welchen Jagden Sie ihn reiten wollen und wie das Gelände beschaffen sein wird.

Für Schlepp-, Bluthund- und für Hirschjagden braucht man ein Pferd mit einem hohen Blutanteil (Vollblut). Diese drei Jagdarten sind schnell, und bei den beiden letzteren muß eine größere Anzahl von Hindernissen übersprungen werden. Man benötigt also ein energiegeladenes Pferd; desgleichen bei den schnellen Jagden über offenes

Grasland oder Moore. Ideal ist ein leichtgewichtiger «Renner».

Für Jagden in einer landwirtschaftlich stärker genutzten Gegend mit vielen Zäunen eignet sich dagegen eher ein ruhiges, kompaktes Pferd mit sanfterem Wesen. Vollblüter werden mit ihren sehr empfindlichen Beinen auf gepflügten Äckern Schwierigkeiten haben, und ein temperamentvolles Pferd wartet ungern, bis es bei einem engen, schwer zugänglichen Sprung an die Reihe kommt oder bis sich die Hunde durch ein Dickicht gekämpft haben. Anderseits ist bei dieser Art von Gelände Schnelligkeit nicht so wichtig, da die Hunde immer nur auf kurze Strecken rennen.

Pferde, die einer Meute von Hasenhunden folgen sollen, müssen sehr schnell und ausdauernd sein sowie über ein gutes Springvermögen verfügen. Obwohl Hasen, ähnlich wie Hirsche, in moorigem Gelände gejagt werden, muß das Pferd springen können, um mit der Meute Schritt zu halten. Laut einem erfahrenen Teilnehmer an Hasenjagden zu Pferde ist es nicht ungewöhnlich, wenn man, um der Meute zu folgen, an einem Tag mehr als hundert Steinwälle überspringt. Dazu ist ein ausdauerndes und springfreudiges Pferd vonnöten.

Günstige und ungünstige Körperformen

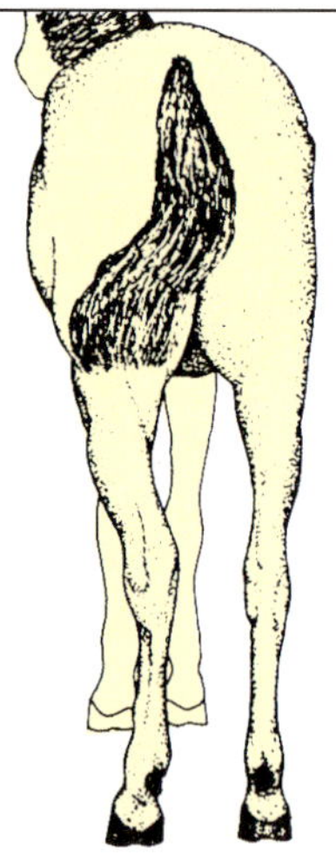

1 Gute Hinterhand. Man kann vom höchsten Punkt der Kruppe zum Sprunggelenk und dem Huf eine gerade Linie ziehen.

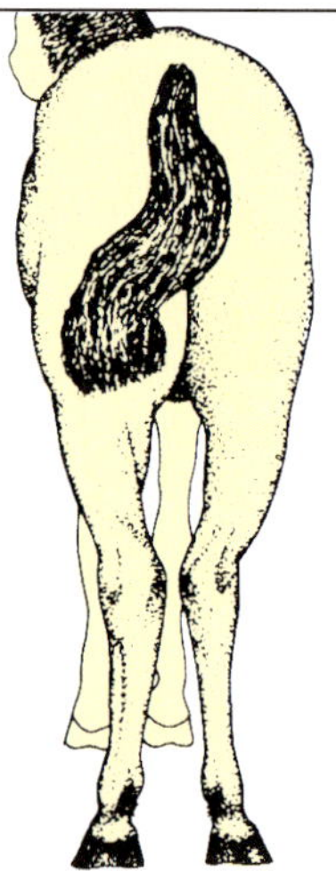

2 Die Sprunggelenke sind nach innen eingeknickt; man bezeichnet diese Hinterhandstellung als «kuhhessig». Für schwere Arbeit ungeeignet.

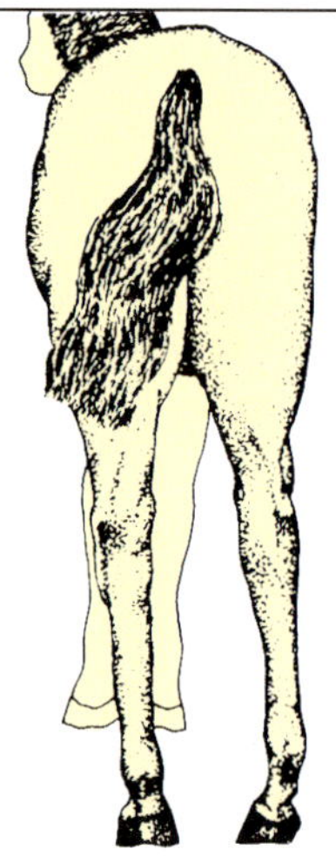

3 Das Pferd ist «faßbeinig», seine Sprunggelenke sind nach außen gedreht, seine Zehen nach innen. Dadurch stehen die Bänder unter großer Belastung.

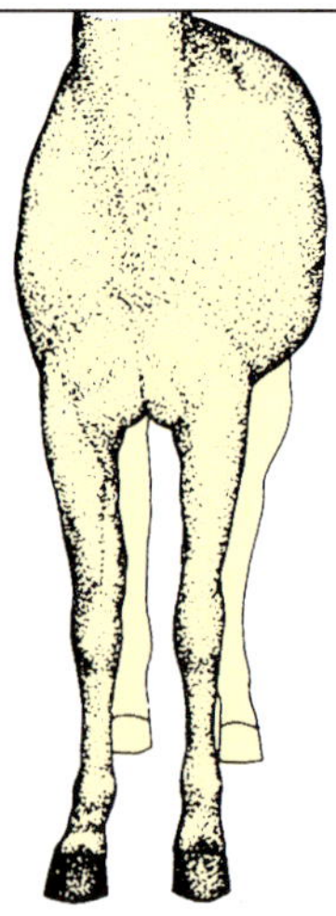

4 Gute Vorhand. Man kann sich eine gerade Linie denken, die von der Schulter über das Vorderfußwurzelgelenk zum Huf verläuft.

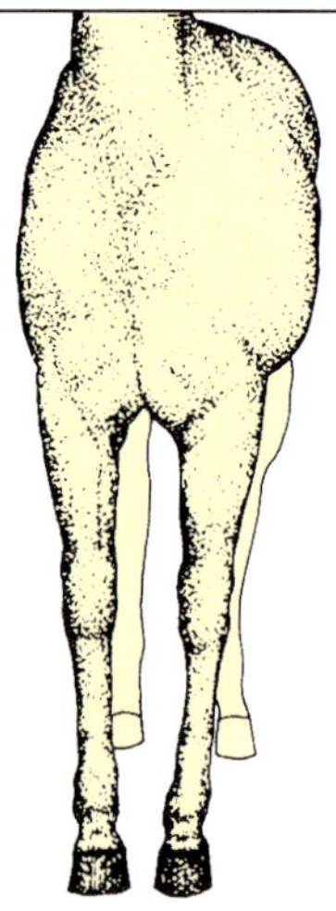

5 Bodenenge Stellung; dieses Pferd neigt zum Stolpern.

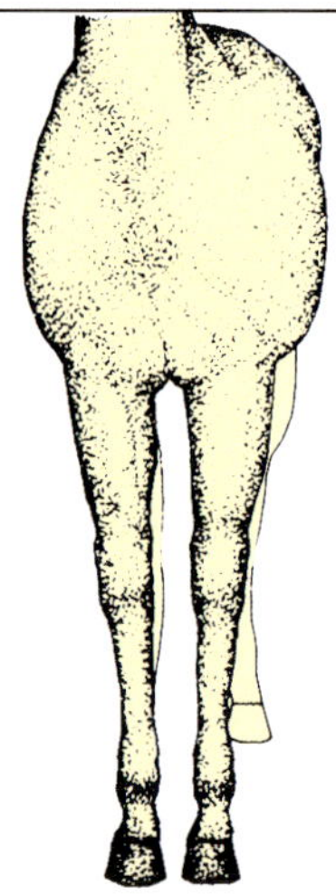

6 Die Vorderbeine stehen zu eng zusammen, was Herz und Lunge einengt. Wahrscheinlich neigt dieses Pferd zum Streichen und wird sich häufig selbst verwunden.

Rennen vor dem Sulky

In den USA seit 1790 populär, wurde dieser Sport in seinen Anfängen hauptsächlich von Amateuren betrieben. Inzwischen zählen Trabrennen zu den aufregendsten Disziplinen des Pferdesports und erfreuen sich überall in Europa, in Australien, Südafrika und in den Vereinigten Staaten großer Beliebtheit. Sorgfältige Zuchtauswahl hat in den USA die schnellste Traberrasse der Welt hervorgebracht, den Standardbred-Traber, der nicht nur wegen seiner Schnelligkeit, sondern ebenso wegen seiner Ausdauer, seines Eifers und seines ruhigen Temperaments berühmt ist.

In den USA, Australien und einigen anderen englischsprachigen Ländern gibt es neben den Trab- auch Paßgangrennen (*pacing*). Bei beiden Disziplinen ziehen die Pferde einen leichten, zweirädrigen Rennwagen (Sulky), der von einem Fahrer über die Meilendistanz (1,6 km) gelenkt wird. Das *American Trotting Register* legte im Jahre 1879 eine Standardzeit von 2 Minuten 30 Sekunden für Traber und von 2 Minuten 25 Sekunden für Paßgänger fest. Inzwischen wurden Geschwindigkeiten von bis zu 51 km/h gemessen, die Rekordzeiten liegen um einiges unter 2 Minuten.

Die Fußfolge im Renntrab ist die gleiche wie im konventionellen Trab: das Pferd bewegt abwechselnd die diagonalen Beinpaare. Paßgänger laufen, indem sie abwechselnd mit den gleichseitigen Beinpaaren vorwärtsschreiten. Der Paßgang ist eine natürliche Gangart, und Pferde mit dieser Anlage werden von frühester Jugend dahingehend trainiert. Zahlreiche Paßrennpferde

Ein Paßgänger beim berühmten Red-Mile-Rennen. Der Bewegungsablauf ist lateral, das heißt die Beine einer Körperseite werden gleichzeitig bewegt. Rennpaß ist gewöhnlich etwas schneller als Renntrab.

tragen Beinfesseln, sogenannte *hobbles*, die ihre Bewegungen synchronisieren sollen und verhindern, daß sie in den Trab umspringen.

Rennen vor dem Sulky sind eine hochspezialisierte Disziplin, die eine besondere Ausrüstung erforderlich machen. Ein Brustgeschirr verbindet das Pferd mit dem Sulky. Es besteht aus einem Brustblatt, Strängen, Selette und Bauchgurt sowie einem Zaumzeug, das mit langen Fahrleinen versehen ist.

Schnelligkeit ist Trumpf bei diesem Sport. Deshalb muß das Pferd seinen

Kopf unbedingt gerade halten, um seine Höchstgeschwindigkeit zu erreichen. Bei gesenktem Kopf würde es außerdem mit den Beinen dagegen schlagen und sich verletzen. Man hat einige Hilfsmittel entwickelt, um zu verhindern, daß das Pferd sich nach der einen oder anderen Seite neigt. Eine der besten Methoden ist die Murphy-Scheuklappe, benannt nach dem bekannten amerikanischen Trainer und Fahrer Thomas W. Murphy. Sie besteht aus einem Stück steifen Leders, das vor dem Auge leicht konkav ist und in das Backenstück des Zaumzeugs eingehängt wird. Das Funktionsprinzip ist einfach: bei einem Pferd, das dazu neigt, den Kopf nach links zu verwerfen, wird die Scheuklappe rechts angebracht. Biegt es den Kopf zu stark weg, wird dem rechten Auge durch die Klappe die Sicht genommen. Das Pferd wird schnell lernen, daß es bei gerader Kopfhaltung ungehindert nach vorne sehen kann, während es nichts mehr sieht, wenn es den Kopf wegdreht.

Andere Hilfsmittel für Rennen vor dem Sulky, besonders bei Paßgängern, sind Schattenrollen und *hobbles*. Die Schattenrolle ist im wesentlichen ein mit Schaffell gepolsterter Nasenriemen, der so verpaßt wird, daß das Pferd zwar geradeaus nach vorne, aber nicht direkt unter sich sehen kann. Man verwendet es bei «bodenscheuen» Pferden, die vor Schatten, Spuren am Boden, Papierstückchen und so weiter erschrecken. Paßgänger sind besonders schreckhaft, was mit den *hobbles*, die sie tragen, zusammenhängt. Weil sie ihre Beine nicht frei bewegen können, haben sie viel mehr Angst als andere Pferde, in ein Loch zu treten oder zu straucheln. Als Folge davon scheuen sie häufig vor tatsächlichen oder eingebildeten Hindernissen am Boden — sehr gefährlich in einem Rennen, bei dem viele Sulkys im Pulk fahren. *Hobbles* sind verstellbare Riemen mit gepolsterten Schlaufen an beiden Enden. Eine Schlaufe wird um das Vorderbein und die andere um das Hinterbein des Tieres gelegt. Am vorderen und hinteren Ende der Schlaufe sind Riemen ange-

Das Hobble dient dazu, die Bewegungen des Paßgängers zu synchronisieren und das Pferd dadurch daran zu hindern, in den Trab umzuspringen.

bracht; sie werden in einen der vier *Hobble*-Ringe eingehängt, die am Rükkenriemen angebracht sind.

Es ist wichtig, daß die *hobbles* richtig angepaßt werden. Wenn die Riemen zu eng sind, kann sich das Pferd nicht richtig strecken, und seine Beine ermüden schnell. Sind sie zu weit, wird ein Pferd, das an die *hobbles* gewöhnt ist, unsicher laufen, weil es die vertraute Anlehnung sucht.

Rennen vor dem Sulky sind unglaublich schnell und bringen große Gefahren für Pferd und Fahrer mit sich. Bei dem hohen Tempo kann sich ein Pferd leicht verletzen. Traber schlagen oft mit den Hinterhufen gegen ihre Ellbogen, und Paßgänger können sich mit dem Vorderhuf hinten in das gegenüberliegende Vorderfußwurzelgelenk treten. Um die Pferde vor Verletzungen zu bewahren, wurden zum Schutz der Kanonenknochen, Fesseln und Kronenränder verschiedene Typen von Gamaschen entwickelt.

Diese Pferde erreichen Geschwindigkeiten von bis zu 50 km/h, und immer wieder fahren die Sulkys dicht nebeneinander her. Daher ist es lebenswichtig, daß das Pferd stets nach vorne schaut und nicht abgelenkt wird. Ansonsten kommt es ins Schwanken und kann mit einem anderen Gespann zusammenstoßen.

Reiterspiele

Die Turniere der mittelalterlichen Ritter waren die Vorläufer der heutigen Reiterspiele.

Unter dem Begriff «Reiterspiele» verstehen viele etwas anderes. Den Angehörigen der berittenen Einheiten von Militär oder Polizei bieten sie etwa Gelegenheit, den Umgang mit Waffen zu üben und gleichzeitig den Gehorsam ihrer Pferde und deren Geschick in Kampfsituationen zu erproben. Die Cowboys und Cowgirls, die tagelang das Ranchgelände abreiten und mit dem Vieh arbeiten, werden bei «Reiterspielen» an die Rodeowettbewerbe denken. Mitglieder von Reitvereinen und ähnlichen Organisationen mögen sich dabei an «Jagden» erinnert fühlen, bei denen einige Reiter die Rolle von Fuchs und Hunden einnehmen, während andere als Piköre und Mitglieder des Jagdfelds agieren. Der Begriff kann aber auch die vielen Varianten des Polospiels bezeichnen, wie etwa Kissenpolo oder Paddock-Polo beziehungsweise der auch in Deutschland nicht sehr bekannte «Pferdefußball». In diese Rubrik fällt auch das Pferde-*Lacrosse*, das anderswo *Tshenkburti* oder *Polo-Crosse* genannt wird; desgleichen Schnitzeljagden zu Pferde, Schatzsuchen oder irgendein anderes der zahllosen Reiterspiele, die man sich auf der ganzen Welt im Laufe der Jahrhunderte als Geschicklichkeits- und Gehorsamsprüfungen hat einfallen lassen.

Gymkhana

Die vielen Formen militärischer Reitspiele, die über Jahrhunderte in aller Welt ausgeübt wurden, waren in allererster Linie dazu da, die Kampftüchtigkeit zu fördern. Mit Reitkunst im eigentlichen Sinn hatten sie weniger zu tun.

Ganz anders war das bei den indischen Soldaten während der britischen Kolonialzeit. Ihre Reitübungen hießen Gymkhana, was soviel wie Gymnastikschule bedeutet. Die vielen verschiedenen Lektionen förderten die Geschicklichkeit, Reaktionsfähigkeit und das gegenseitige Vertrauen von Reitern und Reittieren. Sie machten die Soldaten zu völlig gelösten, sattelfesten Reitern, die zähen Ponys zu willigen, auf feinste Hilfen reagierenden Reittieren, die auch vor ungewöhnlichen Situationen kaum mehr zurückschrecken.

Die Engländer erkannten rasch den Wert der vielfältigen Übungen und übernahmen sie von den Indern. Von Indien gelangte Gymkhana nach England, wo es als eine neue Form sportlicher Reitspiele vor allem für Jugendliche und Ponys Fuß faßte. Es hat dort heute einen sehr hohen Stellenwert. Die wichtigste Gymkhana-Veranstaltung ist die «Pony Club Mounted Games Championship». Alljährlich treffen sich dabei in London rund fünfzig Mannschaften von Ponyreitern in London, die sich zuvor in allen Teilen der Insel qualifiziert haben.

Von England kam das Gymkhana nach Kanada und in die USA und erreichte dort eine ähnliche Popularität. Auf dem europäischen Kontinent hingegen wird diese großartige Idee leider bis heute viel zuwenig ernst genommen. Nach wie vor werden hier vor allem Spring- und Rennsport für Ponys gefördert, obschon gerade diese beiden Sportarten in der Ponyreiterei viel Schaden anrichten. Nach wie vor fehlt es an Fachleuten, die realisieren, worum es in guten Gymkhana-Übungen geht, die Reiter und Pferde ausbilden und gute Gymkhana-Spiele organisieren können. Es gibt zwar inzwischen Pony-Geschicklichkeitsspiele, bei denen die Teilnehmer Punkte sammeln, um wenn möglich Ende Saison am Finale teilnehmen zu können. Leider spielt die Zeit bei den meisten Spielen eine viel zu wichtige Rolle. Die Jugendlichen treiben ihre Reittiere so schnell als möglich irgendwie durch den Parcours, und damit ist der eigentliche Sinn des ursprünglichen Gymkhanas völlig verloren. Die Idee wäre, Sicherheit, Geschicklichkeit und Harmonie von Reiter und Ponys zu fördern.

Ursprung und Ziele

Ob beim *British Royal Tournament*, wo die Reiter vom Pferderücken aus Zeltpflöcke einschlagen, oder beim *Barrel-Race* eines texanischen Rodeos, beim Geschicklichkeitsrennen eines *Gymkhana* oder beim furiosen *Buzkashi-Spiel* in der glühendheißen Wüste von Turkestan — die Ursprünge der Reiterspiele sind immer die gleichen. Die unzähligen Formen, die wir heute kennen, sind alle aus den Spielen und Übungen berittener Soldaten entstanden. Bereits Xenophon, der große griechische Meister der Reitkunst im 5. Jahrhundert vor Christus, machte Spiele dieser Art zu einem festen Bestandteil der Soldatenausbildung — und seither wurden alle Kavalleristen ähnlich geschult.

Die Präzision und die Sorgfalt, die Reiterspiele Pferd und Reiter gleichermaßen abverlangen, machen ihren eigentlichen Wert aus. Ein Pferd muß auf der Stelle gehorchen — stoppen, starten oder wenden. Und es darf sich nicht vom Reiter ablenken lassen, der oft noch mit Lanzen wirft, zielgerecht Fähnchen verteilt oder einen Stab weiterreicht. Für junge Menschen sind Reiterspiele besonders wertvoll, denn sie dienen oft als Einführung in den ernsthafteren Turniersport, und man kann durch sie Taktik, Benehmen und Etikette lernen.

Nur wenige Reiterspiele laufen so professionell und ernsthaft ab wie Vielseitigkeits- oder Springprüfungen. Sie dienten seit je der Entspannung und Unterhaltung — ein unbeschwerter Wettstreit zwischen befreundeten Rivalen und zur Förderung des Mannschaftsgeistes.

Das geeignete Pferd

Reiterspiele gelten als Zeitvertreib oder sie sind Teil eines vielseitigen Trainingsprogramms. Deshalb kaufen sich auch die wenigsten Reiter ein eigenes Pferd oder Pony dafür. Ein Kavalleriepferd beispielsweise hat sich nicht nur in Schaukämpfen zu bewähren; und auch ein Cowboy würde sich kein Pony fürs Rodeo kaufen. Ein Pferd braucht man in erster Linie für die «tägliche Arbeit». Außerdem läßt sich beinahe jedes Pferd oder Pony für bestimmte Reiterspiele ausbilden, vorausgesetzt, sein Reiter ist einfühlsam, gewandt und weiß, was er will. Der Vorsitzende des Organisationskomitees der britischen *Prince Philip Mounted Games*, Norman Patrick, glaubt, daß trotz des mittlerweile starken Wettbewerbscharakters dieser Spiele jedes Kind und jedes Pony bei entsprechend hartem Training erfolgreich sein kann.

Die Auswahl des Pferdes

Das Pferd soll in der Größe zum Reiter passen. Geben Sie nie der Versuchung nach, ein zu kleines Pony zu kaufen, nur weil Sie wissen, daß es ein gutes *Gymkhana*-Pony ist. Wenn man ein Pony für ein Kind auswählt, sollte man auch bedenken, daß ein relativ niedriges Tier nach einem Jahr schon zu klein sein kann. Bei den *Prince Philip Mounted Games* gibt es eine Vorschrift, daß Ponys mit 122 cm Stockmaß nicht von Kindern geritten werden dürfen, die in Reitkleidung mehr als 54 kg wiegen.

Kleinere Ponys eignen sich allerdings gut für Wettbewerbe, bei denen sich der Reiter hinunterbeugen und etwas in einen Eimer werfen oder schnell auf- und absteigen muß. Anderseits ist bei kleinen Pferden auch der Bodengewinn gering, so daß sie nicht so schnell sind wie langbeinige Tiere. Es ist deshalb vernünftig, wenn Sie nach einem Pony Ausschau halten, das für den alltäglichen Gebrauch die richtige Größe hat.

Auch das Alter des Tieres sollte berücksichtigt werden. Bei den obgenannten dürfen nur Ponys teilnehmen, die mindestens vier Jahre alt sind.

Barrel-Racing ist die Rodeo-Version der Gymkhana-Geschicklichkeitsrennen. Der Winkel, in dem die Pferdebeine zum Boden stehen, ist bemerkenswert. Dieses Pony schickt sich an, eine sehr enge Wendung um die Tonne zu machen.

Gymnastik für den Reiter

Der Reiter sollte so fit sein wie sein Pferd. Trainieren Sie regelmäßig, um sehr locker und beweglich zu bleiben.

Wenn Sie ein Pferd dieses Alters kaufen, müssen Sie ohnehin ein ziemlich guter Reiter sein, um es für die Reiterspiele auszubilden. Die Aufregung eines Wettbewerbs kann es leicht zum «Explodieren» bringen, es wird dann nervös und ist nicht mehr zu kontrollieren. Ein älteres Pony von sechs oder mehr Jahren bleibt dagegen eher gefaßt und reagiert reifer und vernünftiger. Zahlreiche *Pony-Club*-Trainer sind der Ansicht, daß zehn oder zwölf Jahre das ideale Alter für ein Pony bei den *Prince-Philip*-Spielen sind. In diesem Alter haben die Tiere eine gewisse Lebenserfahrung und regen sich weniger über den Lärm und all die ungewohnten Ereignisse solcher Veranstaltungen auf.

Das Gebäude ist wichtig. Ein gutgebautes Pferd oder Pony wird immer besser abschneiden als eines mit Fehlern im Körperbau. Das ideale Tier hat eher einen kurzen Rücken, der eine größere Geschmeidigkeit in der Bewegung ermöglicht. Der Hals sollte schlank sein und der Kopf klein, aber im Verhältnis zum übrigen Körper gut proportioniert. Ein Pferd benützt seinen Kopf und Hals, um sich auszubalancieren, besonders wenn es schnell läuft. Mit einem großen Kopf und einem dicken Hals bewegt es sich unbeholfen. Auch auf die Beine ist zu achten, da sie unter großer Belastung stehen, wenn das Pferd zum Beispiel eine Wendung ausführen und sofort danach stehenbleiben soll. Die Beine sollten klar, stark und makellos sein, aber keinesfalls zu fein oder schlank. Vergewissern Sie sich, daß die Fesselung den richtigen Winkel hat; eine steile Fessel kann Stöße weniger gut abdämpfen.

Es lohnt sich, nach einem Tier zu suchen, das sich in allen Gangarten flüssig und gleichmäßig bewegt. Beobachten Sie dazu das Pferd beim Laufen von vorne, von hinten und von der Seite und reiten Sie es in den drei Hauptgangarten Schritt, Trab und Galopp, damit Sie auch dabei seine Bewegungen beurteilen können. Die Bewegungen des Ponys sollten gleichmäßig ausbalanciert und rhythmisch wirken und sich auch so anfühlen. Das Tier sollte auch gut im Gleichgewicht gehen, wenn Sie es in Wendungen und auf dem Zirkel reiten. Bei einem Pony für Reiterspiele ist es sehr wichtig, daß es augenblicklich auf die Schenkelhilfen seines Reiters reagiert. Wenn das Ausprobieren nicht zufriedenstellend verläuft, sollten Sie überlegen, ob es noch jung oder lernwillig genug ist, um korrigiert zu werden.

Das entscheidende Kriterium ist das Wesen des Tieres. Meiden Sie dickköpfige Pferde oder solche mit schwierigem Temperament, ebenso Pferde, die die Ohren anlegen, wenn Sie sich nähern. Solch ein Pferd stellt eine Gefahr für Sie und andere dar. Das ideale Temperament liegt auf halber Strecke zwischen heißblütig und sanftmütig. Ein allzu lebhaftes Pferd oder Pony regt sich bei Wettbewerben zu sehr auf, ein sanftmütiges tendiert zur Trägheit. Wählen Sie ein Tier mit einem gewissen Maß an Lebhaftigkeit und Anteilnahme.

Das beliebte Sack-Hüpfen steht bei Gymkhanas fast immer auf dem Programm.

Spezialtraining

Im Kreis von Freunden macht es mehr Spaß, ein Pferd für die Teilnahme an Reiterspielen zu trainieren. Dabei läßt sich nicht nur der Wettbewerbscharakter nachahmen, sondern man kann sich auch gegenseitig helfen und korrigieren. An den Auswahlwettbewerben eines Reitvereins sollte man auf jeden Fall teilnehmen. Auch wenn man nicht in die Mannschaft aufgenommen wird, erhält man dabei doch Anregungen für das eigene Training und das des Ponys.

Bei der Ausbildung von Ponys für Reiterspiele gibt es zwei wichtige Regeln. Erstens: Der Reiter braucht keinen Reitstock und keine Gerte. Ein Pony sollte nie durch Schläge bestraft oder mit der Gerte zu Schnelligkeit angetrieben werden. Bei vielen Veranstaltungen ist der Gebrauch von Gerten und Sporen verboten. Zweitens: Niemals das Pony im Maul reißen. In der momentanen Erregung kann es einem begeisterten Reiter schon einmal passieren, daß er bei einer engen Wende oder einem raschen Stop den korrekten Gebrauch der Hände vergißt. Um so wichtiger ist die Warnung vor einem solchen Fehler.

Ein *Gymkhana*-Pony muß sich bereitwillig führen lassen, auch neben einem anderen Pony mit Reiter. Und es muß unbeweglich stehenbleiben, wenn der Reiter aufsteigt oder selbst dann, wenn ein anderes Pony in voller Geschwindigkeit auf es zugaloppiert. Letzteres ist für Staffelrennen wichtig, bei denen man warten muß, daß einem ein Mannschaftskamerad den Stab weiterreicht, bevor man losreitet.

Die meisten Ponys werden sich willig an der Hand führen lassen; man sollte das aber im Schritt und Trab üben, indem man neben dem Pony hergeht oder -läuft. Die ersten Male führt man es am Halfter. Wenn man dabei an den Zügeln zieht, wird es natürlich nach hinten ausweichen. Sollte es diese Gewohnheit nicht ablegen, muß ein anderer das Pony von hinten antreiben. Dazu genügt ein leichter Klaps auf die Hinterhand und ein aufmunterndes Zungenschnalzen — keinesfalls aber schlagen, mit den Armen wedeln oder schreien.

Rennen, bei denen zwei Ponys Seite an Seite nebeneinander her laufen, gibt es bei vielen Reiterspielen. Man kann es zuhause mit Freunden üben. Anfangs kann es die Ponys leicht aus der Fassung bringen.

Zu den einfachsten Grundregeln gehört es, daß das Pony beim Aufsitzen ruhig stehen bleibt. Sogar erfahrene Turnierponys, die wissen, daß sie im nächsten Augenblick in vollem Tempo losgaloppieren müssen, sollten so lange still stehen, bis der Reiter im Sattel sitzt und das Zeichen zum Anreiten gibt. Bewegt sich ein Pony dennoch vorher, steigt man wieder ab, stellt sich daneben und hält es am Zügel. Es muß ruhig stehen, bis man im Sattel sitzt; dann läßt man es weitere ein, zwei Minuten still stehen. Die Hilfen zum Anreiten müssen klar und deutlich sein. Das Pony muß lernen, daß es manchmal ruhig stehen muß, bis das Startzeichen für das Rennen gegeben wird, und daß ein andermal sofortiges Losgaloppieren von ihm verlangt wird.

Ein Pony dazu zu bringen, ruhig zu stehen, während ein anderes im gestreckten Galopp daherkommt, verlangt dem Reiter einiges an Geduld ab. Bei den ersten Versuchen werden die meisten Ponys zur Seite springen oder sich herumwerfen. Deshalb sollte der Reiter anfangs jemanden bitten, das Pony am Kopf festzuhalten, damit es stehen bleibt, während der Reiter ihm den Hals tätschelt und mit ihm spricht. So lernt es bald, ruhig zu stehen. Das ist bei Staffelrennen wichtig, wenn der Reiter sich darauf konzentriert, den Stab zu empfangen, und sich darauf verlassen muß, daß sein Pony von selbst ruhig steht.

Eine große Hilfe für den Reiter ist es, wenn das Pony auf seine Stimme reagiert. So kann er es vor dem Start mit sanften Worten beruhigen oder es durch leise Kommandos wie «ruhig» und «whoa» dazu bringen, sein Tempo zu verlangsamen. Deshalb sollte man sich diese Kommandos angewöhnen, wenn man zu langsamerem Tempo oder zum Stehen durchpariert — dabei immer ruhig, freundlich und im gleichen Ton sprechen. Das Pony erkennt den Klang und den Tonfall der Stimme wieder. Schreit man das beruhigende Kommando laut heraus, wird es die gegenteilige Wirkung haben.

Wenden und Halten

Gute *Gymkhana*-Ponys müssen scharfe Wendungen und schnelle Stops beherrschen. Die Fähigkeit eines Ponys, solche Wendungen zum Beispiel um einen Pfosten herum auszuführen, hängt nicht nur von seiner Biegsamkeit und Beweglichkeit ab; der Reiter muß dabei auch seine Schenkel richtig einsetzen. Zur Übung sollte man enge Wendungen um Pfosten zuerst im Schritt und dann im Trab reiten. Die Hilfen sind wie gewohnt: Ein leichter Zug am Zügel in der Richtung, in die sich das Pony wenden soll, Druck mit dem äußeren Schenkel (dem von der Wendung abgewandten Schenkel) hinter dem Gurt und Druck mit dem inneren Schenkel etwas weiter vorne. Die Hand darf sich nicht bewegen; leider ziehen viele Reiter bei der engen Wendung die Zügelfaust zum Bauch hin. Eine enge Wendung zurück auf die eigene Spur unterscheidet sich von einer 90°-Wendung nur dadurch, daß man die Hilfen so lange weiter gibt, bis eine 180°-Wendung vollzogen ist. Wenn man enge Wendungen im Schritt und Trab beherrscht, kann man sich daranmachen, sie im Galopp zu üben.

Das schnelle Anhalten sollte vorsichtig angegangen werden, da es dabei nicht nur auf die Schnelligkeit, sondern auch auf eine saubere Ausführung ankommt — das Pony soll seine Beine unter den Körper bringen und den Kopf richtig halten. Leider sieht man häufig Reiter, die so heftig am Zügel reißen, daß das arme Tier zwar sofort stehenbleibt — aber mit gespreizten Beinen und hochgeworfenem Kopf, um dem Druck aufs Maul auszuweichen. Man fordert das Pony aus dem Trab zum Halten auf, indem man mit den Schenkeln Druck auf die Seiten ausübt — damit die Hinterhand untertritt — und mit den Händen gegen die Vorwärtsbewegung hält. Wenn das Anhalten sauber vor sich geht, kann man das Pony zum Halten aus dem Galopp auffordern — eigentlich eine einfachere Übung, da man sich zum Galoppieren ja bereits leicht im Sattel nach vorne lehnt. Also setzt man sich nach hinten, wenn man anhalten will, legt die Schenkel an und hält wiederum mit den Händen dagegen. Wenn man bisher korrekt am langen Zügel geritten ist, wird die Gewichtsverlagerung im Sattel dem Pferd anzeigen, daß es langsamer werden soll.

Man kann gar nicht früh genug anfangen! Auch wenn man noch nicht selbst teilnehmen kann, sollte man trotzdem Reiterspiele besuchen — wenn möglich zusammen mit dem eigenen Pony —, um sich schon mal an das ganze Drumherum zu gewöhnen.

Übungen für Reiterspiele

Am besten bereitet man sich auf Reiterspiele vor, indem man die dafür notwendigen Bewegungsabläufe einstudiert. Man beginnt, sie alleine und ruhig im Schritt zu reiten, dann langsam zum Trab und schließlich zum Galopp überzugehen. Mit anderen zusammen trainiert man erst, wenn man die Übungen alleine beherrscht.

Man reitet den Bewegungsablauf eines bestimmten Spieles immer von Anfang bis Ende und fängt dann wieder von vorne an, bis alles «sitzt». Wichtig ist die korrekte Ausführung: Das Pony muß seinen Körper richtig biegen, den Kopf sauber halten, sich im Gleichgewicht bewegen und die ganze Zeit über auf den Reiter hören. Man muß dabei geduldig sein, denn Lern- und Verständnisprozesse können eine Weile dauern, besonders wenn das Pferd gleichzeitig verschiedene Spiele lernen soll. Sollte eine Teilaufgabe wirklich Schwierigkeiten bereiten, soll man nicht endlos wiederholen, bis Reiter und Pferd völlig frustriert sind. Lieber probiert man später noch einmal, nachdem man einen erfahrenen Reiter um Rat gefragt hat.

Man kann von einem Pony nicht erwarten, daß es bei allen Spielen herausragt. Bei manchen kommt es auf Schnelligkeit an, bei anderen mehr auf das spielerische Element. Die wenigsten Ponys sind für beides begabt, und manche Tiere mögen bestimmte Spiele nicht. Wenn ein Pony bei einem Spiel ohne ersichtlichen Grund nicht so recht mitmachen will, sollte man die Schuld dafür zuerst bei sich selbst suchen. Reitet man korrekt? Gibt man deutliche Schenkelhilfen? Sind die Hände einfühlsam genug? Setzt man, besonders bei Wettrennen, die Stimme richtig ein? Vielleicht hat man in der Hitze des Gefechts den Klang oder den Tonfall verändert, und Ponys reagieren empfindlich.

Man darf nicht ununterbrochen für Reiterspiele trainieren, sondern sollte zwischendurch mit einem Ausritt oder Springen für Abwechslung sorgen. Erfahrene «Spiel»-Ponys kennen irgend-

Bei Reiterspielen begegnet das Pony oft ungewohnten Gegenständen. Deshalb sollte man es vor dem Wettrennen damit vertraut machen.

wann die Prozedur so gut, daß sie sich dabei langweilen und schließlich jedes Interesse verlieren. Sobald man die Technik eines Spiels beherrscht, macht es nicht viel Sinn, den Ablauf endlos zu wiederholen; man sollte sich dann lieber einem anderen Spiel zuwenden.

Es empfiehlt sich, das Pony vor dem Training etwas zu lockern. Man übt etwa eine Viertelstunde lang ein paar einfache Lektionen oder macht ein leichtes Intervalltraining. Dazu reitet man das Pony drei Minuten lang im Schritt, läßt es ebensolang ausruhen, reitet dann drei Minuten im Trab, macht wieder die gleiche Zeit Pause, trabt und pausiert erneut und läßt es schließlich drei Minuten lang galoppieren. Das wird auf beiden Seiten gemacht, und der Reiter sollte sich auf das Training konzentrieren. Diese Übung fördert nicht nur den Gehorsam des Tieres, sondern trägt auch wesentlich zur Verbesserung seiner Kondition bei. Gleichzeitig kann es sich so vor Beginn des eigentlichen Trainings etwas austoben und wird seine Aufgabe ausgeglichener und williger angehen.

Die Vorbereitung auf den Wettbewerb

Mit ein paar Freunden auf einer Koppel Reiterspiele zu üben ist etwas anderes, als bei einem richtigen Wettbewerb gegen ehrgeizige Gegner anzutreten — es sei denn, man ist bestens vorbereitet.

Wenn das betreffende Pony noch kein erfahrener «Spieler» ist, wird es auch von einem kleinen Wettbewerb sehr beeindruckt sein. Das Pony wird (vermutlich in einem Hänger oder einem Transporter) an einen fremden, lauten und unruhigen Ort mit zahllosen Autos, Pferden und Menschen gebracht. Hinzu kommen Zelte, Zäune und eine schrecklich laute Stimme, die aus einer Lautsprecheranlage tönt. Für ein unerfahrenes Pferd oder Pony ist das alles zunächst einmal ein Schock. Hinzu kommt noch, daß es einmal ruhig stehen und dann wieder mit höchster Geschwindigkeit losrennen muß.

Daher sollte man ein Pony zunächst mit solchen Bedingungen vertraut machen. Es empfiehlt sich, eine kleinere Veranstaltung zu besuchen, an der man selbst nicht teilnimmt, damit sich das Pony an das bunte Treiben gewöhnen kann.

Reiterspiele werden normalerweise in einer Arena oder innerhalb einer abgegrenzten Fläche abgehalten. Wenn ein Pony es nicht gewohnt ist, eine Arena zu betreten, kann es sich verunsichert fühlen. Sträubt es sich aber, wird es unter Umständen disqualifiziert. Deshalb sollte man mit einem Pony frühzeitig auf abgegrenztem Terrain reiten. Es genügt schon, es eine Arena betreten zu lassen, ohne an einem Rennen teilzunehmen. Wenn es die Arena nicht mit dem Rennen in Verbindung bringt, wird es im Ernstfall auch nicht aufgeregt sein.

Freilich gibt es auch Begegnungen, auf die man ein Pony nicht vorbereiten kann.

Rodeo

Rodeo (das spanische Wort für Viehkoppel) ist ein Überbleibsel aus den Tagen des amerikanischen Wilden Westens. Damals maßen sich Cowboys nach einem Viehtrieb beim Lassowerfen, beim Reiten ohne Sattel auf wilden Pferden, beim Niederwerfen von Stieren, beim Einfangen von Stieren und Kälbern, beim Bullenreiten und ähnlichem. Aus diesen Anfängen ist das Rodeo hervorgegangen.

Soweit bekannt, wurde das erste öffentliche Rodeo am 4. Juli, dem Unabhängigkeitstag des Jahres 1866 in Arizona abgehalten. Um die Jahrhundertwende kam dann die *Wild West Show* in Mode, die die Veranstaltung mit Elementen aus Zirkus und Karneval wie Kunstschießen, Reiten und Küchenwagenrennen bereicherte. Mittlerweile sind Rodeos zu internationalen Veranstaltungen geworden. Laut der *Rodeo Cowboys' Association* finden in den USA jedes Jahr über 500 professionelle Rodeos sowie Hunderte von Amateurwettbewerben statt. Die Zahl der Anhänger wie auch die Preisgelder gehen in die Millionen. Die australische *Rough Riders Association* hat über 12 000 Mitglieder und organisiert Rodeos in allen Bundesstaaten. Das *National Finals Rodeo* stellt den Höhepunkt der australischen Rodeosaison dar.

Die Disziplinen

Es gibt fünf traditionelle Rodeodisziplinen: Das Einfangen von Kälbern, das Niederwerfen von Stieren, das Reiten auf Bullen sowie auf ungesattelten und gesattelten rohen Pferden. Sie alle verlangen von Pferd und Reiter viel Geschicklichkeit und Mut. Nach dem Einfangen eines Kalbes mit dem Lasso muß das Pferd beispielsweise einen sauberen *sliding stop* vollführen, um dann im Rückwärtsgehen die Spannung des

Das Einfangen von Kälbern ist eine der Rodeodisziplinen aus dem Arbeitsalltag der Cowboys und fester Bestandteil der Ausbildung eines Arbeitspferdes.

im Sattelhorn befestigten Lassos aufrechtzuhalten. Das gehört zur soliden Grundausbildung eines Westernpferdes. Der Cowboy springt ab, läuft zum Kalb, dreht es auf die Seite und bindet ihm rasch drei Beine zusammen. Der schnellste Teilnehmer gewinnt.

Ein weiterer Geschicklichkeitstest mit besonderer Verletzungsgefahr ist das Reiten von rohen Pferden, den *Broncos*. Beim *Bronco*-Reiten mit Sattel versucht der Reiter, mindestens zehn Sekunden lang auf dem Pferd zu bleiben. Alles, woran er sich festhalten kann, ist ein Führstrick, den er in einer Hand hält. Beim *Bronco*-Reiten ohne Sattel trägt das Pferd nur einen Gurt mit einer Lederschlaufe zum Festhalten. Die festgelegte Mindestzeit ist acht Sekunden.

Bei beiden Wettkämpfen erhalten die Kandidaten bis zu 25 Punkte, die ihnen von zwei Richtern zugesprochen werden. Beurteilt werden die Fähigkeiten des Reiters und die Wildheit des Pferdes. Zur Erschwerung schreiben die Regeln vor, daß das Pferd in der Startbox mit Sporen in die Schultern gestochen wird. Setzt der Reiter seine Sporen selbst noch tüchtig ein, gibt es Zusatzpunkte.

An den Rodeos nehmen auch Reiterinnen teil. Die *Girls' Rodeo Association* wurde bereits 1948 gegründet. Die Teilnehmer müssen ihre Startgelder selbst bezahlen und nehmen oft weite Anreisen zu den Veranstaltungen auf sich. Das Verletzungsrisiko ist hoch, auch tödliche Unfälle kommen immer wieder vor.

Zehn Sekunden können sehr lang werden, wenn man sie auf dem Rücken eines ungebändigten Pferdes verbringt — noch dazu ohne Sattel. Viele Rodeoreiter «steigen» denn auch vorzeitig «ab».

Das ist einer der Gründe, warum bei den Rodeos Clowns und *Pick-up*-Reiter eingesetzt werden. Deren Aufgabe besteht nämlich nicht nur darin, das Publikum zu unterhalten. Sie müssen auch die Aufmerksamkeit des Stieres oder *Broncos* auf sich ziehen, damit ein gestürzter und dadurch gefährdeter Reiter in Sicherheit gebracht werden kann. Die *Pick-up*-Reiter helfen den erfolgreichen Teilnehmern von den Tieren herunter, indem sie neben ihnen herreiten und sie mit auf ihre sicheren Pferde ziehen.

Die Aufgabe der *Hazers* ist weniger humanitär. Sie besteht darin, bei Ringkämpfen mit Bullen nebenher zu galoppieren, um sicherzustellen, daß das Tier einigermaßen gerade läuft.

Cutting horses — Pferde, die dazu ausgebildet sind, einzelne Stiere von der Herde zu trennen — treten ebenfalls auf Rodeos gegeneinander an, haben aber ihre eigenen Wettbewerbe und Veranstaltungen. In den USA sind sie extrem beliebt, auch in Australien, wo 1972 die *National Horse Cutting Association* gegründet wurde. Ein *Cutting horse* arbeitet ähnlich wie ein Schäferhund. Beobachtet man es bei der Arbeit, kommt es einem vor, als trenne es die Stiere von der Herde, ohne dabei auf die Hilfe seines Reiters angewiesen zu sein.

Oben: Hazers wissen, daß sie sich in Lebensgefahr begeben, wenn sie dem Bullen zu nahe kommen.

Unten: Cutting ist ein wichtiger Bereich der Arbeit auf Ranches und Farmen. In Amerika setzen die Cowboys Cutting horses ein, um die Herden zusammenzuhalten.

Polo

Eine Vorläuferform des Polo, wie sie im 17. Jahrhundert in der indischen Provinz Mughal gespielt wurde. Von der westlichen Welt wurde das Spiel erst 200 Jahre später entdeckt.

Polo ist ein harter, aufregender, hochspezialisierter und extrem schneller Sport — das schnellste Mannschaftsspiel der Welt. Wann und wo es zuerst gespielt wurde, ist nicht genau bekannt. Eine Version des Spieles wurde vor ungefähr 2500 Jahren in Persien gespielt, doch über seine Verwandtschaft zum modernen Polo lassen sich nur Vermutungen anstellen.

Das Polospiel, wie es heute bekannt ist, wurde im 19. Jahrhundert von britischen Kavallerieoffizieren aus Indien in die westliche Welt gebracht. Damals wurde es auf zähen kleinen indischen Ponys in den Dorfstraßen gespielt. Die Regeln waren von Ort zu Ort verschieden, ebenso wie die Anzahl der Spieler — die anscheinend davon abhing, wie viele Leute mitspielen wollten. Beim Militär erkannte man die Möglichkeiten, die dieses Spiel sowohl als Mittel zur Entspannung als auch für die Ausbildung der Pferde und der jungen Offiziere bot. So gelangte es Mitte des 19. Jahrhunderts nach Großbritannien.

Von dort aus breitete sich Polo rasch auf den europäischen Kontinent und über den Atlantik nach den USA aus, wo es heute eine eindrucksvolle Anhängerschar hat. Mit der Zeit entwickelte man einheitliche, international gültige Standardregeln. Bei den ersten Spielen schrieben die Regeln vor, daß die Ponys, mit denen gespielt wurde, nicht höher als 133 cm sein durften (die Ponys, die tatsächlich eingesetzt wurden, waren oft noch beträchtlich kleiner). Bald wurde eine neue Höchstgröße von 142 cm eingeführt, bis auch diese als unpraktisch erkannt und die Vorschrift ganz abgeschafft wurde. Heutzutage werden meist «Ponys» von 150 bis 152 cm Stockmaß geritten, was allgemein als ideale Größe gilt.

Polo wird heute auf der ganzen Welt gespielt, in Australien, Neuseeland, Hongkong, Singapur und Malaysia ebenso wie in Indien, Pakistan, Südafrika, Nigeria, Malta und Zypern, den USA, Argentinien, Jamaika und Barbados. Auch in Frankreich, Deutschland, in der Schweiz und in Großbritannien hat es Anhänger. Das Spiel, das in den meisten dieser Länder gespielt wird, ist Standardpolo, es gibt aber auch anerkannte Varianten, von denen Paddock- und Arenapolo vermutlich am verbreitetsten sind. Bei diesen Abarten spielen in jeder Mannschaft nur drei Spieler (beim Standardpolo dagegen vier), und das Spielfeld ist viel kleiner. Das in den USA sehr beliebte Arenapolo wird meist in überdachten Stadien und Reithallen gespielt.

Die Varianten des Spiels werden im allgemeinen bedeutend langsamer geritten und dienen oft als Einstieg für Standardpolo. Viele junge Reiter in Großbritannien finden aber auch über den *Pony-Club* Zugang zu diesem Sport. Regionalgruppen veranstalten Paddock-Polo-Spiele im Rahmen von Reiterrallys und anderen Wettkämpfen, außerdem gibt es auch ein anerkanntes Pony-Club-Polo-Spiel. Die Regeln für Paddock- und *Pony-Club*-Polo lehnen sich ganz an das offizielle Regelwerk an.

Das Spiel

Je nach dem, ob man Paddock- oder Arenapolo (im Freien oder in der Halle), *Pony-Club*-Polo oder Standardpolo im Freien spielt, gibt es feine Unterschiede im Regelwerk. Auch weisen Spielweise und Regeln in den einzelnen Ländern deutlich regionale Unterschiede auf. Im allgemeinen aber sind die Grundregeln bei allen Varianten die gleichen.

Beim Paddock- oder Arenapolo spielen, wie bereits erwähnt, auf jeder Seite nur drei Spieler; in anderen Varianten sind es vier. Nummer eins und zwei sind die angreifenden Stürmer; Nummer drei — der Mittelstürmer — gilt als Angelpunkt des Teams, weil er sowohl angreift als auch verteidigt, während Nummer vier hauptsächlich für die Verteidigung zuständig ist. (Bei drei Spielern gibt es nur einen Stürmer.) Jeder Spieler hat einen Schläger oder *stick*, mit dem er den Ball schlägt. Dieser besteht aus einer langen Bambusstange, an deren Ende sich ein zigarrenförmiges Querholz befindet. Der Ball ist beim Standardpolo aus Weidenholz oder Bambuswurzel gefertigt und hat ungefähr 8 cm Durchmesser. Für Paddock- oder Arenapolo ist der Ball etwas größer und weicher und besteht entweder aus Leder (er wird dann aufgeblasen wie ein Fußball) oder aus Plastik. Die Größe des Spielfelds ist unterschiedlich; beim Standardpolo ist es 279 m lang und 146 m breit, beim Arenapolo nur ein Drittel so groß. Wenn die Seitenmarkierungen fehlen, ist das Spielfeld für Standardpolo sogar 183 m breit.

Ziel bei allen Varianten des Polo ist es, soviel Tore wie möglich zu schießen; gewonnen hat am Ende die Mannschaft mit den meisten Toren. Ein Tor ist erzielt, wenn ein Spieler den Ball durch die Torpfosten jeweils in der Mitte der beiden kurzen Seiten des Feldes schlägt. Das Spiel wird in einzelne Abschnitte eingeteilt, die *chakkars*. Deren Anzahl und Dauer hängt von der gespielten Variante und dem Niveau der Veranstaltung ab. Hochrangige Standardpolo-Spiele sind zum Beispiel meist in sechs *chakkars* von je zehn oder siebeneinhalb Minuten Dauer eingeteilt, während beim Paddock- oder Pony-Club-Polo nur zwei *chakkars* von je sechs Minuten Dauer gespielt werden. Zwischen den *chakkars* gibt es Pausen von drei bis fünf Minuten. (Die tatsächliche Dauer eines *chakkar* kann länger sein als angegeben, da nach jedem Foul die Uhr bis zur Forsetzung des Spiels angehalten wird.) Das Spiel ist wegen seines extremen Tempos in derart kurze Abschnitte eingeteilt. Es wäre unmenschlich, den Pferden keine Verschnaufpause zu gewähren — bei großen Spielen reitet jeder Spieler ohnehin zwei oder drei Ponys.

Zu Beginn des Spieles stellen sich die Spieler in Formation auf, und der Schiedsrichter wirft den Ball zwischen die Feldlinien. Das Spiel verläuft über das ganze Feld, und die Kontrahenten versuchen sich gegenseitig am Torschuß zu hindern. Spieler verfolgen einander bei dem Versuch, den Ball in Richtung auf das Tor, das ihnen Punkte einbringt, zu schlagen. Der Spieler Nummer eins wird sich meist in der Nähe des gegnerischen Tors aufhalten, wo er von der Nummer vier des anderen Teams in Schach gehalten wird. Die anderen Spieler verteilen sich gemäß ihren Aufgaben über das Feld.

Der Ball wird zwischen den Spielern in Richtung auf das gegnerische Tor weitergegeben, während die andere Mannschaft ständig versucht, ihn abzufangen. Wird ein Tor geschossen, so wechseln die Spieler die Seiten, und das Spiel beginnt von neuem. Befördern die Angreifer den Ball über die gegnerische Auslinie, ohne ein Tor zu erzielen, schlägt ihn das verteidigende Team von demselben Punkt aus wieder ins Feld zurück. Geht der Ball über die

Der Off-side-backhander

1 Der Schläger (Stick) wird nach hinten genommen.

2 Schwingen Sie Ihren rechten Arm nach vorne, so daß Sie den Stick fast parallel zum Rücken des Ponys über ihre linke Schulter heben.

3 Schwingen Sie nun den Stick rückwärts im Bogen, wobei die Schulter von vorne nach hinten dreht. Lassen Sie den Ball dabei nicht aus den Augen.

4 Setzen Sie nach dem Schlag die Schulterdrehung fort, bis Ihre Schultern mit dem Rückgrat des Ponys auf einer Linie liegen.

Der Off-side-forehander

1 Fassen Sie den Stick fest und holen Sie mit der rechten Hand aus.

2 Drehen Sie den Körper nach links und bringen Sie dabei den Stick nach vorne.

3 Schwingen Sie den Stick in einem rückwärtigen Bogen aus den Schultern heraus. Beugen Sie sich mit Blick auf den Ball nach links.

4 Ziehen Sie durch, indem Sie den Arm weiter aus der Schulter heraus drehen und Ihre Hand auf Höhe der Schulter bringen.

Seitenlinien, dann stellen sich die Teams wie zu Beginn 4,5 m von der Seite entfernt auf, und der Schiedsrichter wirft den Ball zwischen sie. Wenn die verteidigende Mannschaft den Ball über die eigene Auslinie schießt, erhalten die Angreifer einen Freischuß aus vorgeschriebener Entfernung zum Tor. Ist der Ball am Ende eines *chakkar* noch im Feld, wird er bei Wiederbeginn zwischen die neuformierten Teams geworfen, diesmal aber zu der Seite hin, die vorher im Ballbesitz war.

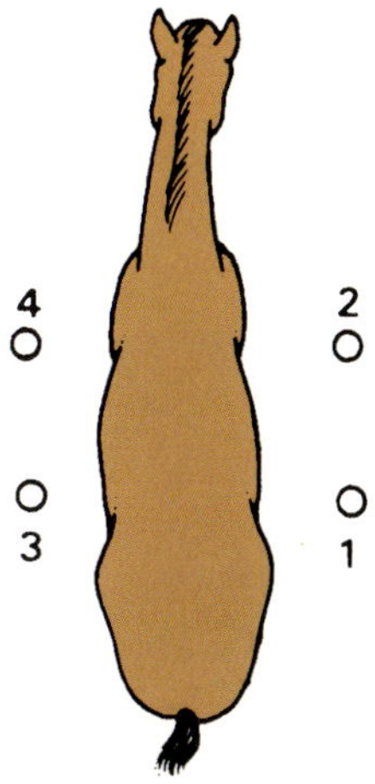

1 Off-side-backhander: Der Ball liegt auf der rechten Seite kurz hinter Gurthöhe.

2 Off-side-forehander: Der Ball liegt auf der Höhe der rechten Schulter.

3 Near-side-backhander: Der Ball liegt auf der linken Seite kurz hinter Gurthöhe.

4 Near-side-forehander: Der Ball liegt auf der Höhe der linken Schulter.

Links: Die Skizze zeigt die Position des Balles bei den verschiedenen, unten beschriebenen Schußrichtungen an.

Unten: Der Ball wird mit der langen Seite des Querholzes geschlagen.

Der Near-side-backhander

1 Schwingen Sie den Stick nach hinten, indem Sie Ihre linke Schulter nach hinten drehen, bis diese auf den Schweif des Ponys zeigt.

2 Drehen Sie das Handgelenk nach außen und halten Sie auf dem höchsten Punkt des Bogens kurz inne, um den Schlag genau zu timen. Die linke Schulter sollte nach vorne gerichtet sein.

3 Halten Sie Ihren Kopf ruhig, schauen Sie nach unten auf den Ball und bringen Sie Ihre rechte Schulter nach vorne. Den Arm beim Schlag gerade halten.

4 Ziehen Sie den Stick nach vorne, um den Schwung nicht zu unterbrechen.

Der Near-side-forehander

1 Greifen Sie um und bringen Sie Ihren Stick auf die linke Seite.

2 Bringen Sie den Arm nach hinten und drehen Sie dabei den Körper aus den Schultern heraus.

3 Schwingen Sie den Stick im Bogen vorwärts, ohne dabei die Hüften zu bewegen.

4 Lassen Sie den Stick durchschwingen, so daß Sie sich zuletzt im Sattel weit nach vorne beugen.

Abdrängen und Wegerecht

Die Spieler versuchen, den Ball abzufangen oder einen Gegner auszubremsen, indem sie diesen abdrängen, sich mit ihrem Pferd gegen ihn lehnen, die *sticks* gegeneinander schlagen oder ineinander hängen. Beim Abdrängen reitet man neben dem Gegner her und drängt ihn mit dem eigenen Pony vom Ball weg. Die *sticks* hängt man ineinander, indem man mit dem eigenen *stick* den des Gegners im niedrigsten Punkt des Schwungbogens kurz vor dem Ball aufhält. Zu diesen und anderen Manövern gibt es eine ganze Reihe von Vorschriften, um die Spieler und ihre Tiere zu schützen. Jede Verletzung der Regeln wird als Foul gewertet und im allgemeinen mit einem Strafstoß für die gefoulte Mannschaft bestraft. Die Entfernung dieses Schusses vom Tor richtet sich nach der Schwere des Fouls.

Die Regeln rund um das Wegerecht müssen eingehend studiert werden, da die meisten Fouls in einem Spiel gewöhnlich auf Verletzungen dieser Regeln zurückzuführen sind. Die offiziellen Vorschriften gehen detailliert auf die verschiedenen Möglichkeiten ein. Grundsätzlich aber hat derjenige Spieler, der der direkten Fluglinie des Balls folgt, das Wegerecht — der Ball befindet sich dann rechts von ihm, oder er bewegt sich im kleinsten Winkel zur Fluglinie. Besteht die Gefahr eines Zusammenstoßes, so dürfen die anderen Spieler seinen Weg nicht kreuzen, es sei denn, der Spieler mit dem Wegerecht verlangsame sein Tempo; die anderen können versuchen, ihm auszuweichen. Eine Ausnahme davon ist gegeben, wenn zwei Spieler, aus direkt entgegengesetzter Richtung kommend, gleichermaßen das Wegerecht haben.

Das Polopony

Pferde, die beim Polo eingesetzt werden, werden immer als Ponys bezeichnet, auch wenn sie in Pferdegröße stehen. Die Bezeichnung *Pony* stammt noch aus der Zeit, als die offiziellen Poloregeln nur Tiere unter 142 cm Stockmaß zuließen.

Welchen Typ Pferd und welche Größe Sie auswählen, wird davon abhängen, auf welcher Stufe Sie Polo spielen wollen, in gewissem Maß auch davon, in welchem Land Sie spielen. In den meisten Ländern, wo Polo gespielt wird, züchtet man ein bestimmtes Polopony, das sich wohl am besten für Spiele mittleren Niveaus (nicht für die hochklassigen Turniere) eignet, da es den jeweiligen Voraussetzungen entspricht.

Für das Freizeitpolo mit anderen *Pony-Club*-Mitgliedern genügt ein gewöhnliches Pony, das unter Umständen bei Reiterspielen bereits gut abgeschnitten hat. Durch seine Teilnahme an *Gymkhanas* wird es eine gewisse Geschicklichkeit und Fähigkeit entwickelt haben, schnell zu halten und anzugaloppieren sowie enge Wendungen zu gehen. Außerdem wird es Ihre Anweisungen beachten und unverzüglich darauf reagieren. Nach einem Zusatztraining wird es sich rasch an den *stick* und an die Technik des Polospiels gewöhnen.

Möglicherweise suchen Sie aber ein ausgesprochenes Polopferd. Dann wird Ihre Wahl vor allem durch die Art Ihres Polospiels, Ihr Spielniveau, Ihre Erfahrung und nicht zuletzt durch Ihr Bankkonto bestimmt werden. Als Anfänger nehmen Sie am besten ein erfahrenes Polopony, von dem Sie einiges über das Spiel lernen können. Bitten Sie einen erfahrenen Polospieler und guten Pferdekenner um Rat, bevor Sie sich endgültig entscheiden. Ein ausgebildetes Polopony ist mindestens sechs Jahre alt (früher ist seine Ausbildung nicht abgeschlossen) und mißt im Idealfall zwischen 150 und 152 cm Stock. Seine Fähigkeiten: ein ruhiger, nicht zu ausgreifender Galopp, plötzliches Stoppen und Angaloppieren auf Kommando und enge Wendungen bei schnellem Tempo. Außerdem sollte es mit der Technik des Abdrängens vertraut sein, sich im Galopp gegen andere Pferde lehnen und in jeder Gangart exakt geradeaus gehen können. Ein Polopony erreicht mit acht bis zehn Jahren den Höhepunkt seiner Leistungsfähigkeit und ist dann auch am teuersten. Ein etwa zwölfjähriges Pferd wird allerdings auch noch ein paar Jahre lang gute Dienste leisten, seinem Reiter einiges beibringen und dabei deutlich weniger kosten.

Als Poloerfahrener werden Sie wahrscheinlich lieber ein Pferd mit guten Voraussetzungen kaufen und es dann selbst ausbilden. Für hochklassiges Polo braucht man ein Vollblut, da diese Rasse das erforderliche Temperament besitzt. Viele Spieler suchen nach ehemaligen, etwas langsameren Rennpferden, die aber nicht wegen beständiger Beinprobleme ausgemustert wurden. Aus einem gesunden und nicht zu großen Rennpferd (man sollte es von einem Tierarzt gründlich untersuchen lassen), das während seiner Rennbahnkarriere nicht durch Überforderung verdorben wurde, kann ein erfahrener Ausbilder ein ganz hervorragendes Polopferd machen. Als Rennsport-«Ausschuß» wird solch ein Pferd auch vergleichsweise billig zu haben sein.

Wie bereits erwähnt, liegt die ideale Größe eines Poloponys ungefähr bei 150 oder 152 cm Stock. Ein größeres Pony wird weniger beweglich sein und den flüssigen, aber nicht zu weit ausgreifenden Galopp vermissen lassen. Je größer das Pferd ist, desto schwieriger ist es für den Spieler, den Ball zu schlagen, da er sich dann weiter hinunterbeugen muß. Wenn Sie Ihr Pony selbst ausbilden wollen, sollten Sie nach einem etwa fünfjährigen Pferd suchen. Ein jüngeres Tier ist körperlich noch nicht ausgereift genug, um das harte Polotraning unbeschadet zu überstehen.

Ein vielversprechendes Polopony sollte ein ähnliches Gebäude haben wie ein Militarypferd: ein athletisches Exterieur, einen nicht zu langen Rücken, eine runde, muskulöse Kruppe, gut gerundete Rippen, einen geräumigen Brustkorb, schräge Schultern, einen eher kurzen und doch gut proportionierten Hals, einen hübschen Kopf und freundliche Augen, klare Vorderbeine mit langen Unterarmknochen, relativ niedrig angesetze Vorderfußwurzelgelenke, eine gut geformte Hinterhand, kurze Röhrenknochen und gut gewinkelte Fesseln. Die Hufe müssen gleichmäßig geformt sein und für

das Pferd die richtige Größe haben. Es sollte in der Lage sein, Ihr Gewicht mit Leichtigkeit zu tragen, darf aber nicht unbeholfen und schwerfällig wirken.

Gesundheit ist das Wichtigste, doch nur ein wirklicher Glückspilz wird ein Polopony mit vollkommen klaren Beinen finden. Lassen Sie sich von einem Fachmann beraten, ob die Mäkel, die Sie sehen oder spüren, die Aktion oder Leistungsfähigkeit des Ponys beeinträchtigen.

Vom Wesen her sollte das Tier intelligent, eifrig und mutig sein, gleichzeitig aber auch gelassen und willig. Das wichtigste Kriterium indes ist sein Gehorsam.

Argentinische Ponys gelten allgemein als die besten Poloponys der Welt. Polo wurde in Argentinien zunächst als reiner Zeitvertreib und freundschaftlicher Wettstreit unter Cowboys und Rancharbeitern gespielt. Die geschickten kleinen *Cowponys* erwiesen sich als so geeignet, daß sie von cleveren Spielern selektiv gezüchtet und mit importierten Vollblütern gekreuzt wurden. Ihre Nachkommen hat man für das Polospiel ausgebildet; mittlerweile werden sie in alle Länder der Welt exportiert, wo Polo gespielt wird.

Polo ist das schnellste Mannschaftsspiel der Welt und auch eines der ältesten. Bis 1936 gehörte es zu den Höhepunkten der Olympischen Spiele, wurde aber mangels teilnehmender Mannschaften aus dem Programm genommen.

Glossar

Aalstrich Dunkler, meist schwarzer Streifen, der entlang der Wirbelsäule des Pferdes verläuft.

Absprunghilfe Stange oder ähnliches, die bzw. das vor das Hindernis gelegt wird, damit Pferd und Reiter besser den optimalen Absprungspunkt finden.

Anführendes Bein Dasjenige Vorderbein, das bei einem Trab oder Galopp die Bewegungssequenz beginnt.

Anreiten, Einreiten Anfang der Ausbildung eines Reitpferdes.

Aufzüge Kleine halbrunde Zungen am Hufeisen, die meist vorne (bei den Vorderhufen) oder seitlich (bei den Hinterhufen) am Huf anliegen und das Eisen zusätzlich stabilisieren.

Ausmisten Täglich anfallende Stallarbeit, bei der man Kot und verschmutzte Einstreu entfernt, den Boden auskehrt und neu einstreut.

Außengalopp Lektion, bei der das Pferd auf dem Zirkel galoppiert und den Galopp mit dem äußeren Vorderbein, statt wie beim «richtigen Galopp» mit dem inneren, anführt.

Äußerer Zügel Der Zügel, der bei einer Wendung außen ist. Man gibt mit dem äußeren Zügel eine halbe Parade und läßt den inneren am Pferdehals anliegen.

Bandagierkissen Polster aus in Gaze oder Krepp eingenähter Watte, die zwischen Pferdebein und Bandage gelegt werden, um für zusätzlichen Schutz oder Wärme zu sorgen.

Bascule Kopf-, Hals- und Rückenaufwölbung des Pferdes in der Schwebephase über dem Hindernis.

Brauner Ein Pferd mit dunklem, rötlich-braunem Fell. Schweif, Mähne und der untere Teil der Beine sind schwarz.

Cavalletti Übungshindernis, das so gebaut ist, daß man drei verschiedene Stangenhöhen einstellen kann.

Chaff Gehäckseltes Heu, das manchmal mit Getreide gemischt wird. Es versorgt das Pferd mit den nötigen Ballaststoffen und zwingt es, gut zu kauen.

Chaps Teil der Bekleidung beim Westernreiten; zwei schützende Lederbahnen über den Hosenbeinen.

Dämpfigkeit Chronische Erkrankung der Atemwege beim Pferd, die anhaltenden, «hohlen» Husten zur Folge hat.

Deckengurt Stoffgurt, den man über der Pferdedecke verschnallt, damit sie nicht verrutscht. Springreiter und Jockeys schnallen oft noch einen Deckengurt als *Übergurt* über den Sattel, als Vorsichtsmaßnahme für den Fall, daß der Sattelgurt reißt.

Diagonale (linke, rechte) Beim Leichttraben sitzt der Reiter die Bewegung eines diagonalen Beinpaares aus und hebt sich beim Vorwärtstreten der anderen Diagonale aus dem Sattel. Auf dem Zirkel steht der Reiter immer auf, wenn das äußere Vorderbein vortritt.

Doppelte Zügelführung Traditionelle Zäumung mit zwei Mundstücken (Trense und Kandare), die dem Reiter größere Kontrolle über das Pferd gibt als eine Zäumung mit einem Zügel.

Dressur Die Kunst, ein Pferd so auszubilden, daß es gegenüber seinem Reiter vollkommen gehorsam und gleichzeitig gelöst und geschmeidig in seinen Bewegungen ist.

Englisches Reithalfter Einfacher Nasenriemen.

Falbe Pferd mit hellbraunem Fell; Schweif, Mähne; der untere Teil der Beine und der Aalstrich sind schwarz.

Fesselgelenk Unterstes Gelenk am Pferdebein.

Fohlen Junges Pferd. Der Begriff «Fohlen» wird auf Tiere beiderlei Geschlechts bis etwa zum dritten Lebensjahr verwandt. Neugeborene Fohlen werden als Saugfohlen bezeichnet. Mit etwa sechs Monaten werden sie abgesetzt und heißen dann Absetzer. Mit einem Jahr sind sie Jährlinge, mit zwei Jahren Zweijährige. Männliche Fohlen werden auch als Hengstfohlen, weibliche als Stutfohlen bezeichnet.

Fuchs Pferd mit rötlich- bis gelblich-braunem Fell; Schweif und Mähne haben die gleiche Farbe.

Fuchsschecke Braun-weiß geschecktes Pferd.

Ganaschen Hinterer, nach unten gerundeter Teil des Unterkiefers, der je nach Typ unterschiedlich stark ausgeprägt ist.

Gangarten Die meisten Pferde verfügen über drei Gangarten: Schritt, Trab und Galopp.

Gebiß Mundstück aus Metall, Gummi oder Kunststoff, das dem Pferd ins Maul gelegt und durch das Zaumzeug fixiert wird. Das Gebiß gibt die Zügelhilfen ans Maul weiter. *Kandarenmundstücke* sind meist Stangen, an deren Enden sich kleine Haken befinden, in die eine Kinnkette oder ein Kinnriemen eingehängt wird. Die *Aufziehtrense* ist eine sehr scharfe Zäumung. Sie kann im Pferdemaul mehr oder weniger hoch gezogen werden, wodurch sich ihre Wirkung verstärkt. Eine *Wassertrense* wirkt auf die Maulwinkel oder die Laden. Man verwendet sie mit einem einzigen Zügelpaar.

Gebißlose Zäumung Das Pferd wird über einen Riemen kontrolliert, der über dem Nasenbein verläuft und mit einem Kinnriemen oder einer -kette verbunden ist. Ein *Bosal* ist eine sehr einfache gebißlose Zäumung. Die mechanische *Hackamore* ist die bekannteste dieser Zäumungen.

Greifen Man spricht von Greifen, wenn ein Pferd sich mit den Hinterhufen in die Ballen der Vorderbeine tritt und sich verletzt (Ballentritt).

Gymkhana Sportlicher Pferdewettbewerb, bei dem die

Teilnehmer zahlreiche Einzelaufgaben bewältigen müssen.

Halsriemen Riemen, den man um den Pferdehals schnallt, damit sich der noch unerfahrene Reiter im Notfall daran festhalten kann. Bezeichnet auch den Teil des Martingals, der um den Pferdehals geschnallt wird.

Hankenbiegung Besteht, wenn das in Versammlung gehende Pferd seine Hinterhand untersetzt und die Hinterbeine in der Bewegung unter den Körper bringt.

Hannoversches Reithalfter Nasenriemen, der unterhalb des Gebisses verschnallt wird und das Pferd daran hindert, das Maul aufzusperren und sich so den reiterlichen Hilfen zu entziehen.

Heunetz Großes geknüpftes Netz, in das man die Heuration eines Pferdes füllt.

Hilfen Bestimmte Signale, mit denen der Reiter seinem Pferd Anweisungen gibt. *Künstliche Hilfen* sind Gerten, Sporen und andere Hilfsmittel, die den Reiter bei der Hilfengebung unterstützen. *Natürliche Hilfen* werden mit den Händen, Beinen, dem Körper oder der Stimme gegeben. *Diagonale Hilfen* erfolgen mit einem Schenkel und der gegenüberliegenden Hand, *laterale Hilfen* mit Schenkel und Hand der gleichen Seite.

Hilfszügel werden bei der Ausbildung eingesetzt, um den Kopf des Pferdes in die richtige Position zu bringen. Sie werden mit einem Ende in die Gebißringe eingehängt, mit dem anderen in den Sattel- oder Longiergurt.

Hindernis Eine *Kombination* besteht aus einer Reihe von Hindernissen (meist drei) in einem Springparcours. Sie ist so aufgebaut ist, daß das Pferd nur einen oder zwei Zwischensprünge einlegen kann. Eine *doppelte Kombination* besteht aus zwei Hindernisteilen. Gesprungen wird sie in der gleichen Technik. Ein *Tiefsprung* ist ein Hindernis, bei dem der Landepunkt tiefer liegt als der Absprungpunkt. Ein *Hochweitsprung* ist nicht nur hoch, sondern auch weit zu springen, während ein *Steilsprung* zur Prüfung der Springhöhe eines Pferdes gedacht ist.

Hindernisrennen Galopprennen über eine mit mehreren festen Buschhürden bestückte Bahn.

Hinterbegurtung Gurt, der am hinteren Ende des Damensattels angebracht ist. Unter dem Pferdebauch durchgezogen und mit einem zweiten Gurt auf der Sitzseite verschnallt, verhindert er, daß der Sattel verrutscht.

Hohe Schule Klassische Reitkunst; Beherrschung der fortgeschrittenen Lektionen.

Horsemanship Englischer Ausdruck (auch im Deutschen gebräuchlich) für den stets angemessenen Umgang eines erfahrenen Reiters mit seinem Pferd.

Hufhorn Harter, unempfindlicher, äußerer Teil des Hufes.

Hufkratzer oder **Hufpick.** Kleines Werkzeug mit einem Metallhaken an einem Ende, mit dem man die Hufe von Schmutz, Steinen und so weiter säubert.

Hufschmied Schmied, der Pferde beschlägt.

Hunter Für den Einsatz bei Reitjagden geeignetes Pferd.

Innerer Schenkel, innere Beine Schenkel des Reiters oder Pferdebein/e, die beim Reiten in der Bahn, auf dem Zirkel oder bei anderen Hufschlagfiguren auf der inneren Seite sind.

Isabell Fellfarbe, die von sehr hellem Rotbraun bis Goldgelb variieren kann. Schweif und Mähne sind heller bis weiß.

Jog Bezeichnung für Trab in der amerikanischen Reitweise.

Kehrtvolte Hufschlagfigur, bei der das Pferd den Hufschlag verläßt und eine halbe Volte von angegebenem Durchmesser vollführt, damit wieder zurück auf den Hufschlag kommt und in entgegengesetzter Richtung weitergeht.

Kinnkette Kette, die an den Haken einer Kandare eingehängt wird und in der Kinngrube zu liegen kommt.

Koppel Eingezäunte, meist kleinere Pferdeweide.

Kreuzgalopp Galopp, bei dem der Bewegungsablauf gestört ist.

Kreuzhalfter Reithalfter, bestehend aus zwei sich über dem Nasenbein kreuzenden, schmalen Riemen, die über und unter dem Gebiß verschnallt werden.

Lacrosse Ursprünglich Ballspiel zu Pferde der amerikanischen Ureinwohner; ähnlich wie Polo. Lacrosse-Variationen werden in englischsprachigen Ländern auch heute noch gespielt.

Laden Zahnfreier Teil des Unterkiefers im Pferdemaul zwischen Vorder- und Backenzähnen.

Lange Zügel Textilzügel für die Ausbildung des Pferdes.

Longieren Die Kunst, ein Pferd an der Longe, einem langen Zügel, auszubilden. Das Pferd läuft dabei im Kreis um den Ausbilder herum. Die Longe wird an einem Kappzaum befestigt. Ausgebildete Pferde werden zu Trainingszwecken oder bei Anfängerlektionen longiert.

Martingal Hilfszügel für die bessere Kontrolle des Reiters über das Pferd.

Military Ein- bis dreitägige Reitsportveranstaltung, die Dressur, Spring- und Geländereiten miteinander verbindet.

Nachmisten Entfernen oberflächlichen Schmutzes aus der Einstreu.

Neck-reining Die Kunst, ein Pferd zur Wendung zu veranlassen, indem man den der Bewegung gegenüberliegenden Zügel einsetzt.

Notbremse Griff, der von Reiterinnen im Damensattel angewandt wird, wenn die Gefahr besteht, herunterzufallen.

Oxer Hindernisart. Besteht aus zwei Einzelhindernissen, die dicht hintereinander stehen.

Palomino Englische Bezeichnung für ein isabellfarbenes Pferd.

Parade Leichte Drehung der zügelführenden Hand aus dem Handgelenk. Die Drehung nach innen verkürzt, die Drehung nach außen verlängert den Zügel leicht. Man unterscheidet zwischen «halben», einseitigen, und «ganzen», beidseitigen Paraden.

Pelham Oberbegriff für verschiedene Typen von Kandaren, die mit nur einem Mundstück verwendet werden, an dem zwei Zügel angebracht sein können. Das einfache Mundstück des Pelham soll die Funktion der zwei Mundstücke einer konventionellen Kandarenzäumung übernehmen.

Pensionsstall Reitstall, in dem Pferdebesitzer ihre Tiere gegen Gebühr einstellen können.

Pferdehänger Anhänger für den Transport von Pferden.

Pinto Amerikanische Bezeichnung für Schecken.

Pirouette Dressurlektion. Das Pferd führt eine Wendung im Galopp aus, bei der die Vorderbeine einen großen, die Hinterbeine nur einen kleinen Kreis beschreiben.

Plastron Besondere Form von Krawatte, die Teil der formellen Reitbekleidung, z. B. des Jagddresses, ist.

Pony Bezeichnung für Pferde, die kleiner als 148 cm (Widerristhöhe) sind.

Puller Pferd, das dazu neigt, sich im Gebiß festzubeißen und durchzugehen.

Putzzeug Die verschiedenen Bürsten und Geräte zur Fellpflege des Pferdes.

Ramskopf Kopfform beim Pferd, bei der die Nasenlinie vorgewölbt (konvex) ist. Verbreitet u.a. bei Berbern und Kaltblutpferden. Andere vorkommende Kopfformen sind der Hechtkopf mit nach innen gewölbter (konkaver) Nasenlinie (v.a. bei Arabern), der kurze Keilkopf (früher bei Trakehnern) und das gerade Profil, das heute von vielen Sportpferdezüchtern angestrebt wird.

Rappschecke Schwarz-weiß geschecktes Pferd.

Reining patterns Fortgeschrittene Dressurlektionen der amerikanischen Reitweise.

Reitbahn Eingegrenzte Fläche oder Halle, in der Ausbildung und Training von Pferd und Reiter stattfinden.

Reitkostüm Traditionelle Bekleidung der Reiterin im Damensattel.

Renvers Lektion, bei der sich das Pferd entlang der Reitbahn bewegt, wobei seine Hinterbeine auf dem äußeren Hufschlag und seine Vorderbeine auf dem inneren Hufschlag fußen.

Ricks Hindernisart, bestehend aus einer Stange, die auf zwei Ständern ruht. Im Parcours oft als *Doppelrick* anzutreffen.

Rückwärtsrichten Lektion, bei der das Pferd unter dem Reiter kontrolliert rückwärts geht. Das Pferd führt sie korrekt aus, wenn es mit den diagonalen Beinpaaren taktklar zurücktritt.

Satteldecke Wird unter den Sattel gelegt und ist in Sattelform geschnitten. Kann aus Filz, Gummi, Schaffell oder gesteppter Baumwolle hergestellt sein.

Satteldruck Wird durch schlechtsitzende Sättel verursacht.

Sattelzeug Sammelbegriff für Sattel und Zaumzeug. Wird in der Sattelkammer aufbewahrt.

Scheuen Wenn das Pferd vor einer wirklichen oder eingebildeten Gefahr erschrocken zur Seite springt.

Schimmel Bezeichnet jede Fellfarbe von reinem Weiß zu dunklem Grau. Wird präzisiert durch Begriffe wie *Apfelschimmel* (kleine stahlgraue Kreise auf hellerem Untergrund), *Fliegenschimmel* (graue Pünktchen auf weißem Untergrund) und so weiter.

Schlaufzügel Ein scharf wirkender Hilfszügel, der am Gurt befestigt und durch die Gebißringe geführt wird.

Schule über der Erde Lektionen der Hohen Schule, bei denen das Pferd in bestimmten Phasen alle vier Hufe über dem Boden hat.

Schulterherein Lektion auf zwei Hufschlägen; der Rücken des Pferdes ist gleichmäßig in Bewegungsrichtung gebogen.

Schürze Lederschutz des Hufschmieds beim Beschlagen; Sattelblatt des Damensattels.

Schweifschoner Ausrüstungsteil aus Leder oder Wolle, das die Schweifrübe bedeckt und schützt. Wird oft für Fahrten im Hänger angelegt.

Schwung Starke, aber kontrollierte Vorwärtsbewegung des Pferdes.

Selette Teil des Fahrgeschirrs. Breiter, genähter Lederstreifen, der dem Fahrpferd in der Sattellage angelegt wird, um Zugstränge zu fixieren.

Sperren Wenn das gerittene Pferd ständig sein Maul aufsperrt und den Kopf weit nach vorne und zum Boden hin streckt, um sich so dem Gebiß zu entziehen.

Sporen Kleine Metallvorrichtungen (gewöhnlich stumpf) am Reitstiefel zur Verstärkung der Schenkelhilfen.

Springglocken Schutzüberzüge aus Gummi, Plastik, Leder oder Neopren für die Vorderhufe.

Sprunggelenk Gelenk auf halber Höhe des Hinterbeines. Zuständig für den größten Teil der Schubkraft des Pferdes.

Ständer Ältere Form der Aufstallung von Pferden, bei der in einem Gebäude mehrere Ständer untergebracht sind. Heute vor allem in größeren Einrichtungen wie Gestüten.

Stechen Entscheidungsdurchgang beim Springreiten.

Strahl V-förmige, lederartiger Partie am hinteren Rand der Hufsohle, die als Stoßdämpfer wirkt und das Ausgleiten des Pferdes verhindert.

Streichen Erfolgt, wenn ein Hinter- oder Vorderbein in der Bewegung das gegenüberliegende Bein streift und dadurch verletzt. Wunden und Lahmheit können die Folge sein.

Streichkappen Gamaschen aus Leder, Neopren oder Plastik zum Schutz vor Verletzungen an den Fesseln.

Strohwisch Ein zusammengedrehtes oder geflochtenes «Tau» aus Stroh zur Massage von Haut und Muskeln und zur Anregung des Blutkreislaufs.

Stute Erwachsenes weibliches Pferd.

Travers Das Pferd geht ihn umgekehrt wie den Renvers, indem es mit den Vorderbeinen auf dem äußeren Hufschlag bleibt und die Hinterbeine auf dem inneren Hufschlag fußen.

Traversale Dressurlektion auf zwei Hufschlägen, auf denen sich das Pferd gleichzeitig vorwärts-seitwärts bewegt.

Triplebarre Hindernisart. Besteht aus drei hintereinander aufgestellten Ricks, das zweite und dritte ist jeweils höher als das vorangegangene.

Übergang Wechsel von einer Gangart in die andere. Übergänge von Schritt zu Trab und von Trab zu Galopp werden als *aufsteigende,* Übergänge von Galopp zu Trab und Trab zu Schritt als *absteigende* Übergänge bezeichnet.

Überzäumt Das Pferd hat seinen Hals so stark gebogen, daß der Kopf nahe an die Brust kommt. Ursache ist meist, daß der Reiter die Zügel zu kurz hält, während er das Pferd stark vorwärts treibt.

Untugend Als Untugenden bezeichnet man eine Vielzahl von schlechten Angewohnheiten, die Pferde annehmen können. Bei jungen Pferden leichter zu beheben als später.

Versammlung Ziel der Ausbildung, das erreicht ist, wenn das Pferd in der Bewegung stets bereits ist, auf die Hilfen des Reiters zu reagieren. Versammlung zeigt sich auch an der Körperhaltung: der Hals ist gebogen, die Hinterbeine treten unter, das Tier bewegt sich fleißig, sauber und taktklar.

Verziehen Das Ausreißen der längeren Haare von Mähne und Schweif mit einem Verziehkamm.

Vollblut Eine der bekanntesten Pferderassen, auch als Englisches Rennpferd bekannt; wird seit dem 17. Jahrhundert gezüchtet. Als wichtigstes Zuchtziel gilt die Schnelligkeit.

Volte Kreis von 6 m Durchmesser, den man an einem gegebenen Punkt der Reitbahn reiten kann.

Vorderzwiesel Punkt in der Mitte der Vorderseite eines Sattels. Bei einigen Modellen ist der Vorderzwiesel stärker ausgefertigt.

Vorhand Vorderer Teil des Pferdekörpers: Kopf, Hals, Schultern und Vorderbeine.

Vorhandwendung Lektion, die aus dem Stand ausgeführt wird. Die Hinterbeine beschreiben dabei einen Kreis um die Vorhand, wobei ein Vorderbein als Drehpunkt dient.

Wallach Kastriertes männliches Pferd.

Wassergraben Ein Hindernis, das gewöhnlich aus einer niedrigen Hecke besteht, an die sich eine größere Wasserfläche anschließt. Bestandteil vieler Springparcours.

Widerrist Punkt am Übergang vom Rücken zum Hals, an dem die Höhe eines Pferdes gemessen wird.

Widerristpolster Ein kleines Polster aus Filz oder Schaffell, das man vorne unter den Sattel legt, damit er nicht über dem Widerrist scheuert. Bei gut angepaßten Sätteln überflüssig.

Zulegen Die Verlängerung der Schritte, Tritte oder Galoppsprünge. Bedeutet nicht notwendigerweise ein Beschleunigen des Tempos.

Zungenfreiheit Aufwölbung in der Mitte einer Kandarenstange. Je nach Größe bestimmt sie die Schärfe der Zäumung.

INDEX